위기를 지배하라

위기를 지배하라

김경준 지음
딜로이트컨설팅 대표이사

역사가 증명한 위기극복 전략

위즈덤하우스

저자 서문_

역사에서 배우는
위기극복 교훈과 리더십

1. 21세기는 위기의 일상화 시대다

2008년 미국발 글로벌 금융위기의 소식이 아직도 생생한 와중에 2011년 하반기는 그리스에서 발화된 유럽발 연쇄적 국가부도 위기가 언론지면을 장식했다. 달러지배력의 약화, 선진국들의 재정위기로 국제금융시스템 전반의 불안정성이 증대되는 가운데 대규모 재해와 산업질서의 변화까지 맞물리면서 위기감은 더욱 증폭되고 있다. 2011년 3월 일본 동북지방을 덮친 쓰나미와 후쿠시마 원전사고는 일본 산업전반에 심대한 타격을 입혔다. 2011년 하반기 태국의 대규모 홍수사태 역시 태국에 진출한 외국기업의 정상적 생산활동이 중단되는 수준으로 발전했다. 2000년대 중반까지 전세계 휴대폰 시장의 절대강자였던 노키아는 스마트폰 시장이 열리면서 애플에 밀려 날개없이 추락하는 신세가 되었다. 잠시나마 글로벌 자동차 산업 1위였던 도요타도 리콜사태와 원전사고가 겹치면서 수위 자리에서 밀려났다.

자연환경의 변동성 증대, 국제 정치경제질서의 변화, 산업질서의 격변이 맞물려 기업경영에서 불확실성은 증폭되고 있다. 과거 수백 년에 한 번 있을 수 있는 변화가 지금은 수십 년, 또는 더 짧은 기간에 발생하고 있다. 이러한 변화의 가속화는 기업경영의 위험성을 증폭시키고 나아가 단기간에 위기가 반복적으로 발생하는 위기의 일상화 시대가 되고 있다. 이러한 환경변화에서 우리나라 기업들도 위기를 극복하고 대처하는 역량을 갖추는 것이 중요한 과제로 떠오르고 있다. 과거와 달리 우리나라 기업들의 사업범위가 글로벌 차원으로 확대되고, 자원조달과 서비스 제공의 범위도 글로벌 차원에서 운영되면서, 글로벌 차원에서 위험을 관리하고 위기에 대처할 수 있는 역량의 확보는 글로벌 일류기업으로 발전하는 데 필수요소가 된 것이다.

2. 성장과 발전은 위기극복의 연속과정이다

인간이 만든 조직인 국가, 기업, 종교단체 등도 유기체처럼 탄생-성장-발전-쇠퇴의 단계를 거친다. 이 과정에서 크고 작은 어려움과 위기는 예외적인 것이 아니라 오히려 일상적인 것이었다. 조직은 형성 초기의 신생아와 같이 취약한 상태에서 자신만의 생존공간을 확보해야 하고, 기반이 구축되고 안정기에 들어서면 성장통과 내부 분열이라는 불청객이 찾아온다. 성장과 발전 단계에서는 기존의 강력한 경쟁자들과 사활을 건 싸움이 불가피하다. 다행히 거대하고 강력한 조직으로 성장한 조직의 적은 바로 그 자신이 된다. 거대조직이 과거의 성공과 현재의 번영에 안주해 변화에 둔감해지고 내부 혁신을 이루어내지 못하는 화석이 되어버리면, 조직은 그 자체의 무게를 이기지 못하고 무너져 내린다. 그 빈자리를 새로운 도전자들이 차지하면서 질서는 바뀌고 역사는 순환한다. 세상에 영원불멸한 존재가 없듯이 아무리 번영하던 조직이라도 언젠가는 쇠퇴하게 마련이다. 그러나 내부 혁신을 통해 번영을 연장하고 쇠퇴를 늦추는 것은 얼마든지 가능하다.

이런 면에서 조직의 성장과 발전은 위기극복의 연속과정이었다. 각 단계별로 찾아오는 위기는 조직의 특성과 환경에 따라 그 양상이 다르게 나타나지만 성장과정에 필연적으로 수반되는 것이다. 삶에서 불확실성 자체를 제거할 수 없듯이 위기 자체를 회피할 수 있는 조직은 없다. 다만 성공하는 조직과 실패하는 조직은 위기에 맞서고 극복하는 방식에서 차이가 난다. 성공하는 조직은 위기를 맞아 더욱 강해지고 도약의 계기로 삼는 반면 실패하는 조직은 위기가 오면 무너진다. 지리멸렬한 리더십이 드러나고, 조직은 사분오열되고, 조직의 방향성을 상실한다.

3. 뭉치면 살고 흩어지면 죽는다

톨스토이는 『안나 카레니나』에서 "행복한 가정은 모두 엇비슷하지만, 불행한 가정은 저마다 다른 불행을 안고 있다"고 했다. 이것을 위기극복의 역사라는 관점에서 바라보면 '위기는 저마다 다른 형태로 다가오지만, 위기를 이겨내는 방법에는 공통점이 있다'로 바꾸어볼 수 있다.

조직이 처한 환경과 특성에 따라 위기는 다른 모습으로 찾아온다. 국가를 위협하는 전쟁, 예기치 않은 자연재해의 발생, 외부경쟁자의 도전, 공동체 내부의 분열 등 그 양상은 매우 다양하지만 위기극복의 방법에는 공통점이 있다. 리더그룹을 중심으로 한 조직 전체의 자신감과 투지, 핵심 가치 공유, 임기응변이 아닌 원칙에 따른 대처, 현실적인 전략 등이 바로 그것이다. 이러한 공통분모를 한마디로 정리하면 '뭉치면 살고 흩어지면 죽는다'이다.

위기를 맞은 조직의 최우선 과제는 내부 단결이다. 조직은 외부 위협보다는 내부 분열에 더욱 취약하다. 강력한 외부 위협도 내부 단결로 이겨낼 수 있지만, 분열된 조직은 사소한 환경변화에도 무너져 내리기 때문이다. 내부 단결을 위해서는 단결의 구심점이 있어야 한다. 구심점은 바로 리더그룹이다. 조직은 리더를 중심으로 형성된 동심원이고, 위기상황에서는 더욱 그렇다.

4. 폭풍우가 위대한 뱃사공을 만든다

위기를 맞은 조직에서는 이를 극복하고 생존하는 것이 1차적 과제이다. 그러나 이것만으로는 부족하다. 위기를 단순히 극복하는 것은 필요조건이고, 이를 도약의 계기로 삼는 것이 충분조건이다. 위대한 리더와 성공한 조직은 위기를 통해 재도약의 기회를 잡고 더욱 발전했다. 고대 로마는 국가의 존망을 건 카르타고와의 전쟁을 치러내면서 지중해 세계의 패자로 올라섰고, 근대 서양의 포르투갈, 스페인, 영국도 위기를 극복하면서 변방 약소국에서 강대국으로 변모했다.

1960년대 이후 우리나라 경제가 발전한 과정 자체도 위기극복의 연속이었다. 8·15 해방 후 그나마 남아 있던 취약한 인적, 물적 자원조차 한국전쟁으로 잿더미가 되어버린 절망적인 상황에서 출발해 세계 10대 경제대국으로 도약한 것은 고비 때마다 위기를 극복하고 새로운 도약의 계기를 잡는 과정과 다름없었다. 이러한 과정은 오늘날 글로벌 기업으로 성장한 우리나라 기업들에서 공통적이었고, 돌이켜보면 1997년 IMF 구제금융 위기도 역설적으로 우리나라 대표 기업들이 글로벌 기업으로 도약하는 계기로 작용했다.

폭풍우가 몰아칠 때 위대한 뱃사공이 탄생하듯 조직도 위기를 진정한 변화를 이끌어내는 과정으로 승화시켜야 한다.

오늘 닥친 어려움은 물론 내일 닥칠 어려움을 헤쳐나가기 위해서 가장 중요한 점은 공동체 구성원들의 자신감과 투지이다. 개인의 인생이나 기업의 비즈니스나 '미래는 만들어가는 것이고 가능성을 찾아가는 과정'이기 때문이다.

『로마인 이야기』의 저자 시오노 나나미는 "인간은 자기가 살았던 시대의 위기를 다른 어느 시대의 위기보다 가혹하게 느끼는 성향이 있다"고 갈파했다. 위기의 일상화 시대를 맞아 우리나라가 더욱 발전하기 위해서는 막연한 두려움과 불안감을 이겨내고, 각자 처한 상황을 객관화해 현실을 정확하게 직시하고, 올바른 방향을 도출해 공동체 전체가 합심하여 생존과 도약의 기회를 찾아나가야 한다.

2012년 2월
딜로이트컨설팅 대표이사
김 경 준

차례_

저자 서문 …… 4

1부
역사가 증명한 위기극복 리더십

1. 자신감과 투지를 조직에 전파하라
리더의 용기와 투지는 위기극복의 출발점이다 …… 19

리더가 두려움에 짓눌리면 조직 전체가 무너진다 …… 20

조직 전체에 자신감과 투지를 불러일으켜라 …… 22

리더의 신념이 변화를 이끈다 …… 32

리더가 평정심을 잃는 순간 조직은 끝이다 …… 37

2. 합리적 낙관주의로 무장하라
불편한 진실을 직시하고 대안을 모색하라 …… 41

보고 싶은 현실이 아니라 보아야 하는 현실을 직시하라 …… 42

신념으로 무장해서 인내하고 돌파하라 …… 44

희망의 유전자를 조직에 퍼뜨려라 …… 57

현실을 냉정히 받아들이되 희망적인 믿음을 잃지 마라 …… 63

3. 핵심 인력으로 컨트롤 타워를 구성하라
신속하고 효과적인 대응 체제를 구축하라 …… 67
위기시에는 톱-다운이다 …… 68
핵심 인력을 중심으로 조직 전체를 장악하라 …… 70
평화시와 위기시는 패러다임이 달라진다 …… 77
핵심 포스트에 핵심 인력을 배치하라 …… 80

4. 위기극복을 위한 근본 가치를 재정립하라
조직에너지는 정신무장에서 출발한다 …… 83
가치를 부여하지 않는 일에 열정을 쏟는 사람은 없다 …… 84
명분과 가치를 확고히 해 정신력을 극대화하라 …… 86
위기극복의 접근방법을 분명히 하라 …… 96
위기일수록 조직 전체가 결집할 수 있는 근본 가치는 중요하다 …… 100

5. 유연하게 대처하되 원칙은 철저히 고수하라
원칙을 훼손하는 타협은 절대로 용납하지 않는다 …… 103

원칙은 언제나 지켜져야 한다 …… 104

원칙은 허풍이 아니라 힘과 용기로 지켜진다 …… 105

원칙이 무너지는 위기극복은 있을 수 없다 …… 112

확고한 철학으로 위기를 극복하라 …… 118

원칙 훼손은 당장의 연명을 위해 공동체를 파멸시키는 길이다 …… 122

6. 내부 분열 요소는 초기에 제거하라
뭉치면 살고 흩어지면 망한다 …… 125

외부의 적보다 내부의 적이 더 파괴적이다 …… 126

내분 가능성은 초기에 없애야 한다 …… 127

위기대응력을 높이고 내부 단속을 확실히 하라 …… 135

분열을 조장하는 자에게 관용을 베풀어서는 안 된다 …… 138

2부
역사가 증명한 위기극복 전략

7. 판을 바꿔서 새로운 가능성을 찾아라
기존 방식을 뛰어넘는 새로운 지평을 찾아라 …… 143
승리는 똑같은 방법으로 반복되지 않는다 …… 144
기존의 틀을 넘어서 성공의 요인을 찾아라 …… 145
기존 사업을 재규정해 성장 가능성을 확보하라 …… 156
길이 막히면 다른 길을 찾아라 …… 162

8. 핵심 지지기반을 확고히 하라
충성도 높은 고객은 가장 소중한 자산이다 …… 165
근거지를 든든하게 만들어라 …… 166
핵심 지지기반의 확보 없이 대업을 이루지 못한다 …… 167
고객의 충성도는 성장 동력이다 …… 176
위기일수록 확실한 지지기반이 필요하다 …… 180

9. 최악의 상황을 가정해서 대책을 세워라
미래는 현재의 연장선이 아니다 …… **183**

위기는 현실의 단속점에서 발생한다 …… **184**

최악을 가정하고 최선을 추구하라 …… **185**

예고된 위기는 위기가 아니다 …… **200**

10. 약한 적은 공격하고, 강한 적은 무력화하거나 친구로 만들어라
위기상황일수록 선제적으로 행동하라 …… **203**

위기대응방식에 따라 위기 후의 운명은 달라진다 …… **204**

영원한 적도 영원한 친구도 없다 …… **205**

생존에 필요하면 적과도 손을 잡는다 …… **216**

강자와 약자는 생존 논리가 다르다 …… **220**

11. 심리를 활용하고 심리전에서는 반드시 이겨라
마음을 잡으면 모든 일을 이룰 수 있다 …… **223**

리더의 소프트 파워는 심리전 능력이 핵심이다 …… **224**

정확한 정세 판단과 심리전이 결합하면 필승이다 …… **225**

대중의 호기심을 전략적으로 공략하라 …… **237**

불완전한 인간의 심리를 활용하라 …… **242**

3부

역사가 증명한 위기극복 시스템

12. 위기를 재도약으로 이끄는 제도개혁의 기회로 만들어라
위기는 진정한 혁신을 가져올 수 있는 호기이다 …… 247

위기를 단순히 극복하는 것으로는 부족하다 …… 248
위기를 겪으며 제도개혁의 초석을 놓아라 …… 249
위기를 새로운 사업 모델을 창안하는 계기로 만들어라 …… 257
위기를 변화의 계기로 삼아라 …… 266

13. 확실한 보상구조를 만들어라
자신에게 이익이 될 때 사람들은 가장 적극적이다 …… 269

위기극복에도 인센티브 구조가 전제되어야 한다 …… 270
돈 또는 명예로 동기를 부여하라 …… 271
회사의 실적과 종업원의 혜택을 연동시켜라 …… 280
단기적 이해관계를 넘어서는 동지적 관계를 형성하라 …… 284

14. 통합과 포용의 리더십을 확보하라
공동체 유지를 위한 총력체제를 구축하라 …… 287

개방성의 철학은 공동체 번영의 기본 조건이다 …… 288
원칙에 입각한 통합과 포용 정책이 핵심이다 …… 290
상생의 철학으로 재도약의 발판을 마련하라 …… 299
공동체 유지가 최고 목표가 되어야 한다 …… 301

★ ★ ★

리더는 조직 그 자체이다. 리더가 흔들리면 조직도 흔들린다. 리더의 인간적 한계는 인정하더라도, 리더는 리더이기 때문에 그 한계에 매몰되어서는 안 된다. 내면적 두려움과 회의를 극복하고 비전을 확고히 하고 용기와 투지로 자신을 무장해야 조직 전체가 힘을 갖는다. 위기 속에서 조직을 이끌어야 하는 리더의 내면적 두려움과 고뇌가 깊어지는 것에 비례해서 의식적, 무의식적으로 자신의 용기와 투지를 유지하려고 노력해야 한다. 리더가 평정심을 잃으면 조직은 끝이기 때문이다.

1부

역사가 증명한 위기극복 리더십

1_ 자신감과 투지를 조직에 전파하라

리더의 용기와 투지는 위기극복의 출발점이다

리더가 두려움에 짓눌리면 조직 전체가 무너진다

조직은 리더를 중심으로 돌아가는 소우주이다. 태양을 중심으로 지구를 비롯한 태양계의 혹성들이 도는 것처럼, 크든 작든 조직은 리더를 중심으로 돌아간다. 리더와의 거리가 바로 조직 내의 위상이고, 리더의 사고방식과 세계관은 조직문화의 바탕을 이룬다. 리더의 심리상태 역시 곧바로 조직 전체로 전파된다. 리더가 두려움에 휩싸이면 조직은 공포에 짓눌리고, 리더가 용기와 투지를 불태우면 조직도 이를 따라간다. 리더의 수준이 곧 조직의 수준으로 직결되는 것이다.

역사적으로도 탁월한 리더를 만난 조직이 이룬 커다란 성취는 수없이 많이 찾아볼 수 있지만, 잘 짜인 조직이 용렬한 리더를 만나 지리멸렬해진 경우도 부지기수이다.

그러나 리더의 내면은 고독하다. 어려운 상황에서 조직을 이끌어 나가야 하는 리더의 입장은 결코 쉽지 않다. 리더를 위해 일하는 참모들이 있고, 개인적인 조언을 구할 사람들이 있다고 해도 결국 결정은 온전히 리더의 몫이다. 리더도 인간이기 때문에 미래를 완벽하게 예측하고 의사결정을 내릴 수는 없다. 최선을 다해 정보를 수집하고 상황을 파악해 결정을 내리지만, 엄밀히 따져서 그 결정이 옳다는 보장은 없다. 그렇더라도 리더는 조직의 명운을 가르는 의사결정을 해야 하는 입장에 설 수밖에 없다. 특히 위기를 맞아 자신의 결정에 따라 조직 전체의 운명이 결정되는 상황에서 리더가 내면적 고독과 두려움에 휩싸이는 것은 어쩌면 당연한 일이다. 하지만 리더의 운명은 이러한 사치를 허용하지 않는다. 조직을 이끌어가야 하는 리더는 자신의 내면적 고뇌와는 별도로 조직 전체에 강력한 용기와 투지를 불러일으키는 출발점이 되어야 한다.

조직의 중심인 리더가 흔들리면, 조직의 어떤 강점도 빛을 잃는다. 따라서 리더는 내면적 자신감으로 무장해 인간이라면 누구나 느낄 수 있는 두려움을 극복해내야 한다. 리더의 자신감, 용기와 투지야말로 조직이 위기를 극복하는 출발점이다. 위기에 맞서 조직을 이끌어가는 리더의 출발점은 바로 자기 자신이기 때문이다.

조직 전체에 자신감과 투지를 불러일으켜라

이순신_ 죽고자 하면 살고 살고자 하면 죽는다

1597년 9월 16일 아침, 명량해협에는 팽팽한 긴장감이 감돌았다. 명량의 좁은 해협을 사이에 두고 조선과 일본의 함선들이 도열해 있었다. 함선의 규모에서 양 군의 차이는 컸다. 조선의 함선이 12척인 반면, 일본의 함선은 130여 척이었다. 병사들의 사기도 일본이 앞섰다.

이순신이 백의종군 중이던 7월 16일, 원균이 이끈 조선 수군은 일본의 공격으로 완전히 궤멸했다. 수군통제사 원균과 전라우수사 이억기가 사망했고, 100여 척에 이르던 함선 중 남은 것은 고작 12척이었다. 선조는 자신의 실책을 인정하고 이순신에게 수군통제사의 지위를 제수했다. 다시 현직에 오른 이순신의 심정은 참담했다. 자신이 키우다시피 한 수군의 몰락은 그로서는 받아들이기 어려운 충격이었다. 거기에 더해 경상수사 배설이 도주하는 사건까지 발생했다. 수군은 스스로 무너지기 직전이었다.

이순신은 벽파진에 진을 치고 정찰병을 보내 적의 동태를 감시했다. 9월 7일 오후, 이순신이 기다리던 소식이 들어왔다. 적의 정탐선이 야습할 가능성이 있다는 것이었다. 이순신은 경계태세를 명령한 후 적을 기다렸다. 밤 10시쯤 적선이 포를 쏘며 공격해왔다. 적의 막강한 화력에 놀란 조선 수군은 움츠러들 뿐 아무도 나서지 않았다. 이순신은 엄명을 내린 뒤, 곧장 적선 앞으로 자신의 함선을 전진시킨 뒤 포를 쏘았다. 자칫 목숨을 잃을 뻔한 상황이 이어졌지만 이순신은 물러나지 않았다. 그제야 나머지 함선들도 뒤를 따랐고, 뜻하지 않은 강한 반격에 적선은 자정 무렵에 물러갔다.

일본의 대규모 공격을 예감한 이순신은 9월 15일 벽파진에서 전라우수영으로 진을 옮겼다. 벽파진은 넓은 바다라 변수가 많았지만 전라우수영 앞에는 좁디좁은 명량해협뿐이었다. 해협을 통과하는 적을 막으면 살 것이고, 막지 못하면 죽을 것이었다. 그밖에 다른 상황이 발생할 수 있는 가능성은 전무했다. 이순신은 출정에 앞서 장수들을 모아놓고 연설을 했다.

"병법에 반드시 죽고자 하면 살고, 살고자 하면 죽는다고 했다. 그리고 한 사람이 길목을 지키면 능히 천 사람이라도 두렵게 한다고 했다. 그것은 지금 우리를 두고 한 말이다. 너희 여러 장수들은 살려고 생각하지 마라. 조금이라도 명령을 어기면 군법으로 다스릴 것이다."

적선이 먼저 다가오기 시작했다. 해협을 통과하기 전에 적선을 막아야 했다. 죽음도 불사하라고 이순신이 엄명을 내렸지만 이번에도 아무도 나서려 하지 않았다. 이순신의 함선이 홀로 적선에 맞섰다. 그 기세에 적은 당황한 듯 주춤했다. 이제 공격을 퍼부어야 할 때였다. 그러나 이순신은 여전히 혼자였다. 이순신이 호각을 불자 마지못해 함선들이 다가왔다. 가장 먼저 당도한 안위의 함선을 향해 이순신이 외쳤다.

"안위야, 군법에 죽고 싶으냐? 도망간다고 네가 살 수 있을 것 같으냐?"

이어 다가온 중군장 김응함의 함선을 향해서도 이순신은 거친 말을 퍼부었다.

"중군장으로 대장을 구하려 하지 않은 죄가 크다! 죽여야 마땅하지만 일이 급하니 우선 공을 세우도록 하라!"

이순신의 일갈은 두 사람의 투지를 되살렸다. 안위와 김응함의 함선이 선봉에 섰다. 두 함선이 적과 싸우는 동안 이순신은 대포를 쏘며 적을 공격했다. 수군통제사의 몸을 사리지 않는 공격이 마침내 조선 수군의 마음까지 흔들었다. 조선 수군은 그제야 적진을 향해 두려움 없이 나아갔다.

승리는 조선의 몫이었다. 한나절이 지나자 해협을 가득 메웠던 적선은 흔적도 보이지 않았다. 조선 수군이 한 척의 함선도 잃지 않은 반면 적선은 31척이 수장되었다. 조선 수군의 사망자는 30명 내외였지만 사망한 적의 숫자는 4천 명에 이르렀다. 10 대 1의 전력 차이를 극복한 완전한 승리였다.

세계 해전 사상 최고의 전투로 일컫는 명량해전을 승리로 이끈 것은 우세한 전력이 아니라 이순신의 투지였다. 그렇다고 해서 이순신에게 두려움이 없었던 것은 아니다. 김훈은 『칼의 노래』에서 이순신의 심중에 자리했던 두려움을 다음과 같이 묘사했다.

"죽음을 죽음으로써 각오할 수는 없었다. 나는 각오되지 않는 죽음이 두려웠다. 내 생물적 목숨의 끝장이 두려웠다기보다는 죽어서 더 이상 이 무내용한 고통의 세상에 손댈 수 없는 운명이 두려웠다. 죽음은 돌이킬 수 없으므로, 그것은 같은 말일 것이었다. 나는 고쳐 쓴다. 나는 내 생물적 목숨의 끝장이 결국 두려웠다."

이순신은 우리와 다른 세계에 사는 신화 속 영웅이 아니다. 자신의 칼에다 '한번 휘둘러 쓸어버리니, 피가 강산을 물들이도다'라고 새겨놓고도 한밤중 하늘을 나는 기러기 떼를 바라보며 가슴속 근심을 은밀히 토로하던 고독한 인간이 바로 이순신이었다. 죽음을 두려워하는 면에서 그는 범부와 다르지 않았다.

『이순신의 두 얼굴』의 저자 김태훈은 이순신을 다음과 같이 평가했다.

"이순신은 결코 태어날 때부터 영웅이 아니었다. 시련 속에 자신을 내맡기고 무인의 강골로 일관된 길을 걸었다. 이순신은 스스로를 단련시키며 '평범'에서 '비범'으로 나아간 진정한 영웅이었다. 이순신은 안으로는 자신과, 밖으로는 무능한 조정과, 대외적으로는 일본과 싸움을 벌였다. 그는 싸움을 통해 평범한 인간에서 영웅으로 올라섰다."

윈스턴 처칠_ 우리의 목표는 승리이다

처칠은 제2차 세계대전의 영웅이라 불러도 손색이 없는 인물이다. 1940년 5월 13일, 대영제국의 신임 총리 윈스턴 처칠은 의회 연단에 섰다. 해가 지지 않는 나라였던 대영제국은 독일과의 전쟁으로 생존이 뿌리째 위협받고 있었다. 1939년 9월 1일, 히틀러는 폴란드를 침공했고, 영국은 9월 3일 독일에 선전포고를 했다. 그러나 당시 영국 총리 네빌 챔벌레인은 유화론자였다. 영국은 적극적인 공격 대신 해상봉쇄와 경제압박으로 독일에 대응했다. 그 틈에 소련은 동유럽을 침공해 제1차 세계대전 때 상실했던 영토 대부분을 차지했고, 독일은 덴마크를 점령한 뒤 노르웨이에 침공했다. 영국은 프랑스와 연합해 방어에 나섰지만 승리는 독일에게 돌아갔다. 챔벌레인은 패배에 대한 책임을 지고 사퇴했고 처칠이 그 뒤를 이었다. 처칠은 의원들 앞에서 자신감 넘치는 태도로 "저는 피와 땀과 눈물밖에는 바칠 것이 없습니다. 우리의 정책은 육지에서, 바다에서, 공중에서 전쟁을 하는 것입니다. 우리의 목적은 승리입니다"라고 연설하며 나치 독일에 결코 굴하지 않겠다는 의지를 천명했다. 당시 처칠의 며느리가 "전쟁이 나면 나는 무엇을 해야 하나요"라고 묻자, "독일 공수부대원들이 우리 집에 쳐들어오는 것에 대비해 부엌칼이라도 준비해두거라"라고 대답하기도 했다.

처칠의 취임 직후 상황은 급속히 악화되었다. 독일은 프랑스를 침공했고, 6월이 되자 프랑스의 함락은 기정사실이 되었다. 동요하는 국민들을 안정시키기 위해 6월 18일, 처칠은 또다시 의회 연단에 섰다. 그는 이제 막 영국의 전쟁이 시작되려 하고 있으며, 이 전쟁에 국가의 운명이 걸려 있다고 강조했다. 최악의 상황에서 오히려 '최상의 시간'이라는 말을 써가며 전 국민을 독려했다.

"우리는 의무를 수행할 결의를 굳게 다져야 합니다. 만약 대영제국과 연방이 천 년간 계속된다면 사람들은 (암흑 같은) 이 시대가 실은 최상의 시간이었다고 말할 것입니다."

독일이 영국 전역에 폭격을 퍼붓는 와중에도 처칠은 승리에 대한 확신을 잃지 않았다. 그는 피폭 지역을 찾아가 연설을 하며 V 사인으로 결전을 독려했다. 처칠의 투지는 국민들을 바꾸어놓았다. 자신감을 회복한 영국은 점차 상황을 주도적으로 이끌어갔다. 일본이 진주만을 공습하자 영국 의회는 미국 의회보다 먼저 선전포고를 했고, 이후 미국, 러시아와 연합전선을 형성해 투쟁의 강도를 높여갔다. 1945년 5월 8일 마침내 처칠은 유럽 전선에서 승리를 거두었다고 국민 앞에 선언했다.

제2차 세계대전의 영웅 처칠의 용기는 이전에 겪은 수많은 패배와 좌절에서 생겨났다. 1874년에 태어난 처칠은 불과 25세의 나이로 하원의원에 당선되었고, 1911년 해군장관직에 오르는 등 출세가도를 달렸으나 성공의 시간은 짧았다. 1915년 그는 터키 본토와 갈리폴리 반도 사이의 다르다넬스 해협 공격에 나섰다가 참패를 당해 해군장관직에서 물러난다. 다행히 재무장관직에 복귀했지만 금본위제 도입으로 디플레이션과 대량실업이 발생해 또 한 차례 쓴잔을 마신다. 정계 일선에서 밀려난 처칠에게 개인적 불행까지 연속적으로 닥쳤다. 1929년 미국 증시의 대폭락으로 알거지 신세가 되어 원고료로 근근이 생활해야 하는 지경에 이르렀다. 현실 정치에서 한 발짝 물러나 개인적 어려움까지 겪으면서도 그는 상황을 냉정하게 분석해나가는 힘을 길러나갔다.

1930년대 영국에는 히틀러를 하찮은 인물로 치부하는 경향이 우세했으나 처칠은 히틀러의 성향을 정확히 파악해 히틀러가 상당한 위험인물임을 지속적으로 대중에게 알렸다. 비현실적 견해로 간주되던 그의 발언들은 독일의 힘이 강성해지고, 전쟁이 임박해지면서 인정받게 되었다. 1939년 9월 영국이 독일에 선전포고를 한 후 그가 해군장관직에 복귀할 수 있었던 것도 야인(野人) 기간에 보여준 정확한 정세 분석에 힘입어서였다.

제2차 세계대전을 승리로 이끈 후에도 처칠의 삶은 파란만장하게 전개되었다. 종전과 더불어 총리 자리에서 해임되었다. 영국 국민들은 전시의 리더로는 그를 선택했지만 평시의 정치를 이끌기에는 적합하지 않다고 판단했던 것이다. 그러나 그는 좌절하지 않았다. 막후 외교 활동에 전념하던 그는 1951년 또다시 영국 총리가 되었다. 1955년까지 4년을 더 총리로 지낸 그는 1965년 90세로 생을 마감했다. 그의 죽음을 맞은 영국은 최고 예우인 국장을 치름으로써 연속적 실패에도 좌절하지 않고 용기와 투지로 영국의 승리를 이끌어낸 파란만장한 삶을 기렸다.

오다 노부나가_ 병사들아, 나를 앞질러라

오다 노부나가는 사카모토 료마와 더불어 일본인들이 가장 좋아하는 역사 인물로 손꼽힌다. 그는 인재를 선발하고 정보를 분석하는 일에 능했을 뿐만 아니라, 낡은 것을 타파하고 새로운 것을 받아들이는 데도 적극적인 혁신적 리더였다. 화폐 주조, 광산 경영, 도로망 정비, 검문소 폐지 등은 고정된 사고에서 탈피해 유연성과 실제성을 중시한 그가 없었다면 쉽게 이루어낼 수 없는 사안들이었다. 그는 자신감과 투지에 기반을 둔 강력한 카리스마로 조직을 이끌어 천하의 패권을 놓고 다투는 혼란한 시기에 천하 통일 직전의 상황을 만들어냈다. 비록 통일을 완결한 사람은 도요토미 히데요시지만 도요토미 히데요시가 그의 수하였다는 사실을 감안하면 통일의 실질적 주역은 오다 노부나가라고 할 수 있다. 오다 노부나가의 카리스마는 오케하자마 전투를 통해 여실히 드러난다.

1560년 당시 오와리국의 태수였던 오다 노부나가는 이마가와 요시모토가 이끄는 4만 대군의 공격을 받았다. 오다 노부나가의 병사라야 4천 명 정도에 지나지 않았다. 적의 침공 소식을 들은 오다 노부나가는 즉시 참모들을 모아 비상회의를 열었다. 참모들의 의견은 비관적이었다. 열 배나 되는 적에 맞서 싸우는 것은 무모하기 그지없는 일이니 험한 꼴을 당하기 전에 차라리 모두 함께 자결하자는 것이 중론이었다. 말없이 듣고 있던 오다 노부나가는 태평스럽게 방으로 가 잠을 청했다. 몇 시간 후 일어난 오다 노부나가는 시를 읊기 시작했다.

"인생 50년은 천하 만물에 비하면 덧없는 꿈과 같은 것이니."

오다 노부나가는 밖으로 나가 말에 올라탄 후 출정 명령을 내리고는 아츠타 신궁(神宮)을 향해 달려갔다. 그의 뒤를 따르는 병사들은 천여 명에 불과했지만 오다 노부나가는 전혀 당황하지 않았다. 그는 신궁 안으로 들어가 승리를 기원하는 참배를 올렸다. 신의 계시라도 받은 것처럼 흰 비둘기가 날아올랐다. 초조함과 두려움이 섞인 심정으로 대기하고 있던 병사들의 사기가 진작되었다. 신의 도움이 있으니 어쩌면 승리할 수도 있다는 분위기가 생겨난 것이었다.

그러나 전투를 치르기에는 아직도 투지가 부족했다. 게다가 진군하면서 들려오는 것들은 온통 패배 소식뿐이었다. 오다 노부나가는 패배의식에 젖어든 병사들에게 결전을 촉구하는 연설을 했다.

"적은 우리가 기습공격을 하리라고는 생각도 못 하고 있을 것이다. 적의 병력이 많은 것은 사실이지만 두려워할 필요는 없다. 이 싸움에서 이기면 그대들의 이름을 후세에까지 남길 수 있다. 최선을 다하기를 바라겠다."

적진을 향해 진군을 계속하던 도중 비가 내렸다. 오다 노부나가는 천기(天氣)까지 자신의 편으로 만들어버렸다.

"빗소리 때문에 적은 우리의 기습을 눈치 채지 못할 것이다. 하늘도 우리 편이다!"

리더의 투지에 병사들은 조금씩 자신감을 회복했다. 그러나 결전을 치를 상태에까지 이르지는 못했다. 더 이상 시간을 끌 수는 없었다. 오다 노부나가는 결단을 내렸다. 노부나가는 말에 올라탄 후 결사항전을 독려했다.

"병사들아, 나를 앞질러라!"

오다 노부나가는 명령을 내린 후 그대로 적진으로 돌격해갔다. 목숨을 아끼지 않는 리더의 모습에 병사들의 전의가 불타올랐다.

전 병력이 오다 노부나가의 뒤를 이었다. 죽음조차 두려워하지 않는 투지를 지닌 군대를 이기기란 쉽지 않았다. 이마가와 요시모토의 병사들은 예상치 못한 급습을 당한 데다 상대의 기세에 완전히 얼이 빠져버렸다. 부장인 모리 신스케가 적장인 이마가와 요시모토를 쓰러뜨렸다. 모리 신스케가 적장의 목을 벴다고 외치자 전군의 기세는 더욱 거세게 타올랐다. 오다 노부나가는 침착하게 전황을 살폈다. 기습공격의 성과는 충분히 거두었다고 판단한 오다 노부나가는 퇴각하라고 명령했다. 적장의 목을 앞세운 오다 노부나가의 병사들은 해가 지기 전에 본진으로 무사히 귀환했다.

열 배가 넘는 적 앞에서도 당황하지 않고, 솔선수범해 적진으로 돌격한 오다 노부나가의 용기와 투지는 승리의 결정적 원인이었다. 하지만 노부나가는 자신감과 운에만 의존하지 않았다. 그는 자신의 용기와 투지를 조직에 전파하는 과정에서 치밀한 전략가의 면모를 유감없이 보여준다.

아츠타 신궁에서 흰 비둘기가 날아오른 것은 신이 오다 노부나가의 편을 든다는 의미였다. 그러나 그 비둘기를 날린 사람은 바로 오다 노부나가였다. 오다 노부나가는 비합리적인 것에 의존하는 병사들의 심리를 읽고 선수를 친 것이다. 또한 전투 당일 비가 올 가능성이 상당히 높다는 것도 예측하고 있었다. 지역 호족인 야나다 마사츠나가 오랜 경험을 바탕으로 날씨를 미리 알려주었기 때문이다. 야나다 마사츠나는 이마가와 요시모토의 행군 경로도 철저하게 파악해서 오다 노부나가에게 알렸다. 기습시 정확한 지점을 선택해 공격한 것은 오다 노부나가가 일찍이 방랑하던 시절 그 지역을 지나면서 지형을 철저하게 익힌 덕분이었다. 이러한 점들에서 오다 노부나가는 철저한 사전 정보를 바탕으로 자신의 승리 가능성을 계산한 후 치밀한 행동으로 병사들의 사기를 높여 전투에 임했던 사실을 알 수 있다.

오다 노부나가는 강력한 카리스마로 전국시대를 평정했는데, 그의 카리스마 밑바닥엔 항상 상황에 대한 정확한 분석이 있었다. 자신감과 투지는 정확한 판세 분석과 결합할 때 더욱 큰 시너지를 발휘한다는 것이 오다 노부나가가 주는 교훈이다.

리더의 신념이 변화를 이끈다

박정희_ 자신감과 투지로 경부고속도로를 건설하다

우리나라와 일본은 20세기 산업화 역사에서 유이(有二)한 신화다. 일본은 20세기 초반, 우리나라는 20세기 후반에 신화의 주역이 되었다. 19세기 중반, 동아시아에서도 약소국이었던 일본은 쇄국을 버리고 개방을 택해 경제적 번영의 기초를 닦았다. 우리나라의 산업화는 일본보다 더욱 짧은 기간에 극적으로 전개되었다. 독일, 일본이 제2차 세계대전 후 단기간에 경제발전을 이루었지만, 이들은 100년의 산업화 역사 속에서 풍부한 인력과 기술을 갖추고 있는 상태였다.

　우리나라는 산업화를 위한 기초적 인프라와 인적, 물적 자원도 없이 1945년 해방을 맞았고, 뒤이은 1950년의 한국 전쟁은 그나마 남아 있던 빈약한 자원도 잿더미로 만들었다. 그러나 1950년대 1인당 국민소득 세계 100위권에 머물던 우리나라는 불과 한 세대 만에 세계 10대 경제대국으로 올라섰다. CEO 박정희의 '잘 살아보자'는 비전, '100억 달러 수출, 1인당 1천 달러 소득'의 목표, '하면 된다'는 투지와 자신감을 산업화 1세대의 역량 있는 기업가와 국민 전체가 공유했기 때문에 가능한 기적이었다. 경부고속도로, 울산공업단지, 수원반도체공장, 포항제철 등 산업화를 상징하는 성과 중에 경부고속도로는 CEO 박정희의 통찰력과 추진력의 대표적 상징이다.

　1960년대 우리나라의 1인당 국민소득은 87달러였고, 필리핀은 220달러였다. 필리핀은 서방세계에서 아시아를 대표하는 민주주의 국가로 인정받고 있었고, 필리핀 대통령을 기념하는 '막사이사이상'의 한국인 수상은 우리나라 언론의 톱뉴스였다. 국내 최초의 돔형 실내체육관인 장충체육관도 필리핀 기술자들이 지었다. 빈곤국의 대통령 박정희는 필리핀만큼 잘 사는 나라를 만드는 것이 소망이었다.

　1960년대 초반 본격적인 경제개발을 시작하면서 가발, 섬유 같은 경공업수출로 활로를 찾았다. 점차 수출품목을 고부가가치로 변화시킨다는 전략 아래 지금으로 치면 특별경제구역 개념의 공업단지를 건설해 집중적으로 개발했다. 부족한 사회간접자본 중에서 가장 시급한 것은 도로였다. 박정희는 1964년 12월 서독을 방문했을 때 달려본 아우토반과 같은 고속도로가 경제발전의 필수적 인프라라고 생각했다. 그는 1967년 4월 29일 대통령 선거유세에서 경부고속도로 건설구상을 처음으로 밝혔다. 대통령 당선 후 11월 7일 건설부장관에게 경부고속도로 건설을 지시했고 12월 15일에는 조사단을 출범시켰다.

당시 경부고속도로 건설반대 여론이 들끓었다. 고속도로를 구경한 사람은 고사하고 개념을 이해하는 사람도 드물던 시대였다. 건설부장관을 제외한 거의 모든 관료들이 반대했다. 특히 대학교수 등 지식인 집단의 반대는 격렬했다. 이들은 경부고속도로가 환경을 파괴하고 낭비적이며 극소수 부자들만을 위한 것이라며 조직적으로 반대운동을 전개했다. 당시 지식인 그룹의 리더 격이던 한 교수는 '한국 사람 중에 자가용 가진 사람이 몇 명이나 된다고 농민들이 허리를 굽혀 땀 흘리며 일하는 농토를 가로질러 길을 낸단 말인가. 기어이 길을 닦아놓으면 소수의 부자들이 그들의 젊은 처첩들을 옆자리에 태우고 전국을 놀러 다니는 유람로가 되지 않겠는가 말이다'라는 요지의 글을 썼고, 자극받은 수많은 대학생들은 거리로 뛰쳐나와 반대시위를 벌였다. 여러 정치인들도 극렬 반대운동에 동참했다. 후진국개발기구인 IBRD(세계은행)도 경제성이 없다며 반대하는 지경이었다. 아마 국민투표를 했다면 90퍼센트 이상의 반대로 무산되었을 것이다.

그러나 국가 개조의 비전을 가진 박정희는 반대를 일축하고 고속도로 건설을 강행했다. 당시 우리나라에 고속도로 건설경험이 있는 회사는 현대건설이 유일했다. 1965년 태국 나라티왓고속도로 건설공사를 수주해 시공한 경험이 있었다. CEO 박정희, COO 정주영 콤비는 경부고속도로 건설에 착수했다. 1968년 2월 1일 기공식 후 공사는 놀라운 속도로 진전되었다. 그해 12월 21일, 서울-수원 구간이 완공되었고, 8일 후 수원-오산 구간이, 1969년에는 오산-천안, 천안-대전, 대구-부산 구간이 차례로 완공되었다. 1970년 7월 7일 서울-부산 간 428킬로미터 구간에 대한 개통식이 열렸으니 첫 삽을 뜬 지 2년 6개월 만에 초스피드로 건설된 것이다.

세계에서 가장 가난한 나라로 돈도 기술도 부족했던 시절, 경부고속도로 건설을 가능하게 한 힘은 자신감과 투지였다. 박정희는 전쟁을 치르듯 공사를 지휘했다. 헬기며 지프로 수시로 공사현장을 방문하고 진행상태를 확인했다. 직접 지도까지 들고 와 공사현장을 점검하는가 하면, 연필로 그림을 그려가며 세부적인 부분까지 일일이 관여했다. 게다가 정주영은 '공기 단축'을 구호처럼 붙이고 살았다. 당시 국내에 있던 건설장비를 모두 합친 것보다 더 많은 건설장비를 외국에서 들여왔고, 땅이 얼면 짚을 깔고 휘발유를 뿌려 불을 질렀고, 그래도 되지 않으면 트럭에 버너를 달고 왕복 운행하면서 공사를 강행했다.

박정희는 고속도로를 개통한 후 '대(大)예술작품'이라고 표현했다. 경부고속도로가 상징하는 우리나라의 경제발전은 이와 같은 신념과 투지, 자신감의 결과물이었다. 1961년 1인당 국민소득은 82달러에 불과했지만 1979년에는 1,636달러를 기록해 연평균 18퍼센트 증가했고, 수출은 연평균 38퍼센트 증가라는 경이적 기록을 세웠다. 1960년대 굶어죽지 않는 것이 일반인들의 최대 과제였던 절대 빈곤국이 세계 10대 경제대국으로 발전한 것은 행운이나 우연이 아니라 리더그룹의 신념과 투지, 자신감을 국민 전체가 공유할 수 있었기 때문이다.

박태준_ 실패하면 우향우해서 바다에 빠져죽자

1960년대 우리나라 정부는 종합제철소 건설을 추진했다. 제철소 없이 '재래적 농업국가'를 '근대적 산업국가'로 변모시킬 수는 없었다. 1968년 4월 1일, 국내 최초의 종합제철소인 포항제철이 창립되었다. 회사는 만들었지만 사업은 처음부터 순탄치 않았다. 외자도입을 통해 공장을 지을 계획을 수립하고 부지 정비작업을 하던 중 한국의 제철사업은 시기상조라는 IBRD의 비관적인 보고서가 발표되었다.

　1969년 1월에는 차관공여를 약속했던 금융기관들이 발을 뺐다. 시작해보지도 못하고 청산할 위기상황에서 당시 포항제철 사장 박태준은 대일 청구권자금을 제철소 건설자금으로 전용하는 구상을 관철시켰다. 일본이 식민지 지배에 대한 보상의 명목으로 우리나라에 지급하는 대일 청구권자금 7,379만 달러가 포항제철에 투입되어 공사는 재개되었다.

세계적인 철강전문가들은 이구동성으로 제철소 건립의 무모함을 지적했다. 국내에서도 조상의 혈세를 불가능한 사업에 퍼붓는다는 의견이 지배적이었다. 박태준은 직원들을 모아 이제는 처칠의 연설만큼이나 유명한 연설을 시작했다.

"조상의 혈세로 건설하는 제철소다. 실패하면 우향우해서 영일만 바다에 빠져죽자!"

박태준은 제철소의 성공 여부가 나라의 운명과 직결되어 있다는 제철보국(製鐵報國)의 신념으로 공사를 독려했다. 제철소 건설은 기록적인 속도로 진척되었다. 최소한 5년이 걸리는 종합제철소지만 착공 후 3년 만에 첫 쇳물을 쏟아냈다.

리더가 평정심을 잃는 순간 조직은 끝이다

미국 ABC방송의 앵커우먼 바바라 월터스가 미국 대통령 당선자인 버락 오바마에게 "가장 큰 두려움이 무엇인가?"라고 묻자 그는 "경제위기 등 여러 가지 일로 밤늦게까지 잠을 이룰 수가 없다"고 대답했다. '희망과 변화', '담대한 용기'를 트레이드마크로 내세워 대통령에 당선되었지만, 막상 리더가 되자 걱정이 앞선다고 솔직하게 고백한 것이다.

또한 프랭클린 루스벨트가 갑자기 사망하고 대통령이 된 해리 트루먼은 전쟁을 제대로 수행할 수 있는지부터가 걱정이었다. 그는 '모든 책임은 여기서 끝난다(The buck stops here.)'라는 문구를 자신의 책상에 새겨두고 매일 그 의미를 되새겼다고 한다.

리더를 바라보는 조직원들은 흔히 '리더는 타고날 때부터 배포가 두둑하고 작은 일에 신경 쓰지 않는다'고 생각한다. 하지만 이는 착각이다. 리더는 일반적 기준에서 몇 가지 강점을 가지고 있을 뿐 같은 감정을 가지고 살아가는 인간이다. 오히려 리더의 내면은 더욱 외롭고, 걱정이 많다. 다만 책임감이 있기에 쉽게 자신의 내면을 드러내지 못할 뿐이다.

리더 역시 신이 아니라 인간이다. 일반 사람보다 역량이 앞서기에 리더 역할을 하게 되었지만, 인간이 갖는 한계는 어쩔 수 없다. 미래가 불투명한 상황에서도 조직에 방향을 제시해야 하고, 결단의 순간마다 고민이 따라온다. 특히 위기상황에는 생각할 충분한 시간적 여유가 없는 경우도 많다. 하지만 인간의 일이란 주어지는 측면보다는 만들어가는 부분이 더욱 많은 법이다. 처칠, 섀클턴, 이순신 등 역사와 비즈니스 세계에서 탁월했던 리더는 모두 절망적인 상황에도 굴하지 않고 성공의 가능성을 키워온 사람들이다.

리더는 조직 그 자체이다. 리더가 흔들리면 조직도 흔들린다. 리더의 인간적 한계는 인정하더라도, 리더는 리더이기 때문에 그 한계에 매몰되어서는 안 된다. 내면적 두려움과 회의를 극복하고 비전을 확고히 하고 용기와 투지로 자신을 무장해야 조직 전체가 힘을 갖는다.

위기 속에서 조직을 이끌어야 하는 리더는 내면적 두려움과 고뇌가 깊어지는 것에 비례해서 의식적, 무의식적으로 자신의 용기와 투지를 유지하려고 노력해야 한다. 리더가 평정심을 잃으면 조직은 끝이기 때문이다.

2_ 합리적 낙관주의로 무장하라

불편한 진실을 직시하고 대안을 모색하라

보고 싶은 현실이 아니라 보아야 하는 현실을 직시하라

현실을 이해하지 못하면 올바른 대안이 도출될 수 없고, 잘못된 대안은 잘못된 행동으로 연결된다. 따라서 군대에서 작전을 펼 때도, 적정을 정확히 파악하는 것이 출발점이고, 기업의 전략수립도 환경 분석에서 시작된다.

하지만 현실을 정확히 이해하고 받아들인다는 것은 말처럼 쉽지 않다. 특히 위기를 맞아 직시하기 괴로운 '불편한 진실'이 널려 있는 경우가 더욱 그렇다. 그러나 리더가 불편한 진실을 외면하고 편안한 진실에만 귀를 기울이고 상황을 오판한다면 조직 전체가 몰락하게 된다.

"누구에게나 모든 게 다 보이는 것은 아니다. 많은 사람들은 자기가 보고 싶어 하는 것밖에는 보지 않는다."

고대 로마제국을 중흥시킨 율리우스 카이사르의 명언이다. 카이사르가 활동했던 B.C. 1세기는 로마가 숙적 카르타고와 두 차례에 걸친 포에니 전쟁에서 승리하고 명실상부한 지중해 세계의 패자로서 입지를 굳힌 시기이다. 그러나 규모는 커졌으나 이에 걸맞은 리더십과 시스템을 갖추지 못해 정치사회적 혼란과 계층 간 갈등이 극심해져 '로마는 번영과 동시에 쇠퇴'하는 것이 아니냐는 우려가 커지고 있었다.

그러나 카이사르는 보고 싶은 현실만이 아니라 보고 싶지 않은 현실도 직시하고 해결방법을 모색함으로써 로마를 위기에서 구해내고, 아우구스투스 이후 300년에 걸친 팍스 로마나(Pax Romana, 로마의 평화)의 토대를 닦았다.

조직의 특성상 리더의 현실인식은 정책으로 연결된다. 리더가 보고 싶은 현실만 받아들이면, 조직 전체가 집단 마스터베이션에 빠지고 합리적 대응은 실종된다.

리더가 불편한 진실을 받아들이는 용기를 가져야 조직 전체가 냉엄한 현실에 눈뜰 수 있다. 리더는 막연한 희망이 아니라 현실에 기초한 '할 수 있다(Can Do Spirit)'는 신념으로 자신을 무장하고, 이를 조직이 공유하도록 해야 한다.

신념으로 무장해서 인내하고 돌파하라

진 문공_ 인의로 무장하고 기다리면 반드시 때가 온다

기원전 636년 훗날 진(晉) 문공으로 불리는 중이는 진(秦) 목공이 보낸 3천 명의 병사들과 함께 고국 땅을 밟는다. 고국의 병사들은 그에게 맞서지 않았으며, 수많은 백성들이 연도에 서서 그의 귀국을 환영했다. 민심의 향방을 읽은 진(晉) 회공은 고량성으로 달아났으나, 그곳에서 체포되어 목숨을 잃었다. 진 문공은 피 한 방울 흘리지 않고 최고 통치자 지위에 올랐다. 자신을 죽이려던 아버지의 칼끝을 피해 타국을 떠돈 지 19년 만의 일이었다. 진 문공을 최후의 승자로 만든 원동력은 여러 가지가 있지만 그중 가장 중요한 것은 바로 기다릴 줄 아는 능력이었다. 진 문공은 인의와 성실로 인내하고 또 인내하면 마침내 세상이 자신의 진가를 알아준다는 평범한 진리 하나를 믿고 19년의 긴 세월을 버텨왔다.

이제 시간을 중이가 고국을 등져야 했던 시절로 돌려보자. 기원전 656년 중이의 아버지 진(晉) 헌공은 상식적으로 납득하기 힘든 일을 벌인다. 아무런 결격사유가 없는 태자 신생을 폐위하고 만년에 맞은 여인 여희와의 사이에서 태어난 해제를 태자로 삼은 것이다. 진 헌공의 만행은 여기서 그치지 않는다. 끝내 신생을 자결하게 만든 진 헌공은 대권의 잠재적 위협자들인 중이와 동생 이오의 목숨까지 빼앗으려 들었다. 중이는 포읍으로, 이오는 굴읍으로 달아

났지만 아버지는 두 아들에 대한 공격을 멈추지 않았다. 결국 중이는 적나라로 갔고, 이오는 1년여를 버티다 양나라로 가 훗날을 기약했다.

5년 뒤 정국은 또 한 차례 요동친다. 진(晉) 헌공이 죽자 이극이 반란을 일으켜 여희의 아들 해제와 탁자를 모두 죽인 사건이 발생한 것이다. 이극은 먼저 중이에게 사신을 보내 왕위에 오를 의향이 있는지를 묻는다. 범부 같으면 두 번 생각하지 않고 제안을 받아들였을 것이다. 그러나 중이의 대응은 달랐다.

"아버지의 명을 어기고 타국으로 도망쳤고, 아버지의 장례도 못 치른 죄인이오. 돌아갈 면목이 없소이다."

중이의 이러한 태도는 처음 있는 일은 아니었다. 사실 포읍에 있을 때에도 의지만 있었다면 아버지를 물리치고 왕위에 오를 수 있었다. 덕망 높은 그를 위해 포읍의 백성들은 목숨을 바쳐 싸울 준비를 갖추고 있었다. 그러나 그가 거절한 이유는 하나였다. 아버지를 상대로 칼을 겨눌 수 없다는 것이었다. 중이의 심중을 읽은 호언은 여전히 공격을 주장하는 다른 참모들에게 명쾌한 언변으로 상황을 정리한다.

"공자께서는 부자와 군신이라는 명분을 두려워하는 것일세."

훗날 묵자가 제 환공에게 포숙과 관중이 있었다면, 진(晉) 문공에게는 호언이 있었다고 할 정도로 호언은 중이의 속내를 정확히 읽고 있었던 것이다.

중이가 거절하자 이극은 이오에게 의사를 묻는다. 왕권에 대한 욕심은 있었지만 상대는 해제와 탁자를 죽인 인물이었다. 머리 회전이 빠른 이오는 강국인 진(秦) 목공에게 도움을 요청한다. 이오는 자신이 안전하게 돌아갈 수 있게 도와준다면 하서 지역을 진(秦)에게 할양하겠다고 약속한다. 또한 이극에게도 땅을 하사하겠다고 약속함으로써 내외의 지지를 얻는 데 성공한다. 발 빠른 전략이었으나 그것은 이오의 약점이기도 했다.

귀국해 왕위에 오른 이오는 먼저 진(秦) 목공을 배신한다. 선대에게서 물려받은 토지를 타국에 넘겨주는 것에 대해 대신들이 반대한다는 이유를 댄 것이다. 진 목공은 어처구니가 없었지만 당장은 보복할 방도가 없었다. 이오의 칼날은 이극에게도 향한다. 신하된 자로 군주를 죽였다며 이극을 옥에 가두더니 끝내 그를 자결하게 만들었다.

그런데 이오가 왕위에 오른 지 4년째 되던 해 진(晉)나라에 큰 기근이 찾아왔다. 다급해진 이오는 진(秦) 목공에게 도움을 요청한다. 이미 한 차례 자신을 배반한 이오가 진 목공의 마음에 들지는 않았을 것이다. 고민하던 진 목공은 인도주의적 견지에서 곡식을 진(晉)나라까지 수송해주었다. 다음 해 사정이 바뀌어 이번에는 진(秦)에 기근이 발생한다. 인의(仁義)를 조금이라도 생각하는 자라면 진(秦)을 도울 터였다. 그러나 앞의 예에서 볼 수 있듯 이오는 인의와는 거리가 먼 인물이었다. 이오는 진(秦)을 공격할 좋은 기회로 여기고 전쟁을 일으킨다. 전쟁은 진(秦)의 승리로 끝이 났다. 포로로 잡힌 이오는 진 목공의 부인인 누이 목희의 도움으로 간신히 목숨을 건져 본국으로 달아났다.

정체절명의 위기에서 빠져나온 이오는 내치에 힘쓰는 한편, 중이를 죽이기 위해 적나라로 자객을 보냈다. 그러나 진(晉)에는 심정적으로 중이를 지지하는 사람들이 여전히 많았다. 호언의 아버지 호돌도 그중 한 명이었다. 호돌은 중이에게 밀서를 보내 이오가 자객을 보냈음을 알린다. 중이는 참모들의 의견을 종합해 당시 천하의 패자 노릇을 하던 제 환공이 다스리는 제나라로 떠난다. 제 환공이 도와준다면 본국으로 돌아가 왕위에 오를 수 있다고 판단한 것이다.

그러나 아직 시간은 중이의 편이 아니었다. 기원전 643년 제 환공이 세상을 떠나자 정국은 일대 혼란에 빠진다. 제나라에는 내란이 발생했고, 중이는 참모들의 의견을 좇아 조나라로 옮긴다. 조나라가 홀대하자 다시 송나라로 옮기고, 송의 여건이 어려워지자 이번에는 정나라로 간다. 정나라에서도 거절을 당하자 초나라로 향한다. 다행히 초의 성왕은 사람을 보는 안목이 있는 인물이었다. 중이가 결국에는 진(晉)의 군주가 될 것이라고 판단한 성왕은 거래를 시도했다. 자신이 중이의 환국을 도우면 어떤 대가를 주겠느냐고 물은 것이다. 중이는 "부득이하게 초와 마주친다면 90리를 물려드리겠습니다"라고 답한다. 공손한 대답처럼 들리지만 성왕의 참모 자옥은 중이의 속내를 단번에 파악했다. 중이는 사실 향후 초와 전쟁을 치를 수도 있다고 답한 것이다. 그래도 성왕은 중이를 받아들이기로 결정한다.

"그는 현명하고 인재들이 따르니, 이는 하늘이 주신 것이다."

성왕은 인의의 표본으로 이름난 중이를 죽여 우환을 자초하고 싶지 않았던 것이다. 성왕은 많은 예물과 함께 중이를 진(秦) 목공에게 보내는 호의를 베풀었다. 진 목공은 자신의 딸 회영을 중이와 결혼시킴으로써 결속을 강화한다. 이오가 즉위 14년 만에 죽자 드디어 중이는 움직이기 시작한다. 태자 위가 왕위를 이어받아 진(晉) 회공이 되었지만 민심은 그를 따르지 않았다. 진 목공의 병력과 함께 중이는 꿈에 그리던 고국 땅을 밟고 왕의 자리에 올랐다.

중이, 곧 진(晉) 문공은 인의의 표본이었다. 그는 수차례 정권을 차지할 기회를 잡았으나 인의에 어긋난다며 모두 거절했다. 그런 그의 주위에는 인재가 많았다. 그의 성품에 감복해 자발적으로 몰려든 사람들이었다. 진 문공은 인의를 바탕으로 기다리고 또 기다렸다. 그가 춘추오패의 두 번째 패자 자리에 오른 것은 인의로 무장하고 기다리면 때가 온다는 굳건한 믿음 덕분이었다. 훗날 공자는 그에게 "인덕과 신의로 천하의 패자가 되었다"는 평가를 내렸다.

마틴 루터 킹_ 내겐 꿈이 있습니다

2008년 11월 5일 흑인으로서는 최초로 미국 대통령에 당선된 오바마는 환호하는 국민들 앞에서 당선자 연설을 시작했다.

"미국은 모든 것이 가능한 나라임을 의심하는 사람들이 있다면, 우리 선조들의 꿈이 이 시대에 아직 건재해 있는지 궁금해하는 사람들이 있다면, 우리 민주주의의 힘에 대해 의문을 갖고 있는 사람들이 있다면, 오늘 밤 이 순간이 바로 그 의문에 대한 해답입니다."

 전 세계를 강타한 경제난국을 온 힘을 다해 해결할 것이라고 역설하던 오바마는 연설 말미에 앤 닉슨 쿠퍼라는 흑인 여성의 이름을 언급한다. 106세 된 앤 닉슨 쿠퍼의 첫 투표 참가의 의미에 대해 설명하던 오바마는 그녀가 겪은 과거사를 늘어놓으면서 다음과 같이 덧붙인다.

 "그녀는 몽고메리의 버스들, 버밍햄의 호스질, 셀마의 다리를 지켜보았습니다. 그리고 '우리는 극복할 수 있다'고 사람들에게 말하는 애틀랜타의 목사를 지켜보았습니다."

 미국은 할 수 있다는 희망적 메시지로 마감한 그의 연설은 25년 전 워싱턴 D.C.에서 역사적 연설을 했던 마틴 루터 킹에 대한 헌사였다.

 흑인 침례교 목사 마틴 루터 킹이 흑인 민권운동의 지도자로 나선 것은 1955년 12월이었다. 당시 앨라배마 주 몽고메리에서는 흑인 여성 로사 파크스가 백인 승객에게 버스 좌석 양보를 거부했다가 체포되는 일이 일어났다. 사건 직후 몽고메리의 흑인 운동가들은 버스 이용을 보이콧하자는 데 인식을 같이하며, 마틴 루터 킹을 지도자로 선출했다. 마틴 루터 킹은 보스턴대학교에서 신학박사 학위를 받은 뒤 몽고메리의 덱스터 스트리트 침례교회에 부임한 경력 1년 남짓의 신참 목사였다. 흑인 운동가들이 그를 지도자로 선출한 것은 경력이 일천한 그에게는 적이 없었기 때문이다.

중책을 맡은 마틴 루터 킹은 평소 간디를 존경해왔던 자신의 신념에 따라 비폭력적으로 운동을 이끌어나갔다. 1956년 1월 그의 집에 폭탄이 투척되었고, 흥분한 군중이 몰려들었다.

"제 아내와 아이들은 무사합니다. 무기를 버리고 집으로 돌아가십시오. 복수를 통해서는 문제가 해결되지 않습니다……. 하나님이 당신들과 함께 하는 한 이 운동은 계속될 것입니다. 우리는 결국 승리할 것입니다."

그의 침착한 연설을 들은 군중은 흥분을 가라앉히고 해산했다. 자칫 유혈폭동으로 이어질 위기상황을 막은 것은 바로 그의 연설이었다. 비폭력 투쟁 노선은 계속 유지되었고, 마침내 가시적인 성과를 거두었다. 1956년 12월 20일, 연방법원이 버스 안에서의 인종차별에 대해 위헌판결을 내린 것이다.

자신의 노선에 대해 자신감을 얻은 마틴 루터 킹은 비폭력 대중운동에 헌신한다. 1959년 2월, 인도를 방문해 네루에게서 간디 사상의 핵심인 '사티아그라하(진실에 대한 헌신)'를 알게 된 후로는 더욱 확신이 굳어졌다. 시민의 자발적이며 비폭력적인 투쟁만이 최후의 승리를 보장할 수 있다는 믿음이었다. 1960년 10월, 마틴 루터 킹은 고향인 애틀랜타의 공공장소에서 백인들과 따로 식사해야 하는 상황을 개선해달라고 요구하며 투쟁을 벌인다. 주 정부는 그를 체포했지만 이는 거꾸로 마틴 루터 킹의 존재를 전국에 알리는 결과를 초래했다. 마틴 루터 킹은 민주당 대통령 후보인 케네디의 개입으로 감옥에서 풀려났다. 이후 몇 년간 그의 운동은 미국 내에 커다란 반향을 불러일으켰다.

미국 내 인종차별의 심각성을 강조하기 위한 가장 효과적인 방법을 찾던 그는 워싱턴 D.C.에서 20만 명이 참가한 평화집회를 열었다. 전례 없는 참가인원에 고무된 그는 역사적 명연설을 남긴다.

"백 년 전, 오늘 우리가 있는 곳에 동상으로 남은 한 위대한 미국인이 노예해방선언을 승인했습니다. 이 중대한 법령은 압도적인 부당함의 화염 속에 던져진 수백만의 흑인 노예에게 거대한 희망의 횃불이 되었습니다. 이는 흑인이 지낸 속박의 긴긴 밤을 끝내는 기쁨의 여명이었습니다. 그러나 백 년이 지났음에도 흑인들은 여전히 자유롭지 못합니다."

링컨을 언급하며 시작된 연설은 인종차별로 얼룩진 미국을 개선하기 위해서는 모두 참여해야 한다는 논지로 발전했고 불후의 문장으로 이어졌다.

"내겐 꿈이 있습니다. 언젠가는 이 나라에서 모든 인간은 평등하게 창조되었다는 진리가 반드시 실현되리라는 꿈입니다. 내겐 꿈이 있습니다. 조지아 주의 붉게 물든 언덕에서 노예였던 사람의 후손과 노예를 소유했던 사람의 후손이 함께 원탁에 앉아 식사할 날이 언젠가는 오리라는 꿈입니다……. 자유의 종이 울리게 합시다. 그럴 때 개신교와 천주교도, 기독교인과 유대인, 백인과 흑인, 이 모든 신의 자녀들이 손에 손을 잡고 오래된 흑인 영가를 부르는 것이 실현되는 그날이 앞당겨 올 것입니다. 자유의 그날! 전능하신 신의 은총으로 우리는 마침내 자유의 그날을 맞이하게 될 것입니다."

1968년 4월 4일, 청소부 파업에 동참하기 위해 테네시 주 멤피스를 방문한 마틴 루터 킹은 제임스 얼 레이가 쏜 총에 맞아 사망했다. 그의 비폭력적인 평화주의 노선은 끝이 났고, 결국 승리하리라는 그의 예언도 함께 사망한 것처럼 보였다. 그러나 그가 세상을 떠난 지 40년 후 미국은 흑인을 자신들의 대통령으로 선출했다. 미국 건국 232년 만의 일이었고, 1865년 링컨이 남북 전쟁을 종식시킨 지 143년 만의 일이었고, 마틴 루터 킹이 20만 군중 앞에서 '내겐 꿈이 있습니다'라는 연설을 한 지 45년 만의 일이었다. 최후의 승리자는 마틴 루터 킹이었다.

어니스트 섀클턴_ 장애물은 극복되기 위해 존재한다

1914년 12월 5일, 섀클턴 탐험대는 인듀어런스 호를 타고 남극을 향해 출발했다. 세계 최초로 남극 대륙을 횡단하는 탐험대가 되는 것이 그들의 목표였다. 그런데 출발부터 순조롭지 않았다. 인듀어런스 호는 극지방 탐험을 위해 엄선된 목재들로 제작된 배지만 남극의 험난한 자연환경을 견디기는 어려웠다. 남극의 거대한 얼음덩어리들은 천천히 그들을 조여왔다. 항해를 시작한 지 45일째 되던 1915년 1월 19일 탐험대는 얼음에 갇혀 옴짝달싹할 수 없는 상황이 되었다. 탈출 시도가 수포로 돌아가자 그들은 배 안에서 겨울을 나기로 결정했다.

조직이 위기에 봉착하자 섀클턴의 리더십이 빛을 발하기 시작했다. 배 이름을 인듀어런스(Endurance, 인내)라고 붙인 데서도 알 수 있듯 어떤 상황에서도 절망하지 않는 낙관성이 섀클턴의 최고 장기였다. 섀클턴은 대원들을 리츠 호텔이라고 부르는 갑판 사이의 저장고로 불러 모았다. 그는 겨울이 지나면 봄은 반드시 오고, 날씨가 따뜻해지면 얼음은 녹을 것이라며, 자신에 대한 신뢰를 당부했다. 대원들이 안정을 찾자 그는 축음기를 틀고 지질학자 레오나르드 허시에게 벤조를 연주하도록 했다. 생존에 대한 섀클턴의 믿음은 대원들에게 낙천성을 불러일으켰다. 대원들은 파티를 여는가 하면, 탈출 전에는 불가능한 과제였던 알래스카 탐험에 대한 토론을 통해 현재의 고통을 잊고 미래에 대한 전망을 밝혔다. 또한 섀클턴은 대원들에게 머리를 깎자고 제안하고는 자신이 가장 먼저 솔선수범했다. 머리를 짧게 깎고 나니 모두 죄수처럼 보였다. 섀클턴은 유쾌하게 웃는 단체 사진을 찍도록 했다. 기분 전환을 위한 행동이었지만 대원들 모두 하나라는 일체감을 불러일으키려는 섀클턴의 계산이 깔려 있었다.

10월 27일, 인듀어런스 호가 침몰했다. 엄청난 크기의 얼음덩어리 두 개가 배의 측면을 짓눌렀고, 세 번째 얼음덩어리가 배의 후미를 강타했다. 대원들은 배에서 무사히 탈출했지만 상황은 절망적이었다. 가장 비통한 심정을 느낀 사람은 섀클턴이지만 그는 조금도 내색하지 않고 대원들을 모아 연설을 했다.

"나는 여러분과 함께 식량보급기지가 있는 폴렛 섬으로 갈 생각입니다. 무엇보다도 나는 이 어려운 상황에서 여러분이 보여준 끈기와 용기에 대해 감사를 드립니다. 여러분이 나를 믿어준다면 우리는 모두 무사히 안전지대에 도착할 거라고 나는 확신합니다."

연설은 효과적이었다. 대원들은 살아남을 수 있겠다는 희망을 갖기 시작했다. 그런 뒤 섀클턴은 뜻밖의 행동을 한다. 효율적으로 이동하기 위해서는 1인당 1킬로그램 정도의 물품을 소지할 수 있다고 말하고는 자신이 가장 아끼는 금 장식물들과 금으로 된 담배 케이스를 바다에 던져버린 것이다. 사실 그것들은 무게로 따지면 얼마 나가지도 않았다. 그러나 그 행동은 정말 중요한 것은 금 따위가 아니라 살아남는 것이라는 사실을 보여주는 멋진 퍼포먼스였다. 대원들은 자신들의 소지품 중 최소한의 것만 남기고 나머지는 다 바다에 집어던졌다.

섀클턴은 구명보트와 썰매를 끌고 550킬로미터나 떨어진 식량보급기지로 향했지만 상황은 더욱 악화되었다. 그들은 얼마 지나지 않아 포기하고 얼음 위에 캠프를 설치했다. 하지만 섀클턴은 절망하지 않았다. 그는 대원들에게 즐겨 외우던 로버트 브라우닝의 시를 들려주었다.

"나는 항상 투사였다……. 한 번만 더 해보자."

그는 유머감각도 잃지 않았다. 위기상황이 있어야 나중에 책으로 쓸 이야기도 있지 않겠느냐고 말하는 섀클턴 덕분에 대원들은 희망의 끈을 놓지 않았다.

그들은 구명보트를 이용해 바다를 건너 엘리펀트 섬에 도착했다. 그러나 엘리펀트 섬도 오래 머물 곳은 못 되었다. 일기는 불순했고 식량을 구하기도 여의치 않았다. 전원이 함께 출발하는 것은 무리였다. 그는 다섯 명의 대원들을 이끌고 사우스조지아 섬으로 가기로 결정을 내렸다.

가장 절망적인 순간에 섀클턴의 리더십은 또 한 차례 빛을 발한다. 22명을 대표하는 리더로 부대장인 프랭크 와일드를 지명한 것이다. 프랭크 와일드는 '장애물은 극복되기 위해 존재한다'는 섀클턴의 낙관성을 누구보다도 잘 전수받은 사람이었다. 그는 매일 아침 "오늘은 대장이 올 거야. 자, 다들 힘을 냅시다"라고 말하며 남은 대원들의 사기를 진작시켜 주었다. 그가 없었더라면 전원 귀환의 신화는 무산되었을 것이다.

사우스조지아 섬으로 가는 길은 고난의 연속이었다. 섀클턴과 다섯 명의 대원들은 낡은 보트를 타고 16일 동안 바다를 항해했다. 섀클턴은 끊임없이 "할 수 있다"는 말로 대원들을 격려했고, 그의 낙관성에 전염된 대원들 또한 서로 격려했다. 바닷물이 계속해서 보트에 쏟아져 들어오는 상황에서도 그들은 웃음 띤 얼굴로 "오늘은 꽤 재미있겠는데"라고 말할 수 있는 정도가 되었다. 구명보트 후위에 서서 내내 조타를 지휘하던 섀클턴은 사진사인 헐리가 장갑을 잃어버렸을 때 또다시 믿기지 않는 행동을 해 대원들을 놀라게 한다. 자신의 장갑을 벗어 헐리에게 건넨 것이다. 헐리가 거절하자 그는 장갑을 아예 바다에 던져버리려는 자세를 취했고, 놀란 헐리가 장갑을 받음으로써 사태는 일단락되었다. 덕분에 섀클턴은 심한 동상에 걸렸지만 대원들의 신뢰는 더욱 커졌다.

사우스조지아 섬에 도착한 뒤 다시 3명이 지쳐 쓰러졌지만 여정은 아직 끝이 아니었다. 섀클턴과 두 명의 대원들은 거대한 빙원을 지나 건너편의 포경기지까지 가야 했다. 수많은 장애가 도사리고 있는 데다 모두 지칠 대로 지쳐 있었지만 섀클턴은 그들에게 농담을 건네며 분위기를 이끌었고, 통과하기 어려운 지형이 나타나면 솔선수범해 대원들에게 용기를 주었다.

해발 1,370미터의 빙하에서 아래로 내려가야 하는 상황에 처했을 때였다. 앞쪽 길은 경사져 있었지만 깜깜한 탓에 어느 정도 경사인지 알 수 없었다. 섀클턴은 산 정상에서부터 썰매를 타듯 미끄러져가는 방법을 택했다. 자칫 잘못하면 죽을 수도 있는 상황이었지만 달리 선택의 여지 또한 없었다. 섀클턴은 두려움을 나타내는 대신 내려가는 내내 어린애처럼 큰 소리로 웃어댔다. 그의 웃음은 다른 두 대원에게 전염되었다. 눈앞의 두려움을 웃음으로 지워버린 그들은 무사히 빙하를 내려올 수 있었다.

3일 후인 1916년 5월 20일 오후 3시, 그들은 마침내 포경기지에 도착했다. 세 사람은 실내로 안내되어 음식과 깨끗한 옷을 제공받았다. 그 뒤로 섀클턴은 엘리펀트 섬의 대원들을 구출하기 위해 전력을 다했다. 1916년 8월 30일, 마침내 탐험대원 전원이 구조되었다. 2년 가까이 되는 기간이었지만 낙오된 사람은 한 명도 없었다.

희망의 유전자를
조직에 퍼뜨려라

헨리 카이저_ 무한한 믿음으로 불가능에 도전하다

헨리 카이저는 제2차 세계대전 당시 미국과 영국 사이를 오갔던 전쟁 물자 수송선단 리버티(Liberty, 자유)를 만든 인물이다. 처칠이 "리버티의 행렬이 없었더라면 영국은 전쟁에서 패배했을 것"이라고 말했듯이 리버티는 전황 자체를 바꾸어버렸다. 카이저는 당시 대서양에서 맹활약하던 독일의 U보트들이 리버티 수송선을 침몰시키는 속도보다 더 빨리 배를 건조해내는 기적을 만들어냈고, 이는 영국이 전쟁을 수행할 수 있는 기본 동력이었다. 그런데 놀라운 것은 헨리 카이저가 리버티를 건조하기 전까지 단 한 척의 배도 만들어본 적이 없다는 사실이다. 그럼에도 헨리 카이저는 주저하지 않고 조선업에 뛰어들었고, 결국 모두 불가능하다고 여긴 일을 현실로 이루어냈다.

1940년 영국은 독일 잠수함으로 인한 피해를 보충하기 위해 미국에 수송선 건조를 요청한다. 미국은 딜레마에 빠졌다. 루스벨트는 미국의 상황도 어려운 판에 영국의 이익을 우선한다는 비난이 신경 쓰였다. 고심 끝에 그는 헨리 카이저를 책임자로 선정했다. 헨리 카이저는 건설업에 종사하던 사람으로 도로나 댐 공사 경력은 많았으나 조선업 경력은 전무했다. 루스벨트는 자국의 선박 제작이 지장을 받지 않도록 하기 위해 일부러 카이저를 선정한 것이다. 그렇다고 무능력한 사람을 책임자로 고른 것은 아니었다. 카이저는 불굴의 추진력을 갖춘 인물로 공기를 단축하는 데에는 일가견이 있었다.

　카이저는 일을 수락한 후 협력사로 토드 조선소를 선정했다. 그런 뒤 리치몬드와 포틀랜드 두 곳에 조선소를 세웠다. 1941년 4월, 리치몬드에서는 처음으로 배의 용골을 세웠고, 4개월 후에는 오션 뱅가드 호를 진수했다. 포틀랜드에서도 동시에 작업이 이루어졌다. 5월에 용골을 세운 뒤 역시 4개월 후인 9월 말 스타 오션 호를 진수한 것이다. 시험단계인 이 과정을 통해 카이저는 조선업에 대한 감을 익히면서 작업공정을 철저히 표준화했고, 전국에서 숙련공을 선발해 본격적인 생산단계에 돌입했다. 이후 카이저는 믿기지 않는 속도로 배를 만들어낸다. 원래 계약에는 150일 내에 선박을 인도하도록 되어 있었지만 카이저는 포틀랜드 조선소에 10일 만에 완성하도록 명령했다. 전시 기준이 60일인 것을 감안해도 너무나 무리한 요구였지만, 카이저의 지시대로 포틀랜드 조선소는 10일 후 배를 완성했다. 그러나 이것은 시작에 불과했다. 기자 한 명이 10일 기록이 얼마나 오래 유지될 수 있느냐고 묻자 카이저는 곧 기록이 깨질 것이라고 응답했다. 그의 말대로 리치몬드 조선소에서는 용골 완성 후 4일 15시간 만에 배를 진수하는 데 성공했다.

　물론 5일 진수기법을 전 조선소에서 공히 사용한 것은 아니었다. 카이저가 5일 진수기법을 통해 보여주고 싶었던 것은 할 수 있다는 자신감이었다. 10일 만에 배를 진수한 뒤 행한 그의 연설에서도 그

점은 잘 드러난다.

"전문가들은 우리가 할 수 없을 것이라고 했다. 그러나 우리 옆에 있는 것은 열흘 만에 진수된 배이다. 이 배는 우리의 동맹국과 우리 군인들에게 보낼 화물을 수송할 것이다. 하느님과 우리 노동자의 재능이 합쳐져 만들어낸 기적이다."

카이저는 전쟁 기간 동안 항공모함, 유조선 등을 포함해 1,490척의 배를 건조했다. 하루 한 척 이상 건조한 셈이다. 끊임없이 공기단축에 몰두하는 카이저에게 누군가 충고했다.

"로마는 하루아침에 이루어지 않았습니다."

카이저는 답했다.

"그것은 내가 로마에 없었기 때문입니다."

로마 황제를 뜻하는 카이저라는 이름의 헨리 카이저가 조선왕이 된 것은 자신의 능력에 대한 무한한 신뢰 때문이었다.

샘 월튼_ 자신의 능력과 미래를 낙관하다

지금은 월마트에 밀려 역사의 뒤안길로 사라진 왕년의 미국 최대 유통기업 K마트의 창립자 해리 커닝햄은 월마트의 창립자인 샘 월튼을 '금세기 최고의 위대한 비즈니스맨'이라고 논평한 적이 있다. 샘 월튼은 위대한 비즈니스맨일 뿐만 아니라 자신과 월마트의 성공을 확신하며 집요하게 꿈을 좇은 인물이다. 그의 낙관성을 보여주는 좋은 예가 있다. 샘 월튼이 작은 비행기를 사고 싶어 했을 때의 일이다. 동생 버드는 형에게 비행기 조종을 할 줄 모르는데 비행기가 무슨 소용이냐고 지적했다. 샘 월튼은 대답했다.

"나는 자동차를 운전할 수 있지. 그러니 비행기 조종법도 충분히 배울 수 있다고."

샘 월튼은 그의 장담대로 비행기 조종법을 배웠고 후일 18대의 개인 비행기를 소유했다.

샘 월튼이 직원들에게 항상 강조한 것이 있다.

"돈을 좇지 마라. 꿈을 추구하고 집요하게 그것을 좇아라."

1962년 아칸소의 로저스에 첫 월마트 매장을 개설했을 때부터 샘 월튼의 꿈은 K마트를 넘어서는 최고의 소매상이 되는 것이었다. 무모한 꿈처럼 보였지만 그는 자신의 모든 것을 쏟아 부으면 가능하다고 믿었고, 결국 이루어냈다.

그는 가격 체계를 파괴했고, 지독한 자기 혁신을 통해 월마트의 비즈니스 플랜을 날카롭게 다듬어갔다. 경쟁자인 K마트 매장에 선글라스를 끼고 나타나 계산대 하나하나를 살펴보고 내부를 녹화하는 등 수단과 방법을 가리지 않았다. 그는 보고서를 신뢰하지 않았고, 자신이 직접 보고 체험한 것만을 믿었다. 그는 '귀를 땅에다 계속 대라'고 강조했다.

K마트가 고전적 마케팅의 틀 안에서 맴도는 동안 샘 월튼은 정보기술혁명과 소매업에의 적용 가능성에 주목했다. 1983년 업계 최초로 업무용 인공위성을 쏘아 올려 전 매장의 재고관리와 물류 체계를 리얼타임으로 관리하는 대대적 혁신을 이루면서, 업계 최고의

경쟁력을 갖추었다. 현재 월마트는 매출액 기준 세계 1위 기업이자 15개국에 150만 명의 직원을 거느린 초대형 글로벌 기업으로 성장했다.

샘 월튼이 받은 '자유의 메달'에는 다음과 같은 글이 새겨져 있다. "겸손함이 근본인 이 사람은 자신의 능력을 절대로 의심하지 않았다."

월마트의 성공 비결은 이 문구 하나에 압축되어 있다고 해도 과언이 아니다.

앤 멀케이_ 재기를 확신하고 발로 현장을 뛰다

2001년 8월 앤 멀케이가 제록스 회장에 올랐을 당시 제록스는 파산 직전의 거대 공룡이었다. 2000년까지 7분기 연속 적자에, 부채는 170억 달러에 이르렀고, 주가는 63달러에서 4달러로 추락했다. 앤 멀케이는 24세 때 제록스에 입사해 25년간을 제록스에 몸 담았다. 그녀에게 제록스는 자신의 가족만큼이나 귀중했다. 앤 멀케이가 가장 먼저 한 일은 워렌 버핏의 조언을 듣기 위해 무조건 오마하행 비행기에 몸을 실은 것이다. 워렌 버핏은 그녀에게 충고했다.

"CEO로 승진했다고 생각하세요? 절대 아닙니다. 당신은 오늘부터 전쟁터에 끌려갔다고 생각하세요. 은행, 주주, 종업원들 수백만 명이 당신을 괴롭힐 겁니다. 하지만 일단 그들을 무시하세요. 그리고 당신 주위의 직원과 고객들이 회사의 문제에 대해 말하는 것을 유심히 듣는 데 최우선 순위를 두세요."

앤 멀케이는 워렌 버핏의 조언을 바탕으로 전략을 수립했다. 그것은 바로 '제록스가 죽어야 제록스가 산다'는 것이었다. 이 전략의 바탕에는 예전의 강성했던 제록스를 잊어야 재기에 성공할 수 있다는 인식이 깔려 있었다. 앤 멀케이는 주력 복사기 제품을 컬러와 디지털로 전환했다. 모토롤라와 GE의 6시그마를 도입해 시행했고 고객 우선과 비용 절감을 최우선 과제로 삼았다.

전략이 수립되자 앤 멀케이는 직접 현장에 나섰다. 그녀는 90일 동안 비행기를 타고 전 세계를 돌며 직원과 고객의 의견을 들었다. 그 과정을 통해 앤 멀케이는 힘을 모으면 위기를 극복할 수 있다는 정신을 주입했고, 행동했다. 그런 그녀의 의지는 은행들을 설득해 차입금의 만기 연장을 끌어낸 일에서도 잘 드러난다. 채권단 은행 56개 중 2개 은행이 기한 연장에 동의하지 않자 그녀는 직접 은행에 전화를 걸었다.

"제발 좀 도와주세요."

"우리 은행은 이미 기한 연장에 동의했는걸요."

"그게 아니고요. 저를 위해서 다른 은행 두 곳에 전화를 좀 해주세요."

결국 나머지 은행들도 동의했다.

회장이 회사를 살릴 수 있다는 믿음으로 뛰기 시작하자 직원들도 동참했다. 텍사스의 한 지사에서는 판매왕에 오른 직원이 인센티브를 거절하고 동료들이 그에게 세차서비스를 해주는 일도 벌어졌다.

제록스는 2002년 4분기에 다시 흑자를 기록하면서 회생했고, 복사기 제조 회사에서 종합문서 솔루션 회사로 재창조되었다. 이는 회사의 재기를 확신하고 발로 전 세계를 누빈 앤 멀케이의 리더십이 만들어낸 성과였다.

현실을 냉정히 받아들이되 희망적인 믿음을 잃지 마라

희망이 없으면 인내가 무의미하다. 봄이 온다고 믿어야 겨울을 견딜 수 있는 힘이 생긴다. 추운 겨울이라는 현실을 인정하되, 겨울을 이기고 살아남으면서 봄을 기다리는 것이 진정한 희망이다. 추운 겨울이라는 현실을 부정하면서 막연히 도피하려는 자세로는 봄이 오기 전에 얼어 죽기 십상이다.

위기가 닥치면 리더도 불안하다. 불편한 진실을 인정해야 하는 고통의 와중에 '잘 되겠지' 하는 식의 막연한 낙관론에 기대려는 심리도 생겨난다. 듣기 좋은 말만 하려는 얄팍한 처세술로 무장한 사람들에게 현혹되기 쉬운 것도 이때이다. 그러나 리더는 '성공의 믿음을 잃지 않으면서도 눈앞에 닥친 냉혹한 현실을 직시'하는 스톡데일 패러독스로 자신과 조직을 정신무장시켜야 한다.

미국의 짐 스톡데일은 베트남 전쟁에서 포로가 되어 8년(1965~1973) 동안 베트남의 하노이 포로수용소에서 생활했다. 그는 수감 기간

중 20차례가 넘게 고문을 받았음에도 동료들에게 용기를 불어넣으며 살아남았다.

스톡데일의 회고에 의하면 수용소에서 가장 일찍 죽는 사람은 비관론자가 아니라 근거 없는 낙관주의자였다고 한다. 그들은 크리스마스에는 나갈 수 있을 것으로 믿고 자기 자신에게 일종의 최면을 걸고 희망을 불어넣다가, 좌절되면 실망하고 다음에는 추수감사절의 석방을 기대했다. 추수감사절 석방이 좌절되면 다시 막연한 희망을 갖고 기다리다가 끝내 극단적 실망에 빠져 죽음에 이르렀다는 것이다.

그는 반면 분명히 풀려난다는 신념을 가지되, 단기간 석방은 어려울 것이라고 생각한 사람들은 수용소 생활을 받아들이고 견뎌냈다고 회고했다. 이후 사람들은 극한 상황의 어려움을 이겨내는 합리적 낙관주의를 스톡데일 패러독스라고 불렀다. 조직이 위기를 극복해내기 위해서는 현실을 냉정히 받아들이되 성공하리라는 믿음을 잃지 않는 이와 같은 합리적 낙관주의를 갖추어야 한다.

르네상스시대의 정치사상가 마키아벨리는 "공동체를 유지시키는 것이 군주의 가장 큰 덕목이다"라고 지적했다. 리더는 어떠한 어려움이 있어도 공동체를 유지할 수 있다는 신념과 낙관론으로 자신을 무장해야 한다. 그런 다음에는 이러한 신념과 낙관론을 조직 전체로 확산시켜 조직의 에너지를 끌어내야 한다. 조직원들은 리더를 보면서 조직의 가능성을 확인하기 때문이다.

「뉴욕 타임스」 칼럼니스트로 『세계는 평평하다』를 쓴 토머스 프리드먼은 어린 시절 어머니에게서 소중한 가르침을 받았다.

"비관론자는 대체로 옳고, 낙관론자는 대체로 그르다. 그러나 대부분의 위대한 변화는 낙관론자가 이룬다."

역사에서나, 기업에서나 위대한 인물들은 모두 위대한 낙관주의자였다.

3_
핵심 인력으로
컨트롤 타워를 구성하라

신속하고 효과적인 대응 체제를 구축하라

위기시에는 톱-다운이다

위기시의 리더십과 조직구조의 기본 개념은 톱-다운(Top-Down)이다. 바텀-업(Bottom-Up)이나 자율경영은 평화시에 어울린다. 따뜻하고 풍요로웠던 여름, 가을이 지나가고 겨울이 오면, 추위에 견디고 살아남기 위해서 행동양식을 바꾸는 것처럼 위기시에는 리더를 포함한 조직 전체의 운영방식이 변해야 한다.

 위기가 닥치면 시간이 빨리 흘러간다. 위기시에는 단기간에 많은 일들이 일어나고 즉각적으로 대처해야 하기 때문이다. 평화시 1년간 일어날 일들이 위급시에는 일주일 동안 생겨난다. 평상시에는 천천히 생각하고 검토할 수 있는 사안도 위기시에는 그럴 수 없다. 따라서 위기를 맞은 조직은 모든 역량을 위기극복을 위한 생존력

강화에 집중해야 한다. 일상적인 활동에 에너지를 낭비할 여유도 없을뿐더러, 역량이 분산되어 위기극복에 실패한다면 남는 것은 파멸뿐이다.

위기대응 체제의 출발점은 핵심 인력으로 컨트롤 타워를 구축하는 것이다. 컨트롤 타워를 통해 상황을 장악해 필요한 의사결정을 신속하게 내리고 통합적으로 대처해야 한다. CEO를 포함한 주요 경영진들이 컨트롤 타워 중심으로 의사결정을 진행하고, 실무진의 실행과 점검 또한 컨트롤 타워가 주축이 되어야 한다. 평상시의 자율경영 등의 구호는 폭풍우가 지나갈 때까지 일단 한편에 치워두는 것이 좋다. 비상시에는 그에 맞는 의식과 조직으로 무장해서 대처해야 한다. 국가에서도 평상시에는 내각의 각 부처가 맡은 업무를 수행하는 것을 주축으로 국정이 운영되지만, 전쟁이 나면 전쟁 수행력을 극대화하는 전시 체제로 국가 조직을 재편한다.

위기극복을 위한 컨트롤 타워는 전쟁 수행시 워룸(War Room)의 개념과 비슷하다. 워룸은 전시 군통수권자와 핵심 참모들이 모여 상황을 한눈에 파악하고 작전을 협의하는 곳으로 벽면에 상황판을 설치해놓은 방을 의미한다. 기업의 컨트롤 타워도 경영 관련 핵심 정보가 집중되고, 주요 의사결정자들이 모여 상황을 공유하고 의사결정을 내리는 기능을 한다. 평상시 바다를 항해하던 배에서는 각자 맡은 위치에서 자신의 역할을 다하는 것으로 충분하지만, 폭풍우를 만나면 선장을 포함한 핵심 선원들이 조타실에 모두 모여 상황을 파악하고 대처해나가는 것과 마찬가지이다. 위기를 맞은 조직은 무엇보다도 통제와 효율을 높여 생존력을 확보해야 하는 것이다.

핵심 인력을 중심으로 조직 전체를 장악하라

조지 마셜 _ 핵심 인력을 요직에 배치해 조직을 신속히 장악하다

조지 마셜은 마셜 플랜의 창안자로 잘 알려져 있다. 마셜 플랜이란 제2차 세계대전이 끝난 후 파탄 상태에 빠진 유럽 경제를 지원하기 위한 미국의 대대적인 경제 원조 계획을 일컫는다. 이후 미국은 4년 동안 120억 달러에 이르는 경제 원조를 제공했고, 그 결과 유럽은 발 빠르게 전쟁의 피해를 복구하고 경제 부흥을 꾀할 수 있었다. 이보다는 덜 알려져 있으나 조지 마셜의 리더십을 이야기하면서 빼놓을 수 없는 업적이 바로 군대 개혁이다. 마셜 플랜이 전후 복구 과정의 업적이라면 미군의 개혁은 제2차 세계대전을 승리로 이끈 원동력이라는 점에서 마셜 플랜보다 더 큰 의미가 있다.

1939년 9월 1일 독일군이 폴란드를 침공하자 미국 대통령 프랭클린 루스벨트는 다음 날 조지 마셜을 육군 참모총장으로 임명했다. 조지 마셜의 최우선 과제는 군대의 개혁이었다. 당시 미 육군은 무질서와 방만함, 부패의 만연으로 제 기능을 다하지 못하고 있었다. 미군 병사의 수는 17만 5천 명으로 독일군의 30분의 1에 지나지 않았다. 훈련 상태는 엉망이었고 일부 병사는 소총조차 지급받지 못했다. 제2차 세계대전에 참여하게 될 것이 거의 확실한 상황이라 전쟁을 효율적으로 전개하기 위해서는 군 내부의 개혁이 절실했다. 그러나 문제는 시간이었다.

조지 마셜은 통찰력과 효율성을 중시하는 인물이었다. 그는 짧은 시간에 군대를 개혁하고 원하는 수준에 오르게 하기 위해서는 인사 문제에 손을 대는 수밖에 없다고 생각했다. 당시 군을 장악하고 있던 인물들은 노련하기는 하나 현대 전쟁에 대한 이해가 부족하고 관료적 성향을 갖고 있었다. 그는 핵심 포스트를 자신이 눈여겨보았던 인물들로 채우기 위해 의회에 진급제도 개정안을 올려 통과시켰다. 법안의 핵심은 '전시나 국가 유사시에 정규군 장교들은 자신의 영구 보직을 포기하지 않은 채 임시로 상위 계급으로 진급할 수 있다'라고 명시된 부분이었다. 이것은 조지 마셜이 자신이 원하는 젊은 장교들을 등용한 후 고위직으로 임명할 수 있는 권한을 지니게 된다는 것을 뜻했다.

사전 작업을 마친 조지 마셜은 자신이 점찍어둔 인재들을 속속 등용했다. 일찍이 보병학교 교장을 지낸 경력이 큰 도움이 되었다. 이 과정에서 임명된 사람이 드와이트 아이젠하워, 오마 브래들리, 로톤 콜리스 등이었다. 후일 아이젠하워는 연합군 사령관을 거쳐 미국 대통령이 되었고, 브래들리는 합참의장을 거쳐 미군의 마지막 5성 장군이 되었으며, 콜리스는 한국 전쟁 중 육군 참모총장으로 활약했다.

아이젠하워를 다루는 방식에서 조지 마셜의 리더십의 특징이 잘 드러난다. 그는 아이젠하워를 전쟁기획실로 발령을 냈다. 그런 뒤 아이젠하워를 중심으로 불필요한 요소들을 없애고 자신의 명령이 명확하게 전달되는 참모 체계를 구축해나갔다. 자신에게 보고하는 부관의 수도 60명에서 6명으로 줄였다. 마셜은 부하인 아이젠하워 또한 같은 방식으로 자신의 하위 참모들을 구축하라고 지시했다. 조직이 갖춰지자 조지 마셜은 아이젠하워를 통해 모든 실무를 진행해나갈 수 있었다. 그는 군의 모든 것을 개혁하는 대신 핵심에 자신이 신뢰할 수 있는 인물을 배치함으로써 조직을 장악해나갔다. 핵심을 명확화하자 정보 전달 속도는 무려 네 배나 빨라졌다.

마셜은 자신이 핵심 포스트로 키운 인물들을 끝까지 믿음으로써 그들이 자신의 역량을 최대한 발휘할 수 있도록 도왔다. 마셜은 아이젠하워를 연합군 총사령관으로 선정한 뒤 다음과 같이 말했다.

"모든 문제를 해결할 능력을 지닌 자네 같은 보좌관이 나에게는 꼭 필요하네."

그런 뒤 그는 자신의 권한을 대폭 위임해 아이젠하워가 업무를 원활히 수행할 수 있게 해주었다. 이는 아이젠하워의 결정에 많은 사람들이 의문을 표했을 때도 마찬가지였다. 보통의 상관이라면 당장 문제에 개입했겠지만 마셜은 야전지휘관이 항상 최고의 결정을 내리는 법이라며 끝까지 아이젠하워를 믿었고, 이런 그의 리더십은 결국 전쟁을 승리로 이끄는 바탕이 되었다. 독일이 항복한 후 아이젠하워는 마셜에게 다음과 같은 편지를 써 그의 리더십에 존경을 표한다.

"나의 가장 강력한 무기는 당신이 내 판단을 신뢰한다는 확신이었습니다."

앞서 언급했듯 그가 등용한 인재들은 미군의 핵심 인물들로 성장했다. 마셜은 자신의 인사 원칙에 대해 이렇게 말했다.

"나는 능력이 부족한 사람이 높은 지위를 차지하는 것을 보면 참을 수가 없습니다."

그는 부하의 능력을 정확히 파악해 권한을 대폭 위임함으로써 위기에 빠진 미군 조직을 개혁하는 역사적 사명을 완수할 수 있었던 것이다.

마셜이 육군 참모총장으로 재직하는 동안 미 육군은 17만 5천 명에서 830만 명으로 증강되었고, 12만 9천 대의 항공기와 2천 500만 대의 차량을 보유한 세계 최고의 육군으로 변모했다. 윈스턴 처칠은 마셜을 승리의 설계자라고 평가했으며, 해리 트루먼은 동시대의 가장 중요한 인물로 그를 들었다. 「타임스」는 두 차례나 그를 표지 인물로 선정한 뒤 민주주의의 수호자로 명명했다. 1953년 군인인 마셜에게 노벨 평화상이 수여되었다.

정조_ 친위부대 구축으로 난국을 타개하다

정조는 세종과 더불어 조선 최고의 명군으로 칭송받지만 당시 그가 처한 상황은 세종에 비해 훨씬 열악했다. 정국의 주도권은 노론에게 있었으나 노론은 결코 그를 환영하지 않았던 것이다. 그럼에도 정조는 즉위 첫날 자신이 사도세자의 아들임을 공언함으로써 사도세자를 죽이는 데 일조한 집권층 노론과의 한판 대결을 예고했다. 정조의 주위에는 홍국영 말고는 신뢰할 만한 인물이 없었다. 그런 상태에서 노론에 맞선다는 것은 왕위를 내놓겠다고 선언하는 것이나 마찬가지였다. 그러나 정조에게는 복안이 있었다.

즉위 다음 날부터 정조는 자신의 친위부대를 구축하기 시작했다. 제일 먼저 규장각을 설치하라는 명령이 떨어졌다. 숙종 때 생긴 규장각은 역대 임금의 초상화와 어필 등을 보관하는 장소였으나 정조는 규장각의 성격을 완전히 바꾸어버린다. 세종 때 싱크탱크 역할을 했던 집현전 같은 조직을 구축하는 것이 정조의 궁극적인 목표였다. 규장각의 핵심이라 할 수 있는 6명의 각신(閣臣, 제학 2명, 직제학 2명, 직각 1명, 대교 1명)에게는 파격적인 특권이 주어졌다. 수시로 왕을 대면할 수 있는 것은 물론 탄핵권과 청요직인 전랑에 곧바로 추천되는 인사상의 특전이 베풀어졌다. 또한 검서관에는 이덕무, 박제가, 유득공, 서이수 등 서얼 출신을 임명해 서얼허통정책을 부분적으로 실시하는 등 신분제를 초월하는 인사를 실시하기도 했다. 비주류 계층의 인재들을 활용해 정권의 틀을 재편하겠다는 것이 정조의 계획이었다.

규장각에 점차 힘이 실리자 노론 벽파에서는 잇달아 규장각의 기능 강화를 반대하는 상소를 올려 정조를 견제했다. 이택징은 규장각을 나라의 공공기관이 아니라 정조의 사각(私閣)이라 비판했고,

노론의 영수 격인 김종수는 왕의 복심이 따로 있다고 발언함으로써 경계심을 드러냈다. 이에 대해 정조는 "사라진 명절(名節)과 문학(文學)을 조금이나마 바로잡아보겠다는 방도로 설치한 것이다"라고 말해 인재양성에 뜻이 있을 뿐 다른 의도는 없다고 강조함으로써 비난의 화살을 피해갔다. 후일 규장각은 소속 인원만도 105명으로 조정에서 가장 큰 규모를 자랑하게 된다. 규장각 조직이 안정되자 정조는 이번에는 초계문신제를 도입한다. 초계문신제는 37세 이하의 소장 관료들을 재교육시키는 제도로, 그야말로 자신을 위한 친위세력을 키우겠다는 생각을 내외에 천명한 것이나 다름없었다. 이때 육성된 인력이 정약용, 서명응 등으로 이들은 이후 정조가 사도세자의 현륭원 이장, 화성 신도시 건설 등 개혁적 조치들을 취할 때 큰 힘이 되어준다.

정조의 다음 구상은 군권을 장악하는 일이었다. 군권 장악 없이 완벽한 개혁을 이루는 것은 불가능하다는 사실을 정조는 잘 알고 있었다. 집권 초기 "군대를 다스리는 것은 반드시 법도를 정해두는 데서 시작된다"는 발언을 통해 군제 개혁의 가능성을 비추었던 정조는 당시의 오군영 중심 체계를 장용영 체계로 바꾸어가는 작업을 벌여나갔다. 장용영은 1782년 당대의 무술고수 30명으로 장용위를 조직함으로써 닻을 올렸고, 1785년 장용영으로 개편되면서 군제 개편의 핵심 조직으로 자리매김한다.

인력 재배치를 마친 정조의 다음 구상은 화성 건설이었다. 수원 화성은 1794년 1월에 공사를 시작해 1796년 9월에 건설을 완료했다. 화성 건설을 통해 정조가 꿈꾼 것은 여러 가지이다. 정조는 사도세자의 명예를 회복함으로써 국왕인 자신의 위상을 높이고, 자신의 친위세력을 대거 화성에 배치함으로써 정국을 자신의 의도대로 운영하려 했다. 또한 수원 경제의 활성화를 통해 노론 집권층에 연계되지 않은 새로운 상업세력의 발달을 꾀해 자신의 후원 계층으로 삼으려 했으며, 궁극적으로는 세자에게 정권을 넘기고 자신은 상왕으로 화성에 머물며 정국을 배후에서 조율하려는 복안까지 있었다.

그러나 집권 24년 만에 갑작스러운 죽음을 맞음으로써 노론 일색의 정국 구조를 타파하고 국왕이 중심에 선 정치를 꿈꾼 정조의 개혁은 막을 내렸다. 이후 정국은 초계문신 출신이나 노론이기도 한 김조순의 손에 들어갔고, 안동 김씨의 세도정치가 펼쳐짐으로써 정국은 국왕이 아닌 안동 김씨 일문이 완전히 장악하게 된다.

물론 정조의 핵심 인력 구축정책에 대한 비판도 존재한다. 규장각신의 경우 남인이나 북인보다 노론 계층 인사들을 등용해 개혁 의지가 퇴색되었다는 한계가 있고, 초계문신의 경우 국왕이 지나치게 관료들에게 간섭해 오히려 반발을 불러일으키기도 했다. 장용영 또한 군사 문제에 손을 댐으로써 노론 집권층의 경계심을 강화시키는 역효과를 낳은 측면도 있다. 그러나 비록 결실을 거두지는 못했으나 자신의 지지계층이 전무했던 사면초가의 상황에서 소수의 핵심 인력으로 정국을 장악해 자파의 이익에만 몰두하는 노론의 굳은 벽을 허물려 했던 그의 개혁적인 시도는 충분히 인정받아야 한다.

평화시와 위기시는 패러다임이 달라진다

삼성_ 핵심 참모조직을 구성해 생존력을 높이다

삼성그룹을 성장시킨 원동력 중 하나는 바로 비서실이다. 조직 내 최고의 인재와 정보가 모여 있는 비서실은 최고 경영자를 보좌하면서 삼성의 성장을 견인해왔다. 막강한 권한으로 비판의 대상이 되기도 했지만, 고도성장기에 그룹 전체의 인적, 물적 자원을 효과적으로 배분하고 그룹 차원의 시너지효과를 높이는 데 크게 기여한 것은 부인할 수 없다. 삼성 비서실은 창업주 이병철 회장의 지시에 따라 선진기업 비서실, 군대조직 등 다양한 부문을 벤치마킹해 형성된 특수조직이었다. 이병철은 자신의 경영이념과 지시가 계열사에 고루 전달될 수 있도록 하고, 계열사의 문제점들을 정확히 그리고 제때에 파악할 수 있는 별도의 기구가 있어야 한다고 생각했다. 그는 비서실을 통해 최신 경영기법을 각 계열사에 보급하는 데 역점을 두었다.

삼성 비서실의 모델은 프로이센의 대원수였던 몰트케(Moltke, 1800~1891)의 참모조직으로 거슬러 올라간다. 몰트케는 덴마크 전쟁(1864), 오스트리아 전쟁(1866), 프랑스 전쟁(1870~1871) 등에서 참모조직을 구축, 활용했다. 군대를 효율적으로 지휘하기 위해 관리-운영-작전-용병-복지 등으로 분야를 나누고 특정 분야 참모들에게 책임과 권한을 부여했다. 이들은 필요한 정보를 수집하고 사령관에게 보고해 상황을 판단하게 하고, 지침을 받아 해당 부대에 명령을 신속히 전달하는 역할을 맡았다.

일본도 프로이센의 군대제도를 벤치마킹해 참모제도를 도입한다. 일본 육군 장교 출신으로 후일 총리까지 역임한 가쓰라 고고로(1848~1913)는 일본식 참모조직 대본영(大本營)을 설치해 청일 전쟁, 러일 전쟁을 승리로 이끈다. 일본은 제2차 세계대전에서 패전했지만, 그 효과가 입증된 참모조직의 개념은 일본 대기업에 비서실의 형태로 응용, 도입되었다.

삼성 비서실은 1959년에 출범했고, 1975년에는 일본의 미쓰비시, 미쓰이, 스미토모를 벤치마킹해 대폭 확대 개편했다. 1975년은 일본 이토추 상사 회장인 세지마 류조의 자문으로 종합무역상사 제도가 도입된 시점이었다.

프로이센의 참모본부, 일본의 대기업에 최고의 인재가 모여 있듯이, 삼성도 고도성장기의 인적, 물적 자원 부족을 핵심 참모조직에 집중시켜 해소했다. 또한 비서실은 세계 각지에 지사를 보유한 삼성물산을 통해 전 세계 정보를 수집해 최고 경영자의 투자의사 결정, 계열사 간 조정을 실질적으로 보좌했다. 삼성 비서실은 정확한 정보와 강력한 권한으로 그룹경영 구조의 핵심으로 부각되었고, 그룹의 성장을 견인하면서 다른 기업들도 비서실과 유사한 참모조직에 대한 관심이 높아졌다. 이후 국내 대기업들이 도입한 종합기획실, 경영기획실 등은 삼성 비서실과 미국 대기업의 코포레이트 헤드쿼터(cooperate headquarter)를 기본 모델로 만들어졌다.

1997년의 외환위기로 선단식 경영에 대한 비판이 고조되어 국내 대기업의 비서실, 종합기획실 등은 폐지되고, 구조조정본부로 재편되었으나 오히려 컨트롤 타워로서의 기능은 더욱 중요해졌다. 상호 지급보증으로 연결된 특성상 그룹 차원의 유동성 확보, 사업구조 재편 등에서 구조본은 신속하고 효과적으로 그 역할을 수행했다. 프로이센의 군대 참모조직을 모델로 만든 특성대로 위기시에 통합 조정의 컨트롤 타워 기능이 필요하다는 것을 입증한 사례이다.

IMF 외환위기의 충격에서 벗어나 2000년대의 경제회복기로 접어들면서 양상은 변했다. 글로벌화, 디지털화의 환경변화 속에 신유통의 등장, 인터넷의 확산과 같은 새로운 트렌드에 대응하기에는 과거 통제와 조정 중심의 컨트롤 타워가 한계가 있었다. 변화가 빠른 시대에 중앙통제는 자칫 변화대응력을 떨어뜨릴 수 있다는 인식 아래 자율경영의 시대가 열린 것이다. 조직이란 환경에 적응하고 전략에 종속되는 개념인 만큼 자율경영과 컨트롤 타워의 축소는 당연하다. 그러나 2008년 경제위기가 시작되면서 다시 컨트롤 타워의 중요성이 부각되고 있다.

평화시와 위기시는 패러다임이 다르다. 평화시에는 안정된 환경에서 새로운 가능성을 찾아 확장하는 것이 우선이고, 위기시에는 격변하는 환경에서 생존력을 높이는 것이 무엇보다 중요하다. 따라서 평화시에는 자율경영, 분권화, 권한위임이 키워드가 되지만, 위기시에는 중앙통제, 집중화가 키워드이다. 특히 다양한 사업 분야를 가진 대기업은 그룹 전체의 유동성 관리, 리스크 관리 등 전체 균형을 추구해야 한다. 부분의 합이 곧 전체의 합은 아니기 때문이다.

제조업 생산성 향상의 상징이었던 도요타 자동차조차 경제위기의 여파로 창사 이래 첫 영업적자를 2008년 기록했다. 도요타는 2009년 1월 나고야 본사에 70명 규모의 재무부를 신설해 히노자동차, 덴소 등 13개 자회사의 자금조달과 주가관리를 총괄하기로 했다. 위기를 맞아 재무 부문 컨트롤 타워를 설치한 셈이다.

핵심 포스트에 핵심 인력을 배치하라

"천하를 얻으려면 5명이면 족하다. 1명의 스승, 1명의 책사, 3명의 충복이 바로 그들이다"라는 격언이 있다. 소수의 핵심 인력을 확보하는 것의 중요성을 나타내는 표현이다. 유비가 촉나라를 세운 것도 관우와 장비 두 충복에 제갈공명이라는 책사가 핵심 역할을 했기 때문이다.

위기일수록 조직의 응집력이 필요하다. 조직의 응집력은 리더의 의중을 읽고 일사불란하게 움직이는 핵심 인력의 조직력에서 출발한다. 평상시에는 널리 사람을 구하고 다양하게 활용해볼 수 있는 여유가 있지만 위기시에 이는 사치스러운 일이다. 특히 신속한 의사결정과 행동, 조직에 대한 충성심이 요구되는 위기상황이라면 핵심 포스트에 핵심 인력을 배치해 조직력을 극대화해야 한다. 핵심 인력의 기준은 역량과 충성심인데, 무엇보다 충성심이 우선되어야 한다.

핵심 인력을 핵심 포스트에 배치해 조직력과 실행력을 극대화하는 것이 위기시 조직구성의 기본 전제이다. 또한 위기상황일수록 조직구조를 단순화하고 의사결정의 책임과 권한을 명확히 해야 한다. 평상시와 달리 보안이 요구되는 사항이 많고 의사결정을 신속히 해야 하기 때문이다. 스피드는 특히 위기상황에 요구되는 필수 덕목이다.

컨트롤 타워에 필요한 핵심 인력은 학식이 높거나 덕망 있는 책상물림이 아니다. 현재 벌어지고 있는 문제의 본질을 신속하고 정확하게 이해하고 적용 가능한 대책을 구사할 수 있는 인재여야 한다.

1973년 제4차 중동 전쟁(욤 키푸르 전쟁) 당시 이스라엘의 탱크 부대장으로 이집트군에 포위된 이스라엘 공수부대원 890명을 구해내는 전과를 올렸고, 총리 시절인 2000년 팔레스타인과의 캠프 데이비드 평화협정을 막바지까지 이끈 예후드 바라크 장군은 말했다.

"폭풍우 속에 비행기를 착륙시킬 때 진정 필요한 자는 파일럿처럼 말하거나, 파일럿처럼 생겼거나, 파일럿 옆에 앉아본 사람이 아니라 진짜 파일럿이다."

4_위기극복을 위한 근본 가치를 재정립하라

조직에너지는 정신무장에서 출발한다

가치를 부여하지 않는 일에 열정을 쏟는 사람은 없다

사람은 빵 없이는 살 수 없다. 하지만 빵만으로도 살 수 없다. 사람이 살아가는 데에는 물질적 조건과 정신적 요소가 균형을 이루는 것이 중요하다. 그리고 사람이 가진 강력한 에너지는 대개 육체가 아니라 정신에서 나온다. 비슷한 신체조건을 가진 운동선수들도 정신력 차이에서 성적이 판가름 난다. 일반인들도 마찬가지이다. 어려움에 맞닥뜨렸을 때 나약한 사람은 쉽게 주저앉고 말지만, 강인한 정신력을 가진 사람은 이를 헤쳐 나온다. 조직의 에너지는 물질적 조건과 정신적 역량의 결합이다. 물질적 여건이 충분해도 정신 무장이 부족하면 에너지는 반감된다. 특히 결정적인 순간의 승부는 물질조건보다 정신력이 좌우하는 법이다.

사람이란 자신이 하는 일에 의미를 부여하려는 성향이 강하다. 자신의 행동에 가치를 두게 되면, 일반적인 경제적 이해관계로는 해석하기 어려운 수준의 강력한 에너지를 종종 발산한다. 노숙자를 돌보기 위해 인생을 바치거나, 종교적 신념 때문에 순교자의 길을 걷고, 조국을 위해 전쟁에서 목숨을 바치는 일들이 그런 사례이다. 사람이 모인 조직도 마찬가지이다. 단순한 물질적 조건만 충족시켜서는 한계가 뚜렷하다. 조직의 핵심 가치를 공유하는 등 정신적 조건을 확보해야만 강한 조직이다. 위기를 맞은 조직은 더욱 그렇다. 조직이 리더를 중심으로 똘똘 뭉쳐 강력한 에너지를 발산하려면 정신무장이 핵심이다. 정신무장은 조직의 핵심 가치를 상황에 맞게 재확인하고 재해석해 정신력을 극대화하는 것이다.

서양의 고대세계에서 전쟁은 일상적인 일이었다. 당시 군인은 전문직이었고, 돈을 받고 대신 전쟁을 수행하는 용병이 보편적이었다. 이러한 상황에서 그리스와 로마는 시민이 곧 군인이 되는 시민군 체제였기에 강한 군대를 보유할 수 있었다. 용병들이 돈을 위해 싸울 때, 시민군은 자신의 가족들을 위해 싸운다는 점에서 전쟁에 임하는 자세가 달랐던 것이다.

국가는 외적의 침입을 받으면 국민들에게 단결해 싸우도록 호소한다. 민족과 가족이라는 구체적 대상에서부터, 자유와 인권이라는 추상적 가치까지 동원해 이를 지키기 위해서 싸워야 한다는 당위성을 역설하고 제공한다. 기업조직도 마찬가지이다. 위기를 맞아 조직 전체가 한 방향으로 행동해야 하는 시점에서는 무엇보다 내부 구성원들이 현실인식과 가치관을 강력히 공유해야 한다. 위기의 본질에서 생존을 위해 행동해야 하는 이유를 조직원 모두 공감할 수 있어야 하는 것이다.

위기를 맞은 조직이 활로를 찾기 위해서는 일단 생존을 위한 물질적 토대를 확보하는 것이 최우선 과제이고, 중장기적으로는 정신적 기반을 재구축해야 한다. 사람이란 자신이 하는 일에 의미를 부여하는 본능이 있기 때문에, 조직의 리더그룹이 조직원의 행동에 가치와 의미를 부여하는 것은 조직에너지를 상승시켜주는 효과가 있다.

명분과 가치를 확고히 해 정신력을 극대화하라

헨리 5세_ 나와 함께 피를 흘리는 자는 나의 형제가 될 것이다

셰익스피어 희곡의 주인공으로 유명한 헨리 5세는 영국인들이 가장 사랑하는 인물로도 손꼽힌다. 젊은 시절 망나니였던 그는 왕위에 오른 뒤 완벽한 통치자로 변신했다. 왕위에 있던 기간은 9년밖에 되지 않지만 "표류하던 나라를 맡아 9년 만에 유럽 최강의 국가로 만들어놓았다"라는 평가가 말해주듯 영국의 국가적 면모를 완전히 바꾸어놓은 사람이 바로 헨리 5세이다. 헨리 5세는 무자비하고 오만한 사람이었다. 그러나 그에게는 사람들의 헌신을 이끌어내는 타고난 재능이 있었다. 그런 그의 능력이 가장 잘 발휘된 것이 바로 아쟁쿠르 전투이다.

1415년 10월 25일, 영국과 프랑스는 칼레 인근의 작은 마을 아쟁쿠르에서 대치했다. 전쟁의 양상은 절대적으로 프랑스에 유리했다. 헨리 5세가 이끄는 영국군은 8월 14일, 노르망디에 상륙한 뒤 진격을 거듭했다. 질척한 가을비와 500킬로미터가 넘는 행군 거리는 영국군을 좀먹었다. 병과 향수에 시달리는 6천 명의 영국군 앞에 선 것은 2만 명이 넘는 프랑스군이었다. 그러나 프랑스가 변수에 넣지 않은 것은 영국군의 심리 상태였다. 헨리 5세는 전투가 벌어지기 하루 전날을 참회의 날로 선포했다. 병사들은 지옥에 가지 않기 위해 모두 기도로 죄를 씻었다. 헨리 5세는 결전을 앞둔 병사들에게 프랑스군에 잡히면 귀족들은 배상금을 지불해 구해주겠지만 일반 병사들은 구하지 않겠노라고 했다. 그것은 결국 자신의 목숨을 위해 최선을 다해 싸우라는 메시지였다. 그런 뒤 헨리 5세는 결정적 연설을 한다.

"소수이지만 행복한 우리들은 형제의 일원이다. 오늘 나와 함께 피를 흘리는 자는 나의 형제가 될 것이다."

신과 같은 존재인 국왕이 자신들을 형제로 대하겠노라는 연설에 영국군의 사기는 하늘 끝까지 치솟았고, 그 감격은 전투 현장에까지 그대로 이어졌다. 프랑스군은 당연히 헨리 5세가 퇴각하리라 예상했지만 헨리 5세가 택한 것은 선제공격이었다. 영국 궁수들이 화살을 날리며 다가서자 프랑스 기병들이 나섰다. 기병들은 서로 먼저 전공을 올리기 위해 속력을 냈다. 그러나 궁수 부대 전면에는 날카롭게 깎은 막대기 장벽이 있었고, 뒤늦게 그 사실을 깨달은 기병들은 뒤로 돌아서다가 밀려드는 후속 도보 부대와 충돌했다. 궁수들이 연이어 불화살을 날리자 프랑스군은 대혼란에 빠졌다. 계속되는 헨리 5세의 독려에 영국군 주력 부대는 신속히 진군해 프랑스군에 맞섰다. 병사들과 형제가 되겠다고 약속하며 왕이 직접 나선 영국군과 달리 프랑스군은 왕이 없는, 귀족들의 연합체였다. 공유할 핵심 가치가 없었던 프랑스는 위기상황에서 우왕좌왕할 뿐이었다. 전투 결과 프랑스의 전사자와 포로는 7천 명에 이르렀던 반면 영국군의 피해는 1,600명에 불과했다. 이 전투 후 영국은 칼레를 점령했고, 북프랑스는 영국의 지배를 받게 되었다.

아쟁쿠르 전투에서 절대 불리한 상황을 맞이하기는 했지만 사실 헨리 5세는 치밀한 전략가이기도 했다. 그는 프랑스의 요새들을 완벽하게 정복한 뒤 영국군 세금 징수관과 행정관을 현지에 파견함으로써 현지에서 조달된 비용으로 전투를 이끌어나갔다. 프랑스 공격 시 유명 인사들의 지지발언을 끌어내고 의회의 전폭적인 지원을 얻어낸 것에서도 그의 전략가적 측면을 엿볼 수 있다.

전쟁에 지나치게 열정을 쏟는 바람에 그는 왕위에 오른 지 9년 만에 세상을 떠났다. 그러나 셰익스피어가 희곡을 통해 헨리 5세의 리더십을 다룸으로써 그는 불멸의 명성을 얻었다. 그것은 병사들과 함께 피를 흘리려고 했던 군주에게 당연한 보상이었다.

고주몽_ 나는 하늘 신의 자손이다

고구려의 시조 고주몽은 어떤 죽음을 맞았을까? 광개토대왕비는 다음과 같이 기록하고 있다.

"세상의 왕위를 기뻐하지 않으시니 이에 (하늘이) 황룡을 보내어 내려와서 왕을 맞으시니 왕은 졸본의 동쪽 언덕에서 용의 머리를 밟고 승천하시었다."

광개토대왕비에 의하면 고주몽은 죽은 것이 아니라 살아서 하늘로 올라간 셈이다. 그렇다면 왜 고주몽은 죽지 않고 살아서 승천한 것일까? 이는 그가 하늘 왕의 아들과 하백의 딸 사이에서 태어난 자식이기 때문이다. 물론 이것은 확인 가능한 사항은 아니다. 중요한 것은 자신을 하늘 왕의 아들로 자리매김해야만 향후 대제국의 기틀을 다잡는 초석 역할을 수행할 수 있다는 사실을 고주몽이 분명히 알고 있었다는 점이다.

설화를 한 꺼풀 벗기면 현실 속의 고주몽을 발견할 수 있다. 고주몽은 동부여왕 금와의 후궁 유화의 아들이다. 금와왕에게는 이미 정비 태생인 일곱 명의 왕자가 있었고, 그 장남이 바로 대소이다. 혈연으로 뭉친 일곱 명의 왕자들의 극심한 견제로 신변의 위협마저 느낀 고주몽은 동부여의 영역을 벗어난 곳에 새로운 국가를 수립하는 모험수를 던져 자신의 운명의 시험한다.

천신만고 끝에 비류수(지금의 중국 환인 지방) 근처에 이른 고주몽은 작은 마을들을 제압해 세력을 확대하고 소서노와 결혼해 졸본부여와 결혼동맹을 맺는 등 성공적인 정착을 위한 첫걸음을 비교적 무난하게 내딛었다. 그러나 비류수 유역의 최강국은 송양국이었다. 단군의 후손임을 자처하는 송양국을 넘어서지 않는 한 새로운 국가 건설의 꿈을 이루기란 불가능했다. 전쟁을 걸어봤자 이기리라는 보장이 없는 상황에서 고주몽이 택한 것은 천손임을 강조하는 전략이었다. 당시의 부여, 고구려인들은 하늘 신을 숭배했고, 하늘 신의 정기를 타고난 자는 빼어난 활솜씨를 보인다는 믿음을 갖고 있었다. 추모, 추몽으로도 쓰이고 읽히는 주몽은 활 잘 쏘는 사람을 뜻한다. 그런 점에서 고주몽은 자신의 능력을 정확히 파악하고 그 능력을 국가의 핵심 가치와 연결시킬 줄 알았던 영리한 인물이다.

활쏘기 대결에서 승리한 고주몽은 연속적으로 빼어난 전략을 선보여 송양국의 기세를 꺾는다. 오래된 나무로 궁실을 세워 자신들의 연륜을 강조하고, 흰 사슴을 잡아 하늘에 제의를 올린 다음 송양국에 수공을 퍼부음으로써 하늘이 자신들의 편임을 내외에 알린다. 그런 뒤 송양국의 백성들을 도와주는 행위를 통해 사람들의 마음을 완전히 사로잡는 데 성공한다. 수많은 이주민 집단 중 작은 세력에 불과했던 고주몽의 집단이 한 지역의 패자 자리에 오른 것이다.

광개토대왕비에 나타나듯 고구려는 하늘 신의 자손이라는 사실을 고주몽 이래 일관되게 강조했다. 고구려 곳곳에 고주몽을 추모하는 사당을 세우고 어머니 유화 또한 함께 숭배했다. 시조인 고주몽이 사람이 아니라 천손의 자손이라는 믿음은 이후 고구려왕들이 국가를 지배하는 기본 전략으로 자리 잡는다. 고구려 사람들에게

'고'씨는 하늘 신의 직계라는 표시였고, 이러한 하늘 신의 비호 아래 고구려는 동북아를 대표하는 제국으로 성장한다. 부여가 멸망한 뒤로 고주몽은 동명성왕이라 불리는데 원래 동명성왕은 부여의 시조 설화에 등장하는 인물이다. 고구려는 부여의 시조 명칭까지 독점함으로써 자신들이 유일한 하늘 신의 자손임을 알리고, 천하의 중심이 고구려임을 내외에 천명하는 효과를 거두었다.

콘스탄티누스 _ 이 표식으로 승리를 얻으리라

312년 콘스탄티누스는 서로마의 통치권을 놓고 다투던 숙명의 적인 막센티우스와 밀비오 다리에서 맞닥뜨렸다. 콘스탄티누스의 부인이 막센티우스의 여동생 파우스타이므로 두 사람은 처남, 매형 관계였지만 정략결혼도 최고 권력을 향해 치닫는 두 사람의 욕망을 누르기에는 충분하지 못했다. 병력과 사기 측면에서 우위를 차지한 사람은 막센티우스였다. 막센티우스에게는 4만의 군사가 있었다. 전투에 나서기 전 받은 신탁에서는 콘스탄티누스를 물리칠 것이라는 결과를 얻기도 했다. 콘스탄티누스로서는 승리를 위해 무엇인가 전기를 마련해야만 했다.

   전투가 시작되기 전 콘스탄티누스는 병사들 앞으로 나서 이상한 표식을 내보였다. 그리스 철자 X(ch)와 P(r)를 겹쳐 쓴 표식이 그려진 방패를 들고 그는 연설을 시작했다.

   "나는 하늘에서 그리스도의 표식을 보았다. 그 위에는 이렇게 적혀 있었다. '이 표식으로 승리를 얻으리라!'"

　콘스탄티누스가 정말로 그 표식을 보았는지 아닌지는 중요하지 않다. 불확실한 로마의 신탁보다는 황제가 보았다는 그리스도의 표식이 훨씬 더 믿음직해 보였다. 그리스도의 표식 아래 콘스탄티누스의 병사들은 하나가 되었고, 전투가 벌어지자 승부는 곧 결정되었다. 패배자 막센티우스는 테베레 강에 빠져 죽었다.

　콘스탄티누스는 자신이 그리스도의 지원 덕분에 승리했다고 공표했다. 승리를 기념하기 위해 개선문을 세우고 자신의 동상을 건설했다. 콘스탄티누스 동상은 십자가를 높이 들고 있고 그 밑에는 "이 표식 덕분에 승리를 거두었고, 원로원과 로마 시민에게 자유를 되돌려주었다"라고 새겨져 있다. 전략 차원이건, 실제 개종이건 간에 기독교도를 자신의 편으로 만든 것은 성공적인 결과를 낳았다. 기독교인들은 기본적으로 적극적인 속성을 지닌 사람들이다. 그들을 포용하고 그들의 이념을 제국의 이념으로 삼자 권력은 점점 더 콘스탄티누스에게 모여들었고, 그 결과 324년 콘스탄티누스는 동로마 황제인 리키니우스마저 물리치고 동서제국을 통틀어 유일한 황제가 되었다.

　제국을 통일하자 그는 기독교화 정책을 가속화했다. 325년에는 니케아 공의회를 소집해 삼위일체론을 교회의 정식 교리로 확정하도록 했다. 기독교 교리 해석을 달리하는 여러 분파의 다툼을 사전에 봉쇄하는 조치였다. 330년 제국의 수도를 콘스탄티노플로 옮긴 뒤로는 소피아 성당을 건립하고, 각 가정에 성경을 보급하는 사업을 벌였다. 기독교적 가치관으로 제국을 지배하려고 했던 그의 바람은 그의 초상화에도 잘 나타나 있다. 초상화 속 그의 얼굴에는 수염이 없다. 예수 그리스도를 그릴 때 수염을 넣지 않던 당시의 관행을 따른 것이기는 하지만 사람들이 자신을 예수 그리스도와 동일하게 봐주기를 바라는 마음 또한 담겨 있다.

동로마제국이 멸망한 것은 1453년이다. 콘스탄티누스는 분열된 제국을 그리스도의 표식 아래 하나로 묶었다. 그리스도의 표식을 동원한 전략은 성공적이었다. 당대에 제국을 통일한 것, 그의 사후 로마제국을 천 년 이상 버티게 만든 것은 그가 이념의 틀로 삼은 그리스도의 표식에 크게 힘입었다.

법흥왕_ 이차돈의 피로 불교를 국교로 삼다

6세기 신라는 삼국 중 최약체였다. 왕위에 오른 법흥왕은 후진적이었던 신라를 중앙집권적 고대 국가로 만들기 위한 개혁 조치를 속속 시행했다. 517년 병부를 설치한 것이 그 시발점이었다. 이것은 군사력이 완전히 왕의 손에 들어갔음을 의미한다. 520년에는 율령을 반포했다. 17관등제와 골품제도 등에 관한 규정이 포함된 율령을 반포함으로써 법흥왕은 왕을 정점으로 하는 국가 체제를 상당 부분 완성할 수 있었다. 자신감을 얻은 법흥왕은 남은 힘을 불교 공인에 올인한다. 그러나 불교 공인은 쉬운 일이 아니었다.

당시 신라에는 민간 종교가 득세하고 있었다. 신라의 귀족들은 민간 종교를 지원함으로써 자신의 기득권을 유지해나가는 상황이었다. 왕을 중심으로 일사불란하게 움직이는 국가를 만들기 위해서는 기득권층과 무관한 새로운 종교를 공인하는 것이 필수적이었다. 그러나 고구려나 백제처럼 강력한 왕권을 지니지 못한 법흥왕의 입장에서는 무턱대고 불교를 공인할 수 없다는 것이 고민이었다.『삼국유사』에서는 그의 정치적 고민을 다음과 같이 표현했다.

"아아! 나는 덕이 없는 사람으로 왕업을 이어받아 위로는 음양의 조화가 모자라고 아래로는 백성들의 즐거하는 일이 없어 정사를 닦는 여가에 불교에 마음을 두었으니 그 누가 나의 일을 함께 할 것인가."

초조한 법흥왕 앞에 나타난 사람은 사인의 직책을 맡고 있던 젊은 청년 이차돈이었다. 이차돈은 왕에게 이렇게 고한다.

"나라를 위해 몸을 바치는 것은 신하로서의 큰 절개이고 임금을 위해 목숨을 바치는 것은 백성의 곧은 의리입니다. 거짓으로 말씀을 전했다는 죄목을 붙여 신의 목을 베면 만민이 굴복해 감히 왕의 말씀을 어기지 못할 것입니다."

법흥왕의 심장은 흥분되어 빠르게 뛰었다. 목숨을 바칠 신하를 구했으니 이제 남은 것은 책략을 수립해 불교 공인을 이끌어내는 것뿐이었다. 하지만 법흥왕은 한 번 더 이차돈의 의중을 떠본다.

"나의 뜻은 사람을 이롭게 하는 것인데 어찌 죄 없는 사람을 죽이겠느냐. 너는 비록 공덕을 남기려 하지만 죽음을 피하는 것만 못할 것이다."

이미 각오를 다진 이차돈은 법흥왕의 마음을 정확히 읽고 답한다.

"소신이 저녁에 죽어 불교가 아침에 행해진다면 불사(佛事)는 다시 성행하고 성주께서는 길이 편안하실 것입니다."

이차돈 자신이 순교자가 되어 국면을 반전시키겠다는 의지였다. 법흥왕과 이차돈은 치밀한 계획을 세웠다. 이차돈은 절을 지으면서 왕명을 받들어 짓는 것이라는 소문을 퍼뜨린다. 불교 반대자들이 그 소문을 듣고는 왕에게 사실 여부를 추궁한다. 왕은 자신의 명령이 아니라며 이차돈을 소환한다. 이차돈은 나라를 위해 불사를 일으켰다고 항변하고, 왕은 노한 척하며 이차돈의 목을 벤다. 그러자 공인받지는 못했으나 이미 상당한 신도를 보유하고 있는 불교계가 적극적으로 반발한다. 왕은 불교계의 지원을 받아 불교를 공인함으로써 귀족집단의 세력을 억누르는 데 성공한다.

법흥왕과 이차돈의 계획은 이처럼 극적으로 진행되었다. 『삼국유사』는 그 장면을 신화처럼 장엄하고 아름답게 묘사했다.

"옥리가 그의 목을 베자 흰 젖이 한 길이나 솟아올랐으며, 하늘은 사방이 어두워 저녁의 빛을 감추고 땅이 진동하고 비가 뚝뚝 떨어졌다. 임금은 슬퍼하여 눈물이 곤룡포를 적시고 재상들은 근심하여 진땀이 흘렀다. 감천이 갑자기 말라서 물고기와 자라가 다투어 뛰고, 곧은 나무가 저절로 부러져 원숭이들이 떼 지어 울었다."

법흥왕은 젊은 청년 이차돈의 목숨으로 불교를 공인하는 데 성공했다. 불교 공인은 신라의 운명을 바꾸어놓았다. 하나의 종교 아래 결속된 신라는 점차 강성해졌고, 150여 년이 흐른 뒤에 마침내 최후의 승자가 되었다.

위기극복의 접근방법을 분명히 하라

보잉_ 우리의 적은 바로 우리 자신이다

해리 스톤사이퍼는 2003년 12월에 필 콘딧의 뒤를 이어 보잉의 CEO가 되었다. 콘딧은 보잉의 기업문화를 대변하는 인물이었다. 콘딧은 이른바 적극적 경청을 강조하며 합의에 의한 경영을 중시했다. 콘딧은 관리자들에게 경청의 자세를 개발해주기 위해 재즈피아노 연주 감상, 현대 무용 감상 등의 프로그램을 운영하기도 했다. 그러나 콘딧의 경영은 보잉을 개혁하기는커녕 위기로 빠져들게 했다. 당시 보잉의 상황을 「포천」의 로날드 헨코프는 이렇게 꼬집었다.

"지구상에서 가장 큰 항공업체가 동네 주유소보다 비효율적으로 운영되고 있다."

그의 뼈아픈 지적은 사실이었다. 보잉에게는 이렇다 할 경쟁자가 없었다. 거기에다 장기근무 인력들이 압도적으로 많았다. 콘딧조차도 30년 이상 보잉에만 근무한 사람이었다. 보잉의 각 부서들은 타 부서들과 협력하기는커녕 각자의 컴퓨터 시스템을 따로 보유하는 등 팀을 유지하는 데 더 집착했다. 747 부품목록과 도안이 400개의 다른 데이터베이스에 저장되어 있었고, 소규모 팀들이 수공업으로 비행기를 생산해내는 등 보잉은 믿기지 않을 정도로 효율성과는 거리가 멀었다. 조직에는 부정부패도 만연했다. 콘딧이 물러난 이유도 정부 납품 비리와 관련되어 있었기 때문이다. 콘딧이 물러났을 때 "콘딧은 회사를 떠나면서 길과 용기를 모두 잃은 보잉만을 남겼다"라는 평가까지 받았다.

스톤사이퍼는 보잉의 문제를 내부 중심 문화가 만연해 있고 자유시장 경쟁의 현실을 망각한 데 있다고 진단했다. 스톤사이퍼가 보기에 보잉의 적은 바로 보잉 자신이었다. 스톤사이퍼는 보잉의 기업문화에 가장 먼저 개혁의 칼을 들이댔다. '윤리적 문제가 있는 직원들을 해고하는 것은 훌륭한 경영방식이다'는 보잉 개혁의 출발점이었다. 스톤사이퍼는 내부 관리조직을 새로 만들었고 직원들에게 윤리 서약서를 배포해 서명하게 했다. 그런 뒤 온정적인 가족적 문화에 젖어 있는 보잉에 시장과 경쟁 개념을 불어넣는 데 전력을 기울였다. 원래 보잉은 해고가 없는 회사였지만 스톤사이퍼는 그런 관행들을 여지없이 타파해갔다. 개선의 결과는 실적으로 드러났다. 스톤사이퍼가 취임한 후 보잉의 주가는 1년 만에 두 배로 뛰었다. 개혁만 지속된다면 보잉의 재탄생은 시간 문제로 보였다. 그러나 2005년 뜻하지 않은 사건이 터진다. 스톤사이퍼가 유부녀인 여성 임원과 부적절한 관계를 맺은 것이 들통 나 사직하게 된 것이다.

리더십의 공백이 우려되는 상황이었지만, 이사회는 3M 출신의 짐 맥너니를 CEO로 임명해 사태를 수습해나갔다. 한때 GE에서 제트엔진 사업부를 이끌었던 맥너니는 잭 웰치의 후계자로도 거론되던 유능한 인물이었다. 스톤사이퍼의 노선은 짐 맥너니에게 그대로 계승되었다. 맥너니의 지휘 아래 보잉은 위기를 극복하고 경쟁력을 회복했다. 연료효율성이 높은 꿈의 비행기 보잉 787 드림라이너의 개발에도 박차를 가했다. 2010년 운행할 예정인 이 비행기는 2006년 이미 400여 대의 주문을 받았다.

레이 크록_ 맥도널드는 부동산기업이다

맥도널드를 세계적 기업으로 성공시킨 레이 크록은 원래 믹서기 외판원이었다. 1954년 믹서기를 판매하려고 들른 맥도널드 형제의 작은 햄버거 가게가 그의 운명을 바꾸었고, 패스트푸드의 시대가 본격적으로 전개되었다. 맥도널드 가의 두 아들은 캘리포니아 샌버나디노에서 가게를 운영하고 있었다. 형제의 햄버거 가게는 지역의 명소였다. 드라이브인 식당이 대세였던 캘리포니아에서 고객들은 오직 햄버거를 먹기 위해 차에서 내리는가 하면, 줄을 서서 기다리는 수고까지 기꺼이 감수했다. 레이 크록은 영업사원다운 감각을 발휘해 가게의 성공 요인을 재빨리 분석해냈다. 메뉴가 몇 가지로 정해져 있어 표준화가 가능했고, 적절한 분업제 도입으로 조리는 정확하고도 빠르게 이루어졌다. 한마디로 말해 포드의 대량생산방식이 햄버거 가게에 제대로 적용된 것이다.

레이 크록은 형제를 만나 의중을 떠보았다. 형제는 자신들의 사업이 상당한 가능성이 있다는 사실 자체는 잘 알고 있었으나 점포를 모집하는 것 외에는 별다른 확장 방안이 없었다. 레이 크록은 곧바로 프랜차이즈 점포모집 책임을 맡겨달라고 했고, 맥도널드 형제는 점포개설 대가로 1.4퍼센트를 레이 크록에게 주기로 했다. 후

한 조건은 아니지만 이후 레이 크록은 프랜차이즈 확장에 인생을 걸었다.

맥도널드 형제는 햄버거의 품질과 생산 시스템에만 신경 썼지만 레이 크록은 프랜차이즈가 갖는 엄청난 잠재력에 주목했다. 크록은 프랜차이즈의 핵심 성공 요인을 표준화를 통한 고객가치 극대화에 두었다. 점포, 재료, 조리, 맛, 가격, 고객응대 등 모든 부분을 고품질로 표준화하고 저렴한 가격에 공급해 고객가치를 극대화한다는 접근법이었다. 크록은 본사에서 제시한 표준을 엄격히 지키는 조건으로 프랜차이즈 점포를 허가했다. 개설 뒤에도 본사의 조건이 지켜지지 않으면 가차 없이 라이선스 계약을 취소했다. 그는 점포 소유주를 진정한 동업자로 여기고 점포의 성공을 위해 할 수 있는 모든 노력을 다 쏟아 부었다.

사업 모델에 대한 맥도널드 형제와의 견해 차이가 커지면서 성장이 한계에 부딪히자 레이 크록은 아예 회사를 사버리기로 결심한다. 비전을 공유한 해리 손번 부사장을 내세워 투자자를 모집한 다음 레이 크록은 1961년 12월 파격적인 금액인 270만 달러를 주고 맥도널드를 인수한다. 1950~1960년대의 자동차 보급과 이동인구 증가에 힘입어 맥도널드는 미국 패스트푸드시장 부동의 1위로 올라섰고, 전 세계로 퍼져나가 미국을 상징하는 아이콘이 되었다.

흥미로운 점은 맥도널드가 생각하는 사업의 개념이다. 해리 손번은 투자자를 모집하면서 맥도널드의 사업은 부동산업의 특성으로 이해해야 한다고 강조했다. 맥도널드는 라이선스를 팔기 전에 미리

상가 건물을 임대한 뒤 라이선스 계약자에게 재임대하는 방식을 썼다. 이후에는 점포가 들어설 부지를 미리 구입해 계약자에게 임대하는 방법을 썼는데 맥도널드가 들어서는 것만으로 땅값이 올랐기 때문에 결국 맥도널드는 보유 부동산으로도 큰 이익을 얻었다. 레이 크록은 프랜차이징 사업을 표준화의 가치로 전개해나가면서 프랜차이징 사업이 가진 부동산 개발업으로서의 잠재력도 정확히 읽어 수익으로 연결했다.

위기일수록 조직 전체가 결집할 수 있는 근본 가치는 중요하다

먹이가 있는 곳에 동물들이 모이듯 이익이 있으면 사람들이 모여든다. 물질적 이익은 사람들을 움직이게 하는 기본 동인이다. 하지만 물질적 이익만으로 감성과 지능이 발달한 사람을 움직이게 하는 것에는 한계가 있다. 이러한 경우에는 무엇보다도 정신적 가치가 중요하다. 공동체의 리더가 조직을 움직이게 하는 데 있어 물질적 이익이 필요조건이라면, 정신적 가치는 충분조건이다. 조직이 커지고 복잡해질수록 정신적 가치의 중요성은 커진다. 천하 패권을 다툰 역사적 인물들이 항상 대의명분을 선점하려 했던 것도 이런 맥락에서였다. 특히 위기상황에서는 조직 전체를 결집시킬 수 있는 근본 가치의 공유가 더욱 중요해진다. 위기상황을 극복하기 위해서는 평상시의 논리를 뛰어넘는 정신적 에너지의 분출이 필요하기 때문이다.

위기를 맞은 조직은 우왕좌왕한다. 예기치 않은 쇼크가 오면 조직 전체가 흔들리고 리더부터 말단 직원들까지 불안감에 휩싸이는 것은 인지상정이다. 하지만 동일한 상황에서도 강한 조직과 약한 조직은 대처하는 방식이 다르기에 결과가 달라진다. 강한 조직은 막연한 불안감을 떨치고 생존의 가능성을 찾아 조직이 보유한 유무형의 역량을 결집시킨다. 반면 약한 조직은 공포에 질려 논의만 무성하고 책임 소재를 둘러싼 상호비방전만 거세지면서 아까운 시간과 자원을 허비하게 마련이다. 위기를 기회라고들 이야기하지만, 기회를 만들어내는 것은 결국 조직력에 달려 있고, 조직력의 핵심은 정신적 가치의 공유에 있다.

일본에서 경영의 신으로 추앙받는 마쓰시타 고노스케는 "호황은 좋다. 그러나 불황은 더 좋다"라고 말했다. 불황이 올 때마다 마쓰시타는 자신의 기업가적 비전과 탄탄한 조직력을 바탕으로 회사를 성장시킬 수 있는 기회로 삼았기 때문이다. 마쓰시타는 1933년 '산업보국, 공명정대, 화친일치, 역투향상, 예절겸양'의 5대 강령을 발표했고, '순응동화, 감사보은'을 추가한 '7대 정신'으로 발전시켜 세계 최초의 기업사명선언서를 완성했다. 마쓰시타는 직원들에게 매일 회의에서 '마쓰시타 7대 정신'을 읽고 사가(社歌)를 부르게 했다. 불황을 도약의 계기로 활용할 수 있는 기초 체력은 이와 같은 평소의 정신무장에서 다져지는 것이다.

5_ 유연하게 대처하되 원칙은 철저히 고수하라

원칙을 훼손하는 타협은 절대로 용납하지 않는다

원칙은 언제나 지켜져야 한다

사람들에게는 나름대로의 원칙이 있다. 어떤 사람이 지키려는 원칙은 바로 그 사람의 살아가는 모습으로 직결된다. 하지만 '거짓말을 하지 않는다', '신용을 지킨다', '남을 해치지 않는다' 등과 같은 소박한 원칙도 실제로 지키면서 살기는 쉽지 않기 때문에 원칙을 지키면서 사는 사람이 존경을 받는 것이다. 권력, 돈 없이도 사회적으로 영향력을 갖는 사람들은 대개 원칙을 지키는 삶을 사는 경우가 많다. 조직도 마찬가지이다. 어떤 조직이나 나름의 원칙이 있고, 이 원칙은 바로 그 조직의 모습이 된다. '자유민주주의와 시장경제'를 원칙으로 삼는 국가와 '프롤레타리아 민주주의와 계획경제'를 표방하는 국가는 완연히 다른 모습을 띤다.

어떤 조직에나 원칙이 있지만 실제로 이를 적용해서 운영하는 것은 별개의 문제이다. 원칙을 단순한 홍보와 대중조작의 수단으로 이해하는 임기응변에 능한 조직도 있고, 원칙을 보편적으로 적용해서 합리적인 조직으로 발전시키는 조직도 있다. 중요한 것은 어떤 경우에나 조직을 조직답게 만드는 원칙은 지켜져야 한다는 점이다.

원칙은 언제나 지켜져야 하지만 위기상황일수록 더욱 중요하다. 특히 위기상황을 일시적으로 모면하기 위해서 원칙을 버리는 것은 장기적으로 공동체를 파멸시킨다. 위기를 단순히 모면하거나 덮는 것이 리더의 목표가 아니라 위기극복을 통해 조직을 더욱 강하게 만들고, 근본적인 개혁을 추구해 더 큰 발전의 계기로 만드는 것이 리더의 목표이기 때문이다.

원칙은 허풍이 아니라 힘과 용기로 지켜진다

강희제_ 리더십의 훼손은 용납하지 않는다

중국사 최고의 성군으로 강희제를 거론하는 것에 대해서는 별다른 이견이 없다. 61년이라는 긴 치세 기간 동안 강희제는 이른바 오족협화(五族協和, 만주족, 몽골족, 한족, 티베트족, 위구르족)의 다민족 세계 국가의 기본 틀을 정립했고, 『명사』, 『강희자전』 등의 편찬으로 사상의 통일을 이룩했으며, 대외무역항을 외국 선박들에게 개방하고 황하 치수사업을 벌여 중국의 경제적 번영에도 크게 기여했다. 옹정제, 건륭제로 이어지는 강건 성세는 강희제가 없었더라면 존재하지 않았을 것이다. 그러나 강희제에게도 힘든 시기는 있었다. 아버지 순치제에게서 자신을 보좌하도록 명령받은 보정대신 오보이를 처단하고, 오삼계를 중심으로 한 삼번의 난을 제압한 초년 시절이 강희제에게는 인생의 갈림길이었다. 강희제는 나라의 근간이 흔들리는 이러한 위기상황에서 유연한 대처와 원칙을 훼손하지 않는 정신을 보여줌으로써 청조를 성세로 이끌어갔다.

순치제의 셋째 아들인 강희제가 즉위한 것은 1661년, 그의 나이 8세 때의 일이었다. 오보이를 비롯한 네 명의 보정대신이 강희제를 보좌했지만 사실상의 실권은 오보이에게 있었다. 오보이는 만주 제일의 용사라 불릴 만큼 용맹하고 강건한 인물이었다. 그러나 당시의 정황은 용맹으로 해결할 수 있는 상황은 못 되었다. 청조가 들어선 지 20여 년이 지났지만 민심은 여전히 조정을 향해 있지 않았다. 또한 운남의 오삼계, 복건의 경정충, 광동의 상가희 등 삼번세력은 민심의 향방을 관찰해가며 조정이 위기에 빠질 날만을 기다리고 있었다. 강희제는 오보이에게 정책 결정권이 부여된 상황에서도 이러한 동향을 세심하게 읽고 있었다. 그런 면에서 볼 때 강희제가 가장 먼저 해야 할 일은 오보이를 처단하는 일이었다. 하지만 강희제는 오보이를 무력으로 제압하는 대신 유연한 대처 방법을 택했다.

1667년 강희제는 14세가 되었다. 친정을 펴기에 충분한 나이였지만 강희제는 서두르지 않았다. 그는 귀족 자제들을 모아 궁중에서 훈련을 시키기 시작했다. 만주족들이 좋아하는 씨름 훈련을 시키는다는 명분이었다. 오보이뿐만 아니라 궁중의 다른 누구도 의심할 수 없는 뛰어난 계책이었다. 서서히 자신의 호위세력을 구축해가던 강희제는 오보이를 오히려 승급시켜 태사에 임명했다. 오보이에 대한 일종의 경고였으나 오보이는 권력에 취해 황제의 의중을 정확히 읽지 못했다. 자만한 오보이는 황제를 무시하는 언동을 멈추지 않았다. 1669년, 오보이에게 충분한 기회를 주었다고 판단한 강희제는 마침내 칼을 빼들었다. 강희제는 소년병들을 모아놓고 결단을 촉구했다.

"너희는 나의 신하이자 벗이다. 내게 복종할 것인가, 아니면 오보이에게 복종할 것인가."

소년병들은 물론 강희제를 선택했다. 그들은 황제를 알현하러 온 오보이를 포박해 가둔 뒤 오보이 일당을 일망타진했다. 강희제는 오보이에게 사형을 언도한 뒤 그간의 공로를 감안해 종신형으로 감형했다. 오보이는 44년 동안 감옥에 갇혀 있다가 석방되었다. 오보이에 대한 원칙 있는 처단을 통해 강희제는 만주 귀족들의 자발적 복속을 이끌어냈고, 흔들리던 민심 또한 제국의 황제 편에 서게 하는 성과를 거두었다.

오보이를 제압한 강희제는 삼번에도 손을 댔다. 조정 관료들은 대부분 삼번 폐지에 반대했지만 강희제의 논리는 명확했다. 오삼계는 이미 늙었으며, 민심 또한 자신에게 있다고 판단한 것이다. 그럼에도 조정의 의견이 모아지지 않자 강희제는 이렇게 일갈했다.

"어차피 폐지해야 한다면 지금 폐지하는 것이 가장 낫다. 삼번을 철폐하되, 저들이 원칙에 따르지 않을 경우에 대비한 후속 조치를 세우도록 하라."

강희제의 예상대로 오삼계는 모반을 일으켰다. 모반의 불길은 거셌다. 호남, 사천, 광서가 오삼계 편에 서자 제국의 절반이 전란에 휩싸였다. 조정 관료들은 당황했지만 강희제에게는 준비된 수가 있었다. 강희제는 인질로 북경에 잡혀 있던 오삼계의 아들들을 죽이라고 명령을 내렸다. 청조가 결코 모반자들을 용서할 의사가 없다는 것을 대내외에 천명하는 처단이었다. 황제의 의사가 분명해지자 제국은 하나가 되어 움직였고, 뜻밖의 단단한 결속에 모반군들은 당황했다. 강희제는 이러한 와중에 주요 병력을 오직 오삼계에게만 집중하는 전략을 펼쳤다. 오삼계를 제압하면 여타 모반군들은 심리적으로 흔들릴 수밖에 없다는 사실을 간파한 것이다. 강희제의 전략은 적중했다. 삼번의 난은 8년을 끌었지만 1681년 완전히 평정되었다. 위기상황에서도 흔들림 없이 자신이 정해놓은 원칙에 충실하고, 돌발상황에 유연히 대처한 강희제가 중국사 최고의 성군이 된 것은 결코 우연이 아니었다.

최명길_ 비현실적 명분이 아니라 공동체 유지를 원칙으로 삼다

1631년 12월 1일, 청 태종은 12만 8천 명의 원정군을 심양에 집결시킨 뒤 다음 날 조선을 향해 출병했다. 청군의 진격 속도는 너무도

빨랐다. 청군의 선봉부대는 12월 8일, 압록강을 건넌 후 12월 14일에는 한양 인근까지 진출해왔다. 조선에서 청의 침략 사실을 알게 된 것은 12월 13일의 일이었다. 강화도로 피신하려던 인조는 청에 의해 길이 막히자 남한산성으로 들어갔다. 청군은 12월 15일부터 1632년 1월 30일까지 남한산성을 완벽하게 봉쇄했다. 인조가 기대한 것은 구원군이었지만, 그 기대는 전쟁이 끝나는 날까지 이루어지지 않았다. 비축 식량이 한 달 치밖에 없었기 때문에 남한산성에서 장기간 머무르는 것은 그 자체가 고통이었다. 추위와 기아는 청군보다도 더 조선군을 괴롭혔다. 1월 26일, 왕실 가족들이 머무르던 강화도가 함락되었다. 인조는 더 이상 버티는 것은 무의미하다고 판단하고, 1월 30일 호위군을 이끌고 삼전도로 향했다. 인조가 말에서 내려 청 태종에게 삼배구고두(三拜九叩頭, 세 번 절하고 아홉 번 머리를 조아리는 항복의식)를 올림으로써 전쟁은 끝이 났다.

　조선 역사상 최대의 치욕적인 사건 중 하나인 병자호란에 대한 요약이다. 전쟁의 진행 상황에 대해 논의하는 것은 무의미하다. 조선으로서는 속수무책이었던 전쟁이었으므로. 그러나 그 급박한 와중에도 성내에서 주화파와 척화파의 논쟁이 있었다는 사실만은 짚고 넘어갈 필요가 있다. 주화파의 대표자는 최명길이었고, 척화파의 대표자는 김상헌이었다. 두 사람에 대한 역사의 평가는 사뭇 다르다. 김상헌이 대쪽 같은 절개의 표상으로 후세에 알려진 반면, 최명길은 심한 경우 국가를 오랑캐에게 팔아 목숨을 건진 파렴치한으로 묘사되거나, 온건한 경우라도 전쟁의 막후 교섭자라는 정도로만

다루어졌다. 그러나 실상 위기에서 조선을 구한 사람은 김상헌이 아니라 최명길이었다. 청에 대해 현실적 자세를 취하면서도 조선의 자존심을 끝내 지킨 이는 바로 최명길이었다.

인조가 무사히 남한산성으로 들어갈 수 있었던 것도 사실은 최명길의 공로였다. 남대문을 지난 뒤 적진에 가로막혀 오도 가도 못하고 있을 때 최명길은 과감하게 적진으로 가 협상을 벌였다. 최명길이 시간을 끌어준 덕분에 인조는 이동하면서 적의 공격을 받지 않을 수 있었다.

최명길은 남한산성에 머무는 동안 대부분의 외교문서를 직접 작성했다. 현실론에 입각해 청에 화의를 청하고, 전쟁을 평화롭게 종결시키려는 것이 그의 입장이었으니 이는 척화파와의 정면충돌을 필연적으로 야기할 수밖에 없었다. 1632년 1월 18일 최명길과 김상헌 사이에 다툼이 양자의 차이를 극명하게 드러내준다. 최명길이 청 태종에게 보낼 문서를 작성하고 있었는데, 김상헌이 갑자기 나타나 편지를 찢어버렸다. 선대를 모욕하고 선비의 처신을 버린 것이라며 자신을 비난하는 김상헌에게 최명길은 "대감은 찢었지만 나는 다시 주워야 합니다"라고 응대하고는 찢어진 문서를 다시 이어서 붙였다.

항복 이후 최명길과 김상헌은 서로 다른 처신을 보인다. 최명길은 강화 조건에 대한 막후교섭에서 삼학사(三學士, 홍익한, 윤집, 오달제)를 청에 보내는 조건을 넣어 많은 선비들의 비난을 샀다. 그러나 그들은 결사항전을 주장했던 이들을 그대로 둔 채 청과 강화를 맺는 것은 현실적으로 불가능하다는 점을 도외시했던 것이다. 최명길은 전쟁이 끝나자 명에 외교문서를 보내 조선이 청과 강화할 수밖에 없었던 저간의 사정을 알림으로써 명에 대한 의리에 화답하는 조치를 취했다. 이는 최명길이 자신의 이익을 위해 강화를 취한 것이 아니라 원칙과 현실 사이에서 절충점을 찾았음을 입증해준다.

1637년과 그 이듬해 청이 명을 치기 위해 조선에 군대를 파병하라는 지시를 내렸을 때에도 최명길은 정승의 자리에 있었지만 협상을 위해 목숨을 걸고 직접 청으로 갔다. 그는 조선과 명은 군신관계이므로 절대 파병할 수 없다고 한 뒤, 출병과 항복은 필연적 연관관계가 있는 것이 아니니 나라가 망하더라도 따를 수 없다고 주장해 결국 파병을 막아내는 외교적 성과를 거두었다. 전란으로 피폐해진 조선이 추가 파병까지 했더라면 조속한 전후 복구는 요원한 일이 되었을 것이다. 이후 최명길은 명과 비밀리에 외교관계를 유지한 것이 들통 나 청으로부터 호출당하는 위기에 몰린다. 조정의 중론은 다른 이에게 책임을 넘기라는 것이었으나 그는 자신이 책임을 지겠다고 말하고는 장례도구까지 준비해 청으로 떠난다. 대신 한두 사람이 죽어야 천하에 할 말이 있다는 그의 말이 선택 과정에 담긴 속내를 드러내준다.

반면 결사항전만 외칠 뿐 현실성 있는 대책 하나 내놓지 못한 명분론자였으나 후세에 충신으로 추앙받는 김상헌의 당시 처신은 논란의 여지가 많다. 인조가 항복하던 당시 김상헌은 남한산성이 아니라 경상도 안동에 내려가 있었다. 결사항전을 주장했던 그의 일관된 논리와 어긋나는 행동이라 당대에도 이를 두고 비난이 쏟아졌고, 인조조차 임금을 속인 것이 심하다고 질책했을 정도였다. 김상헌의 후손인 안동김씨 장동파는 정조 사후 순조, 헌종, 철종의 60여 년간 세도정치로 권력을 장악하면서 조선을 몰락으로 이끄는 주역이 되기도 한다.

최명길은 전쟁의 급박한 순간에는 국가를 위해 가장 이익이 될 수 있는 것이 무엇인지 고민했고, 전쟁 이후에는 국가의 자존심을 살려가면서 청과 공존할 수 있는 방법을 모색했다. 김상헌이 외친 결사항전의 기개가 상처받은 자존심을 어루만질 수는 있었을지 모르나, 위기에 빠진 국가를 살린 사람은 정확하게 상황을 판단하고 현실적 생존방안을 모색한 최명길이었다.

원칙이 무너지는 위기극복은 있을 수 없다

로널드 R. 레이건_ 불법행위를 응징해 변화 추진의 에너지를 확보하다

1980년, 미국 역사상 최고의 대통령 중 한 명으로 꼽히는 레이건이 취임할 당시 미국은 국가적 위기상황을 맞고 있었다. 카터 행정부에서 물려받은 것은 인플레율 11.83퍼센트, 실업률 7.5퍼센트의 악화된 경제와 이란 인질 사태로 대표되는 미국의 구겨진 자존심이었다. 더구나 미국의 최고령 대통령인 70세의 레이건은 취임 40일 만

에 암살범의 충격을 받고 쓰러졌다. 하지만 대통령의 목숨을 노린 총알보다 더 심각한 도전은 공공부문에서 왔다.

그는 직접 쓴 취임 연설에서 "지금의 정부는 미국이 안고 있는 문제를 해결할 수단이 아니다. 바로 문제 그 자체"라며 비대하고 비효율적인 공공부문 개혁에 강한 의지를 표명했다. 레이건 역시 영화배우 시절 연예인조합 대표 출신이어서 민간노조에는 동정적이었지만 공공노조 문제에 대해서는 엄격했다. 그러나 상황은 간단치 않았다. 연방 공무원의 파업은 법률로 명백히 금지되어 있었지만 실제로는 우편노조 등 22건의 연방공무원 불법 파업이 묵인돼왔다. 노조의 권력은 법을 종이호랑이로 만들고 있었다.

이런 상황에서 연방정부 소속 1만 7천여 관제사의 조직인 항공관제사노조(PATCO)는 1년여 동안 끌어오던 협상이 결렬되자 1981년 8월 전면파업을 선언했다. 노조의 요구는 주 40시간 근무의 32시간 단축과 40퍼센트 이상의 임금인상이었고, 파업에는 1만 2천 명이 참가했다. 관제사들이 고도의 전문성을 지닌 인력이며 근무강도가 상대적으로 매우 높다는 점을 감안해도 합리적 요구 수준을 벗어났다는 게 레이건의 판단이었다. 더구나 줄줄이 다른 공공부문의 협상이 기다리고 있었다.

PATCO도 나름의 치밀한 계산이 깔려 있었다. PATCO는 전통적으로 '노조=민주당 지지'란 공식을 깨고 공화당인 레이건 후보를 공식 지지했다. 거기에다 휴가철 성수기인 8월에 비행기 운항이 멈출 경우 경기에 미칠 타격과 시민 불편은 감내하기 힘든 수준일 것이라고 관제사노조는 판단했다. 미국 최대의 산별노조(AFL-CIO)도 지지에 나선 상황에서 레이건이 정면으로 맞서는 것은 정치생명을 건 도박이었다. 당시까지 경제는 전임 지미 카터 행정부 때보다 나빠지던 시기여서 마땅히 대체할 만한 정치적 기반도 없었다. 노조는 물론 대다수 국민도 이번에도 불법파업의 승자는 노조가 될 것이라고 예상했다.

하지만 레이건의 반응은 강경했다. 그는 "48시간 내에 복귀하지 않으면 관련법에 따라 전원 해고할 것이며, 평생 연방정부에 재취업할 수 없을 것"이라고 경고했다. 노조원은 엄포로 받아들이고 파업을 멈추지 않았으나, 레이건은 경고대로 기한 내에 복귀하지 않은 노조원 1만 1,359명을 8월 5일 일시에 해고했다.

경제적 손실을 최소화하기 위해 파업에 대비한 비상계획을 가동하면서 항공기 운항은 평상시의 80퍼센트 수준에서 이뤄졌다. 정부는 군인과 은퇴한 관제사들을 동원하고 자가용 비행기 등 불요불급한 운항을 중단시킴으로써 공항 운영을 계속해갔다. 파업은 결국 노조의 참패로 끝났고 PATCO는 이듬해 10월 노조 자격을 잃었다. 평생 재취업 금지 명령은 빌 클린턴 행정부 시절인 1996년에야 폐지됐다. 일부는 복직했지만 수천 명은 영영 재취업하지 못했다.

레이건은 불법을 저지른 자에 대해서는 일체의 관용을 베풀지 않는다는 원칙을 재확인하면서 나약한 전임 대통령 카터와는 구별되는 강력한 대통령의 리더십을 확보했고, 미국을 변화의 길로 이끌었다.

마거릿 대처_ 치밀한 준비와 단호한 대처로 기득권을 타파하다

마거릿 대처는 잡화점의 딸로 태어나 경제논리를 체득했기 때문인지 철저하게 시장원리에 따른 경쟁사회를 지향했다. 그녀는 늘 '일한 만큼 얻는다', '누리는 만큼 지불한다'는 원칙을 중요시했다.

1979년 영국은 유명한 '불만의 겨울'로 온 나라가 무정부 상태에 빠진 중환자였다. 1월에는 대대적 파업으로 전국의 발전소와 공장이 멈추고 병원과 학교가 문을 닫았다. 자동차-운수-병원-청소 등 전 부문에 걸친 파업이 2~3주나 지속됐다.

쓰레기가 쌓인 거리에 장례업 노동자들의 파업으로 시신들까지 방치되면서 영국 사회의 불안은 극에 달했다. 3월에는 노동당이 다수당인 의회가 해산됐고 5월에는 총선이 치러져 대처가 수상으로 취임했다.

대처는 '유럽의 병자'로 치부되던 영국을 변화시키겠다는 기치 아래 "웅변은 남에게 맡기고 나는 행동만 하겠다"는 선언으로 개혁의 기치를 높이 들면서, 공공지출 삭감, 세금 인하, 공기업 민영화, 금융 개혁, 노조활동 규제, 인플레이션 억제 등을 정책방향으로 제시했다.

대처는 영국병을 치유하기 위해서는 아주 독한 처방이 필요하다고 국민들을 설득했다. "근본적 수술 외에 대안은 없다"고 주장하는 대처에게 '티나(TINA, There is no alternative)'라는 별명까지 붙었다. 대처는 영국병이 '큰 정부' 탓이라고 확신했다. '요람에서 무덤까지'로 상징되는 영국 정부의 복지정책이 국민들의 자립정신을 빼앗는다고 생각한 것이다. 일을 안 해도 정부가 모든 것을 해결해주었기 때문이다. 대처는 '유모(乳母)국가론'에서 '자조(自助)국가론'으로 변화해야 회생할 수 있다고 믿었다.

대처가 개혁 대상으로 꼽은 첫 번째 표적은 노조였다. 1980년대 초반 영국의 노조는 거대 권력이었다. 1974년 보수당의 에드워드 히스 총리는 "이 나라를 다스리는 것이 노조냐, 정부냐"는 말을 남긴 채 실각했다. 노조의 파업에 정부는 속수무책이었다. 모든 경제개혁은 노조라는 장벽을 넘을 수 없었다.

특히 당시 아서 스카길이 이끄는 탄광노조는 1974년 총파업으로 국가비상사태를 유발해 내각을 사퇴시킨 무소불위 권력의 정점이었다. 탄광노동자는 '국영기업체 직원'이었고, 석탄의존도가 70퍼센트가 넘는 영국에서 탄광의 생산 중단은 곧 에너지 공급 중단을 의미했다.

대처는 이런 탄광노조에 양보를 거듭하며 결전을 미루고 몇 년 동안 치밀하게 준비했다. 연간 석탄생산량의 절반에 해당하는 석탄을 비축하고, 석탄이 공급되지 않을 경우에 대비해 석유를 병용할 수 있는 시설을 발전소들이 갖추도록 했다. 또한 노조의 특권을 없애는 노동조합법 개정을 네 차례에 나눠 단계적으로 처리했다. 파업을 위한 조합원 투표는 반드시 비밀로 하는 규정을 만들었고 기업이 비(非)조합원의 고용을 거부하는 행위를 금지했으며, 노조의 불법행위로 인한 손해는 배상하도록 했다.

대처는 석탄산업의 구조개편을 결정하고, 1984년 3월 만성적자 상태인 20개 탄광 폐쇄와 2만 명 인력 감축을 주요 내용으로 하는 석탄산업 구조조정 계획을 발표했다. 탄광노조가 불법파업으로 대응하자 대처는 비축한 힘을 총동원해 전면전을 벌였다. 1985년 1월 탄광노조의 파업이 절정에 이르렀던 당시, 자유당의 데이비드 스틸 당수는 의회에서 대처를 향해 "영국 의회의 미덕인 합의정신은 어디로 갔는가"라고 외쳤다. 대처는 그 자리에서 "합의정치의 이름 아래 국가의 장래를 압력단체의 이해에 종속시킨 것이 당신들이다. 나는 대결의 정치를 바란다"라고 맞받아쳤다.

1년 이상 격렬한 파업이 이어졌으나, 법질서 유지라는 원칙을 용기 있게 고수한 대처가 최종 승리자가 되었다. 대처는 실업급여, 실업자 재교육을 활성화하는 한편 종업원지주제, 이윤배분제 등 노동자에 우호적인 제도를 속속 도입했다.

영국은 지난 280년 동안 초대 총리인 로버트 월폴 경(卿)에서부터 현 고든 브라운에 이르기까지 모두 56명의 총리를 배출했다. 그러나 이들 중 이름 뒤에 '이즘(ism)'이란 말을 붙인 조어를 만든 사람은 마거릿 대처가 처음이다. 영국병을 치유한 대처의 정책을 세상은 '대처리즘'이라고 일컫는다. 그만큼 대처의 통치철학과 경제 치적을 인정한다는 뜻이다.

확고한 철학으로 위기를 극복하라

BMW_ 프리미엄 철학을 고수하다

BMW는 1916년 비행기 엔진으로 사업을 시작했다. 오토바이로 제품라인을 확장했고 1920년대 후반에는 자동차 생산에 진출했다. 제2차 세계대전 후 뛰어난 엔진기술을 바탕으로 최고급 자동차 BMW 클라세 500을 출시했다. 기술적으로 뛰어났으나 판매는 부진했다. 클라세 500의 가격은 1만 5천 마르크였는데 당시 중견 회사원의 평균임금이 350마르크 수준이었으니, 회사원의 30년 치 봉급에 해당하는 가격이었다. 다행히 오토바이와 자동차의 중간 형태인 이제타가 인기를 끌면서 현상유지는 가능했다. 그러나 전후 경제가 복구되자 임시방편의 싸구려 이제타는 고객들에게 외면을 받았다. 후속 제품 개발에도 잇따라 실패하면서 파산지경에 이른 BMW에 1959년 경쟁사인 다임러벤츠가 인수합병을 제안했다.

당시 다임러벤츠의 감사인 헤르베르트 크반트는 합병 문제를 검토하기 위해 BMW의 주주총회에 참석했다. 소액주주들은 새로 출시될 자동차 BMW 700의 뛰어난 성능을 언급하며 합병을 반대했는데, 이 과정에서 크반트는 깊은 인상을 받는다. 소액주주들의 열렬한 충성심과 BMW 700의 가능성을 확인한 것이다. 자동차 전문가들도 BMW 700의 성능을 높이 평가하면서 회생의 불씨는 남아 있다고 보았다. 고민하던 크반트는 BMW에 자신의 인생을 걸기로 결심하고, 자신의 전 재산을 투자해 지분을 확보하고 대주주가 된다.

크반트의 회생정책은 BMW의 주력 분야를 고급 중대형차 모델로 전환하면서 독자적 시장을 개척하는 것이었다. 크반트는 최고 품질의 슈퍼카가 아니라 기존 차량보다 적정 수준의 높은 가격을 유지한다는, 이른바 프리미엄 철학을 견지했다. 1961년 BMW는 자동차 박람회에서 BMW 1500을 선보인다. 이 차의 개발과정에는 크반트도 깊숙이 참여했다. 개발 당시 라디에이터에 유행을 따라 격자 커버링을 넣자는 제안이 있었다. 크반트는 단호하게 거부하고 BMW의 전통적인 '키드니 그릴'을 유지하도록 하면서 도리어 가격을 10퍼센트 높게 붙이라고 지시했다. 1961년 말까지 1500 시리즈의 판매량이 2만 대에 육박하면서 BMW는 회생의 전기를 맞았다.

회사가 정상화되고, 프리미엄 철학이 정책으로 자리 잡으면서 크반트는 인재 영입에 주력했다. 기술적으로 뛰어났으나 시장흐름을 따라잡지 못해 파산한 보르크바르트 사의 인재들을 대거 영입했고, 애프터서비스를 강화하고 마케팅 스쿨을 세우는 등, 프리미엄 제품에 걸맞은 시스템을 갖추기 위해 노력했다. 그 결과 BMW는 점차 중산층을 위한 최고의 차로서 'BMW는 진취적인 고급차'라는 이미지를 굳히면서 독특한 시장지위를 확보했다. BMW가 정상화되자 크반트에게 회사를 매각하라는 제안이 계속 들어왔지만 그는 모두 거절했다.

BMW는 크반트의 결단이 아니었다면 소멸했을 기업이다. 그는 합병으로 챙길 당장의 이익보다 회사의 잠재력에 모든 것을 걸었다. BMW는 절체절명의 위기 속에도 회사를 책임질 리더를 선택해 원칙을 지키는 독자노선을 견지했기 때문에 재도약의 기반을 잡을 수 있었다.

포르쉐_ 최고급 스포츠카 외에는 타협을 거부하다

최고급 스포츠 자동차의 대명사인 포르쉐는 1990년대에 큰 위기에 봉착한다. 위기의 시작은 1970년대부터였다. 제품의 라인업을 확장하기 위해 914, 924, 928 등을 개발했는데 이 신제품들은 후방 엔진 차종으로 포르쉐의 역사를 대변하는 제품인 911의 개념과는 상당히 거리가 있었다. 포르쉐의 전통적 고객들은 이탈하기 시작했다. 1986년 5만 3천 대의 포르쉐가 팔렸지만 1993년에 판매된 차는 고작 1만 2천 대에 불과했다. 포르쉐는 생존 여부조차 불투명한 상황에 내몰렸다.

포르쉐는 위기를 돌파하기 위해 1980년대 초에 포르쉐에 근무했던 벤델린 비데킹을 영입했다. 비데킹은 원칙에 철저한 사람으로 유명했다. 그는 포르쉐 고유의 원칙을 지켜나가야 포르쉐가 회생 가능하다고 믿었다. 그는 "타협하는 자는 패배하기 마련이다. 복제품 가게라면 우리는 존재할 이유가 없다"고 천명했다. 비데킹의 관점에서 포르쉐는 최고급 스포츠카를 만드는 회사였다. 그럼에도 이러한 원칙을 망각하고 여기저기 기웃거리다가 결국 최악의 상황을 맞이했다는 것이 비데킹의 진단이었다.

비데킹은 원칙에 맞지 않는 제품들을 폐기하고 본연의 원칙을 준수하는 제품에 몰두하기로 결정했다. 929과 968 등을 단종시키는 대신 911을 최고의 제품으로 바꾸어나가되, 효율성을 함께 추구하는 것으로 개선의 방향을 잡았다. 911은 문제가 많았다. 조립 시간은 길고 수익성은 크게 떨어졌다. 작업이 복잡하고 공정 표준화가 부족했기 때문이었다. 비데킹은 조립라인을 개선하고 공정들을 줄여나갔다. 그러면서 고급화까지 함께 추진했다. 비용 절감을 위해 외주 생산도 확대했다. 비데킹의 개선 프로그램 이전에는 6주에 완성되던 차들이 불과 3일 만에 조립되는 수준까지 효율성이 향상되었다.

911이 경쟁력을 갖추자 비데킹은 911을 더욱 작고 날렵하게 만든 박스터를 생산하기로 결정을 내렸고, 박스터는 대성공을 거두었다. 최고급 스포츠카를 만든다는 원칙이 박스터에도 일관되게 적용되었기 때문이었다. 박스터는 2003년 포르쉐 판매량의 40퍼센트를 차지하는 베스트셀러로 성장했다.

박스터로 성공을 거두자 비데킹은 최고급 SUV시장에 주목했다. SUV는 최고급 스포츠카라는 이미지와는 전혀 어울리지 않는 세그먼트로 인식되고 있었다. 그러나 비데킹이 주목한 세그먼트는 스포츠카를 선호하지만 가장의 입장에서 패밀리카 용도의 SUV를 구입해야 하는 30~40대 소비자들이었다. 그들에게 포르쉐의 SUV는 훌륭한 대안이 될 것이었다. 이런 배경에서 탄생된 포르쉐의 최고급 SUV 카이엔 역시 대성공을 거두었다.

비데킹은 박스터와 카이엔을 개발하는 동안에도 포르쉐 이익의 원천인 최고급 스포츠카를 끊임없이 개발했다. 그렇게 해서 나온 스포츠카가 바로 카레라 GT였다. 카레라는 911의 정신을 그대로 이어받은, 최고급 스포츠카의 대명사가 되었다. 원칙이 흔들려 위기를 맞았던 포르쉐는 원칙을 재정립해 시장을 개척함으로써 위기를 극복하고 회생의 기회를 잡았다.

원칙 훼손은 당장의 연명을 위해 공동체를 파멸시키는 길이다

사람이 모여 만든 조직에서 크고 작은 갈등은 불가피하다. 조직이 커질수록 구성원의 세계관, 관점, 이해관계의 스펙트럼은 넓어지게 마련이다. 갈등을 해결하는 방법은 결국 힘 또는 타협이다. 힘을 사용하지 않고 대화와 타협으로 해결할 수 있으면 좋겠지만, 타협이 능사가 아니라는 점을 분명히 해야 한다. 비합리적이고 극단적인 주장을 하는 집단과 대화하고 타협한다는 것은 자칫 조직이 존립할 수 있는 근본 원칙을 훼손해 더욱 큰 문제를 잉태하기 때문이다. 마키아벨리가 타협을 비생산적이라는 이유로 경계한 것도 이런 점에서였다. 타협은 서로 한 걸음씩 양보하면서 모든 참가자가 어느 정도 불만을 품는 결과로 끝나기 쉽다.

상대방을 인정하는 대화와 타협의 정신은 존중되어야 하지만, 매사를 대화와 타협으로 풀어야 한다는 발상은 지나치게 순진하거나, 교활한 약자가 상대방을 속이려는 위장인 경우가 많다. 공동체의 미래를 위한 원칙에 입각해 있다면 힘에 의한 갈등해결 방법에 의존해야 할 때는 단호히 그렇게 해야 한다.

한 번 무너진 원칙은 이미 원칙이 아니다. 당장의 어려움을 모면하기 위해 원칙을 훼손하면 다음에는 더욱 큰 대가를 치르게 된다. 책임감 있는 리더라면 당장의 어려움을 모면하기 위해 공동체의 미래를 위한 기본 원칙을 포기하지 않을 것이다. 저급한 리더의 특징은 원칙 없이 임기응변에만 능하다는 점이다. 이들은 상황에 따른 작은 이익은 챙기지만, 조직을 장기적으로 번영시키는 큰 이익은 놓친다. 당장의 연명을 위해 조직의 생명을 단축시키는 것이다.

원칙은 화려한 언변이나 허영으로 지키는 것이 아니다. 치밀한 전략, 불굴의 용기, 강제할 수 있는 힘이 있어야 지킬 수 있다. 특히 어려운 시기일수록 원칙을 지키고 관철해나가는 용기 있는 리더만이 위기를 극복하고 조직을 장기적으로 이끌어나갈 수 있다.

6_
내부 분열 요소는
초기에 제거하라

뭉치면 살고 흩어지면 망한다

외부의 적보다 내부의 적이 더 파괴적이다

위기가 닥칠수록 단결해야 강한 조직이다. 평화시에는 적당히 시끄러워야 변화를 따라갈 수 있다. 형편없는 조직일수록 평화시에 단결하고 위기 앞에 분열한다. 용렬한 리더가 이끄는 조직의 특징이 바로 이것이다. 역사적으로 번영했던 국가는 위기를 맞아 더욱 단결해 강해졌다는 특징이 있다. 이처럼 조직이 위기를 탈출하는 1차 명제는 일치단결이다. '뭉치면 살고 흩어지면 죽는다'는 단순하지만 강력한 명제이다.

조직이 위기를 맞으면 리더는 우선 조직을 추스르고 단결시키는 데 집중한다. 에너지를 한 곳에 집중해 생존을 모색하는 상황에서 조직력을 극대화하는 것이 무엇보다 중요하기 때문이다. 그러나 상황은 그렇게 간단하지 않다. 위기상황을 이용해 개인이나 집단의 이익을 취하려는 시도가 조직에 존재할 수 있다. 심지어 조직 내의 불만세력이 외부의 적과 은밀히 내통해 공동체를 위협하는 경우도 생겨난다. 이러한 내부 분열 요소를 초기에 확실히 제거해야만 위기극복을 위한 추진력을 확실히 확보할 수 있다.

역사적으로도 승패는 외침보다는 내분에서 판가름 나는 경우가 많았다. 신라가 삼국을 통일할 수 있었던 요인도 근본적으로는 백제와 고구려의 지도층 내분 때문이었다. 큰 어려움도 내부가 단합되어 있으면 타개할 수 있지만, 내분은 사소한 문제일지라도 조직을 파멸시킬 수 있다. 내분은 외침보다 항상 파괴적이다. 위기시에는 더욱 그렇다.

내분 가능성은 초기에 없애야 한다

주원장, 조광윤_ 내부 분열 요소를 초기에 제거하다

'토사구팽'은 신의를 배반당할 위험성을 경고하는 사자성어이지만 실은 국가의 위기관리를 위해서는 내부를 분열시키는 자들을 속전속결로 처리해야 한다는 냉엄한 지침이기도 하다. 역대의 성공한 개국 군주들은 토사구팽을 전략적으로 실천함으로써 국가를 조속히 안정시키고 평화와 경제적 번영의 기틀을 마련하는 성과를 거두었다.

명 태조 주원장의 참모 이선장은 유방을 도운 한신에 비견되는 인물이다. 주원장의 동향 사람인 이선장은 한 고조 유방을 주원장의 롤 모델로 제시했다. 이전까지 개국에 대한 신념을 갖지 못했던 주원장은 이선장의 조언을 통해 비로소 황제가 되겠다는 구체적인 목표를 세운다. 이선장은 동향의 인재들을 적극적으로 주원장에게 추천했고, 군대의 규율을 바로잡는 일에도 적극적으로 나섰다. 또한 민심의 동향을 파악해 그들을 위무함으로써 주원장에 대한 호감을 높이는 데 일조했다.

주원장은 이선장을 전폭적으로 신뢰했다. 근거지인 응천부의 관리를 그에게 맡기는가 하면 개국 후에는 그를 개국보운 한국공에 봉해 막강한 권한까지 실어주었다. 그러나 승상에 오른 후 이선장은 주원장의 기대에 반하는 모습을 보인다. 그는 또 다른 개국공신인 유기를 탄핵하고, 자신의 측근을 승상에 앉히는 등 잇따른 실책을 범했다.

주원장은 국가의 근간을 흔드는 행위는 결코 용서하지 않았다. 주원장이 법에 따라 조치를 취하려 하자 당황한 이선장은 주원장을 시해하려는 음모를 꾸몄다. 모반 사실이 탄로 나는 바람에 대명제국에는 칼바람이 불었다. 3만 명에 이르는 사람들이 목숨을 잃었고 주모자인 이선장 또한 사약을 받는 신세가 되었다.

주원장의 냉혹한 조치는 이것으로 끝이 아니었다. 그는 10년 뒤에도 창업공신과 가족들을 대폭적으로 숙청했고, 황태자가 죽자 황세손의 안정을 위한다는 명분 아래 또 한 차례 학살극을 벌였다. 후한의 중장통은 일찍이 『창언』에서 "제국의 수명은 군주가 방종하지 않고 자신의 지위를 넘보는 신하들을 제대로 처리하는 데 달려 있다"라고 말한 바 있다. 주원장은 중장통의 충고를 진지하게 받아들였고, 뒤이은 영락제의 성세는 그의 선택이 결국은 옳았음을 증명해준다.

한편, 주원장과는 완전히 다른 방식으로 분열을 예방한 인물이 바로 송 태조 조광윤이다. 960년 1월, 조광윤은 부하들의 추대를 받아 왕위에 오른다. 역사서에는 그가 왕위를 차지할 생각이 없었으나 술 취한 그에게 부하들이 황제복을 입히는 바람에 마지못해 왕위에 올랐다고 기록되어 있다. 기록의 사실성을 논하는 것은 무의미하지만 주목해야 할 것은 부하들이 자발적으로 그를 추대할 정도로 그의 인품에 경도되어 있었다는 점이다.

조광윤의 덕망은 이후의 통치 과정에서 더욱 빛을 발한다. 조광윤이 왕위에 올라 송을 건국하자 후주의 황제였던 7세 소년 시종훈의 처리가 문제로 떠올랐다. 주원장이었다면 두 번 생각할 필요 없이 죽였겠지만 조광윤의 조처는 달랐다. 조광윤은 시종훈을 살려두었을 뿐만 아니라 그가 죽을 때까지 황제의 예를 다함으로써 내외의 칭송을 받는 데 성공했다.

물론 조광윤에게도 주원장과 같은 고민이 있었다. 창업대신들은 창업과정에는 꼭 필요한 존재들이지만 나라가 안정을 되찾은 이후에는 불필요한 존재가 되기 마련이었다. 조광윤은 고민 끝에 휘하

장수들을 모두 불러 술자리를 개최했다. 연회가 진행되던 도중 조광윤은 장수들에게 자신의 고민을 숨김없이 토로한다.

"어느 날 아침에 부하들이 그대들에게 황제복을 입힌다면, 아무리 그대들이라도 마음이 크게 흔들릴 것이오."

자신이 왕위에 오른 방식 그대로 다른 이가 왕위에 오를 수 있다는 가능성을 언급한 것이다. 장수들은 이 말 뒤에 숨은 조광윤의 속내를 깨달았다. 자발적으로 자리에서 물러나면 피를 보지 않을 수도 있다는 것이 바로 조광윤의 발언 이면에 숨은 의미였다. 장수들은 다음날 모두 병을 핑계로 사직하는 결단을 내린다. 배주석병권(杯酒釋兵權), 즉 술을 통해 병권을 놓게 한다는 역사적 일화가 탄생되는 바로 그 장면이다. 조광윤은 이후 같은 방식으로 절도사들의 병권을 박탈하고, 지방의 행정권과 재정권을 모두 중앙에 귀속시키는 일까지 이루어냄으로써 피 한 방울 흘리지 않고 창업공신들을 일선에서 물러나게 하는 수완을 보인다.

조광윤은 자신의 노선이 자손들에게도 이어지기를 희망했다. 시씨 가문을 대대로 돌봐줄 것과 사대부 우대정책을 바꾸지 말라는 것이 그의 유훈이었다. 무장 출신임에도 문관과 전(前) 왕조의 황제 가문을 우대하는 획기적 유훈을 남긴 것이다. 이후 송 왕조는 비록 군사력은 허약했지만 경제와 학문 분야에서 중국 최고의 수준에 오른 나라가 됨으로써 조광윤의 유훈을 더욱 값지게 만들었다.

영양왕, 연개소문_ 뭉치면 살고, 흩어지면 망한다

581년 건국된 수나라가 589년 중국을 통일하자 동북아의 국제 정세는 급박하게 돌아갔다. 통일 이전만 해도 수와 고구려의 관계는 비교적 나쁘지 않았다. 그러나 중국 통일의 가능성이 가시화되자 사정은 달라졌다. 통일 전쟁이 마무리되는 시점에서 수 문제가 다음 공격 대상으로 점찍은 나라가 바로 고구려였다.『수서』에 기록된 수 문제의 거만한 국서가 수의 속내를 드러내준다.

"왕이 남의 신하가 되었으면 짐과 같이 덕을 베풀어야 옳건만, 말갈을 괴롭히고 거란을 금고시켰다."

표면적으로는 말갈과 거란을 수하에 두려는 행위를 비난하는 것처럼 보이지만 수 문제의 칼끝이 고구려를 향하고 있다는 것은 너무나도 명백했다.

당시 고구려는 영양왕이 다스리고 있었다.『삼국사기』에 의하면 영양왕은 제세와 안민을 자신의 임무로 생각하는 군주였다. 치밀한 전략가이기도 한 영양왕은 591년과 592년에 사신을 수나라에 보냈는데 이는 정보를 수집하기 위해서였다. 사전에 수집된 각종 정보, 거기에 수 문제의 거만한 국서 등을 종합하면 수가 고구려를 침공하는 것은 시간 문제였다. 고구려가 강국이라고는 하나 수가 공격해온다면 힘든 싸움이 될 것이 분명했다. 이때 영양왕은 그 누구도 예상하지 못한 결정을 내린다. 군사를 이끌고 요서로 가 직접 수나라를 공격하기로 한 것이다.

598년 수나라는 말갈 군사 1만 명을 이끌고 감행된 영양왕의 선제공격을 방어해냈다. 그런데 영양왕은 반드시 승리하기 위해 선제공격을 시도한 것이 아니었다. 영양왕이 이끌고 간 군사가 왕의 친위부대가 아니라 말갈 군사라는 사실에서 영양왕의 의도를 짐작할 수 있다. 수나라에게 고구려를 함부로 건들지 말라, 라는 메시지를 전하는 한편 상황에 따라서는 전쟁까지 불사하겠다는 왕의 태도를 보여줌으로써 고구려 국내를 하나로 단합시키려는 뜻이 담겨 있었던 것이다.

허를 찔린 수 문제는 30만 대군으로 즉각 고구려 공격에 나섰지만 이는 영양왕이 선제공격을 감행할 때부터 예상했던 바였다. 제1차 고수 전쟁이라 부르는 이 전쟁의 결과는 『수서』에 "영양왕이 두려워하여 사신을 보내고 표문을 올리자, 수 문제가 군사를 거둬들였다"고 모호하게 기록되어 있다. 영양왕이 사신을 보내 사죄했다고 되어 있는 『삼국사기』의 기록도 『수서』와 유사하다.

얼핏 보기에는 수나라가 일방적인 승리를 거둔 것처럼 보인다. 그러나 중국 측 시각이 상당 수준 반영된 『삼국사기』에는 수군이 철수했는데 죽은 자가 열에 여덟, 아홉이며 그 원인은 기후 때문이라고 기록되어 있다. 이긴 쪽의 사상자가 90퍼센트가량이라는 기록이 정확히 의미하는 바는 무엇일까. 전쟁의 결과 고구려는 수를 대파했고, 이를 부끄럽게 여긴 수 문제가 영양왕의 표문을 빌미로 삼았다는 것이 역사학계의 정설이다. 단재 신채호 또한 고구려가 임유관 유역에서 대승을 거두었다고 기록했다.

제1차 고수 전쟁의 승리는 영양왕의 과감한 선제공격 때문에 가능했다. 예상치 못한 공격 앞에 수는 감정이 앞서 서둘러 전쟁을 개시할 수밖에 없었으며, 외세 앞에 하나가 된 고구려는 지형과 기후 등을 활용, 어렵지 않게 수의 대군을 물리칠 수 있었던 것이다. 수는 그 이후에도 몇 차례 더 고구려와 전쟁을 벌였다. 611년 수 문제의 아들 수 양제가 이번에는 무려 113만의 대군을 이끌고 고구려를 침공했다. 수의 파상공격에 영양왕의 고구려는 특유의 청야입보 전술, 즉 들판의 곡식을 모두 태우고 성을 지키는 전술로 지구전을 펼쳤다. 고구려의 작전은 이번에도 적중했고, 조금씩 지쳐가던 수나라는 을지문덕이 이끄는 고구려군에게 완패를 당하는데 이것이 바로 고구려 전사에 길이 빛나는 살수대첩이다. 수는 613년에도 다시 고구려 정복전을 펼쳤지만 고구려 공략에 실패했다. 무모한 정복전쟁의 대가는 컸다. 내란에 시달리던 수는 618년 3월, 양제가 호위대장에게 살해당함으로써 멸망하고 만다. 중국을 통일한 지 불과 30년 만의 일이었다.

그러나 역사는 반복되기 마련이다. 영양왕의 선제공격 아래 국력을 결집해 수를 물리친 고구려는 불과 50여 년 후에 멸망하는데, 그것은 바로 영양왕의 교훈을 철저하게 망각했기 때문이다.

수의 뒤를 이어 중국 대륙의 주인이 된 것은 당나라였다. 건국 초기 혼란을 겪던 당은 태종의 영도 아래 '정관의 치'라 불리는 평화시대를 구가했다. 이때 고구려의 왕은 영양왕의 이복동생인 영류왕이었는데 영류왕은 영양왕과는 달리 친중국정책을 펼쳤다. 그러나

이는 중원과 대등한 실력을 갖추고 독자노선을 걷던 고구려인들에게는 용납할 수 없는 정책이었고, 결국 642년 대당 강경파인 연개소문이 정변을 일으켜 영류왕을 죽이고 정권을 장악한다. 영류왕의 동생인 보장왕을 내세우기는 했지만 일개 신하가 왕을 죽인 것은 분명한 반역 행위였다. 연개소문은 200명 이상의 귀족을 죽이면서 정권의 향방을 굳혀갔으나, 고구려 귀족사회는 사분오열되었고 이는 고구려 멸망의 직접적인 계기가 된다.

644년 11월 당 태종은 군사를 일으켰고, 645년 3월 요하를 건너 고구려와 전쟁에 돌입했다. 압도적인 공격력으로 요동성과 비사성 등을 차례로 점령한 당은 6월 20일 안시성 공격에 나섰다. 50만 명을 동원해 공격을 시도했지만 안시성은 끄떡도 하지 않았고, 9월 18일 당 태종이 철군을 명령함으로써 전쟁은 종결되었다. 이후에도 당은 여러 차례 공격해왔지만 고구려는 연개소문이 통치권을 쥐고 있는 동안에는 잘 막아냈다. 그러나 666년 연개소문이 사망하자 고구려는 걷잡을 수 없이 무너졌다.

연개소문이 후계자로 내정해놓은 장남 남생이 대막리지가 되어 통치권을 장악했지만 남건, 남산 두 동생은 연합해 형과 대립각을 세웠다. 귀족들은 자신의 입장에 따라 삼형제의 뒤에 줄을 섰고, 내분은 날로 격화되었다. 대막리지 남생의 지방순시를 틈타 동생 남건, 남산이 정변을 일으켜 정권을 장악하자 남생은 국내성으로 도피한 후 당에 구원요청을 하다 끝내 고구려를 배신하고 당에 투항하고 만다. 당 고종은 666년 12월 고구려로 진격했고, 남생의 협조

아래 고구려 북부를 장악했다. 신라까지 당에 가세하자 고구려의 형세는 크게 기울었다. 668년 평양성이 함락되었고, 보장왕과 남건, 남산이 체포되면서 고구려는 역사에서 사라졌다. 남생의 개인적인 승리는 조국 고구려의 패망을 의미했다. 고구려는 내분으로 자멸의 길을 자초했던 것이다.

위기대응력을 높이고 내부 단속을 확실히 하라

켈로그_ 초기의 분열과 혼란을 수습하고 글로벌 기업으로 발전하다

세계인의 아침식사 대용식으로 자리 잡은 콘플레이크를 최초로 개발한 사람은 존 하비 켈로그이다. 1876년 배틀클리크에 요양원을 세우고 의료사업을 벌이던 존 하비 켈로그는 요양원 환자들에게 줄 식이요법 음식으로 사용하기 위해 콘플레이크를 개발했다. 신제품은 곧 인기를 끌었다. 요양원을 거쳐 간 사람들을 통해 입소문이 퍼지면서 콘플레이크를 찾는 사람들이 늘어나자 존 하비 켈로그는 통신판매업을 시작했다. 하지만 유능한 의사이자 발명가인 존 하비 켈로그는 사업가로서의 자질은 부족했다. 금욕주의자 존 하비 켈로그는 광고에 '소화액으로 분해하는 데 이상적인 콘플레이크!'라는 식의 문구를 사용했다. 거기에다 콘플레이크는 지금과는 달리 울퉁불퉁한 비스킷 덩어리였다.

콘플레이크의 가능성을 발견하고 이를 상업적 성공과 연결시킨 인물은 요양원에 환자로 들어와 콘플레이크를 접한 찰스 윌리엄 포스트였다. 포스트는 금욕, 소화기능, 제품 영양소와 같은 생물학적 정보만 전달해서는 콘플레이크의 소비를 확대시킬 수 없다고 판단했다. 포스트는 콘플레이크의 간편함을 강조하는 광고를 시작했고, 시제품을 만들어 뿌림으로써 잠재소비자들을 고객으로 끌어들였다. 존 하비 켈로그에 비하면 훨씬 즐겁게 인생을 찬미하는 듯한 포스트의 제품에 소비자들은 열광했다. 찰스 포스트가 세운 시리얼 회사는 뉴욕과 런던에 사무실을 개설하면서 대기업으로 발전해나갔다.

위기에 처한 켈로그에 존 하비 켈로그의 동생 윌 키스 켈로그가 구원투수로 나섰다. 괴팍하고 독선적인 형과 달리 동생은 마케팅 감각이 넘치고 시장을 읽어내는 능력이 있었다. 당초 형은 동생을 경영에서 배제했지만, 1890년대 초 부진에 빠진 통신판매사업을 활성화시키기 위해 동생에게 이익의 25퍼센트를 배당하기로 약속하고 사업에 끌어들인 것이다. 윌 키스 켈로그는 콘플레이크를 비스킷 조각으로 팔지 말고 여러 개를 모아 팔자고 제안해서 큰 성공을 거두었다. 완고한 형 때문에 광고 표현 등은 여전히 제약을 받았지만 매출이 급속하게 늘어나면서 새로운 전략의 유효성은 입증되었다. 이에 힘입어 동생은 다양한 마케팅 아이디어를 개발했다. 그러나 형을 설득하는 것이 문제였다. 형이 유럽 여행을 떠나 회사를 비운 틈을 타서 동생은 콘플레이크에 설탕을 첨가한 파격적인 신제품을 출시했다. 형은 건강에 해롭다는 이유로 설탕 첨가를 반대했지만, 동생은 설탕 첨가로 소비자층을 획기적으로 늘릴 수 있다고 확신했던 것이다.

설탕 첨가 신제품을 출시하고 적극적인 광고를 펼치면서 켈로그의 콘플레이크는 대성공을 거두었다. 콘플레이크는 기호식품이 아니라 미국인 아침식탁의 기본 메뉴로 자리 잡아갔지만, 창업자인 존 하비 켈로그의 생각은 달랐다. 그는 동생의 제품이 건강을 중시하는 자신의 철학에 반한다고 보았다. 형은 자신이 팔고 싶은 제품을 만들고자 했으나, 동생은 소비자가 원하는 제품을 만들려고 했기에 근본적인 접근방법이 달랐던 것이다. 시장에서 후발주자 포스트가 눈부시게 약진하고 있었기 때문에 회사의 전략방향을 둘러싼 형과 동생의 견해차를 좁힐 수 있는 시간적 여유도 많지 않았다. 결국 동생은 형이 제품을 창안하기는 했지만, 시장을 무시하는 노선은 성공할 수 없다고 판단하고 형을 경영 일선에서 퇴진시키는 결단을 내렸다.

성장전략에 대한 혼란을 정리한 윌 키스 켈로그는 적극적인 마케팅 활동을 전개했다. 소비자의 건강을 위해 우수한 품질로 엄선된 원료만을 사용한다는 사실을 대대적으로 홍보했고, 제품에 켈로그의 서명을 넣어 신뢰받는 제품임을 강조했다. 콘플레이크의 광고판을 뉴욕의 중심지인 타임 스퀘어에 걸었고, 미녀 모델 사진을 제품에 싣기도 했다. 윌 키스 켈로그는 늘 켈로그 사의 핵심 경쟁력은 마케팅이라고 강조하면서 창의적이고 파격적인 광고 개발에 역량을 쏟았다. 켈로그의 콘플레이크는 이제 미국뿐만 아니라 전 세계 현대인들의 아침식사 대용식으로 발전했다. 사업 초기 창업주인 형과 동생 간의 사업전략을 둘러싼 견해차와 혼란상을 극복하지 못했더라면 기대하기 어려웠을 성취이다.

분열을 조장하는 자에게 관용을 베풀어서는 안 된다

조직은 한 방향으로 가는 것이 중요하다. 가야 할 방향을 잡기 위해 다양하게 논의하는 것은 생산적이지만, 일단 결정된 방향을 두고 논란을 지속하고 분열이 계속된다면 조직은 에너지를 발휘할 수 없다. 특히 조직 내에서 개인의 이익을 위해 분란을 일으키는 사람들을 조기에 정리하지 못한다면 리더의 어떤 노력도 물거품이 될 수밖에 없다.

 어려운 상황을 타개해야 하는 리더에게는 조직을 단결시키는 것이 최우선 과제이다. 이를 위해 비전을 제시하고, 신념을 공유하고, 인센티브를 약속하는 등 다양한 노력을 기울여야 한다. 조직 전체의 에너지를 끌어내기 위해서는 꼭 필요한 조치들이다. 그러나 조직 내부에 분열 요소를 그대로 둔다면 이러한 노력은 의미가 없다. 리더가 진심으로 하는 말도 이들에 의해 왜곡되어 조직을 불안정하게 만든다. 조직의 빈틈을 비집고 들어와 조직 자체를 흔드는 경우도 생겨난다.

  위기에 처한 조직의 리더는 내부 분열 요소를 신속히 제거해야 한다. 반대자를 제거해 분란의 소지를 없애고, 조직 내에 분명한 메시지를 전달해야 하는 것이다. 특히 분열을 조장하는 자에게 관용을 베풀어서는 안 된다. 한 번 배신한 사람은 언제든지 다시 배신할 수 있다. 당장의 어려움 때문에 내부 분열 요소에 관대하게 대처하는 것은 결국 리더를 파멸시키고 조직을 몰락하게 한다.

★ ★ ★

전통 경제학에서는 인간을 합리적인 존재로 가정하고, 현실 세계에서 일어나는 비합리성은 정보와 지식의 부족으로 간주했다. 그런데 최근의 경제학에서는 인간을 합리적이라고 보는 전제에 대해 문제를 제기하는 흐름이 형성되고 있다. 실제 인간은 비합리적이고 심리적 요인으로 많은 의사결정을 한다는 주장이다. 조직을 이끌어가는 리더의 관점에서 인간의 감정과 비합리성은 활용하기 나름이다. 합리적 차원에서 도저히 불가능한 일도, 조직원의 심리를 활용하면 가능하게 만들 수가 있다.

2부

역사가 증명한 위기극복 전략

7_
판을 바꿔서 새로운 가능성을 찾아라

기존 방식을 뛰어넘는 새로운 지평을 찾아라

승리는 똑같은 방법으로 반복되지 않는다

주식시장에서 등락은 일상적인 것이다. 그러나 등락의 양상은 항상 다르게 나타난다. 예기치 않은 시기에, 예기치 못한 테마가 지배하고 상승과 하락을 유발한다. 따라서 한 번 사용해서 성공한 방법이 계속 통할 것이라고 생각하면 오산이다. 상황은 끊임없이 변한다. 이는 비단 주식시장에 한정되지 않는다. 기업의 사업, 군인의 전쟁, 국가의 정치외교에도 마찬가지로 적용된다.

　기업의 위기도 항상 다른 모습으로 찾아온다. 신규사업 실패, 시장 상실, 경쟁자 기술개발, 내부 반목, 리더십 위기 등 다양한 요인들이 복합되어 나타난다. 이러한 상황에 대처하는 공식은 없다. 과거에 했던 방식을 그대로 적용한다고 성공하리라는 보장도 없다.

이때 필요한 것은 상황에 맞게 대안을 도출하는 유연성과 전체적인 판을 바꾸어 승부를 거는 전략적 사고이다. 눈앞에 있는 현실을 타개할 수 있는 넓은 시야로 상황의 본질을 이해하고 대안을 모색해야 근본적인 해결책이 나온다.

　손자는 『손자병법』에서 "승리는 똑같은 방법으로 반복되지 않는다"고 했다. 세상의 모든 사물은 흐르는 물처럼 끊임없이 변하고 있고, 장수는 실전에서도 물 흐르듯이 상황에 유연하게 적응하면서 적절한 방법론을 구사해야 한다는 뜻이다.

기존의 틀을 넘어서 성공의 요인을 찾아라

스키피오 _ 배후를 쳐서 전쟁의 판을 바꾸어 적을 물리치다

B.C. 753년 건국된 로마는 점차 세력을 넓혀 B.C. 3세기에는 이탈리아 반도를 정복하고 지중해 진출을 시도한다. 당시 지중해의 제해권은 페니키아 민족이 북아프리카에 세운 카르타고가 장악하고 있었다. 카르타고는 기원전 8세기 무렵 지금의 튀니지 땅에 페니키아 민족이 세운 도시국가이다. 카르타고는 지중해 지역의 통상교역을 주업으로 삼았다. 로마가 이탈리아 반도를 통일하자 지중해 패권을 둘러싼 카르타고와의 전쟁은 필연적이었다. 기원전 264년 두 나라는 시칠리아의 지배권을 놓고 제1차 포에니 전쟁을 벌였다. 23년간

계속된 전쟁에서 이긴 로마는 시칠리아의 절반을 차지했다.

제1차 포에니 전쟁이 탐색전이라면 제2차 포에니 전쟁은 본게임이었다. 카르타고 장군 한니발은 카르타고의 식민지 에스파냐에서 군대를 편성해 갈리아를 횡단하고 5만 명의 보병과 9천 명의 기병, 80마리의 코끼리까지 끌고 알프스 산맥을 넘어 이탈리아 본토로 쳐들어왔다. 로마도 7만 8천 명의 군대로 B.C. 216년 이탈리아 남부 칸나에에서 결전을 벌였지만, 참패를 당한다. 로마군 7만 명 이상이 사망했고 집정관 아이밀리우스 파울루스를 비롯해 기병과 중무장 보병으로 참전한 80명의 원로원 의원들도 대부분 전사했다. 카르타고의 전사자는 6천 명에 불과했다. 역사상 단 하루 동안 이렇게 많은 전사자가 발생한 것은 제1차 세계대전 중 1916년 서부전선에서 치러진 전투를 제외하고는 없다.

한니발이 수도 로마까지 진군해 직접 말을 타고 로마 성벽 주위를 둘러보기까지 하는데도 로마는 인적, 물적 자원의 손실이 너무 커 제대로 손써 보지도 못할 형편이었다. 존망의 위기에 처한 로마는 국가 총동원 체제로 대응했다. 먼저 전쟁비용을 조달하기 위해 로마 지도층은 땅을 제외한 전 재산을 헌납하며 모범을 보였다. 땅을 제외한 것은 망할 위기에 처한 나라의 땅을 사줄 사람들이 없었기 때문이다. 그리고 전시 국가 채권을 발행해 무산계급을 제외한 모든 시민들에게 각자의 경제력에 따라 할당했다. 로마 시민들이 노블리스 오블리주를 실천하는 지도층을 신뢰하자 로마는 한 마음으로 뭉쳐 위기를 극복하자는 총력동원 체제를 구축할 수 있었다.

한니발에게 연전연패하던 로마는 정면대결을 피하고 집정관 파비우스 막시무스가 제안한 대로 지구전으로 한니발을 지치게 하는 전술을 채택했다. 한니발은 10년간 이탈리아 반도에 머물며 국지전을 계속했고, 전쟁은 교착상태에 빠졌다. 장기전의 여파로 로마의 어려움이 가중되는 위기상황에서 로마를 구원할 인물인 스키피오가 등장한다.

스키피오는 전쟁을 바라보는 시각부터 달랐다. 당시 로마는 이탈리아에서 카르타고의 공격을 방어하는 작전만 수행했다. 스키피오는 수동적 대응만으로는 명장 한니발을 물리치기 어렵다고 판단했다. 스키피오는 에스파냐에서 이탈리아 반도로 이어지는 한니발의 보급망을 주목했다. 에스파냐 보급망이 와해된다면 한니발은 본국인 카르타고의 지원에 의존해야 한다. 그때 카르타고를 공격하면 보급이 완전히 끊긴 한니발은 본국으로 돌아와 전쟁을 수행해야 하는 입장이었다.

스키피오는 카르타고의 식민지이자 한니발의 보급기지인 에스파냐 공략에 성공했고, 한니발의 보급선을 끊었다. 뒤이어 스키피오는 카르타고 본국 공격에 나섰다. 스키피오는 북아프리카의 카르타고 주변 도시들을 차례차례 공격해나갔다. 위기에 처한 카르타고는 예상대로 한니발을 불러들였다. 스키피오와 한니발은 북아프리카 자마에서 마지막 결전을 벌인다. 로마의 동맹국이던 카르타고 인근 누미디아 기병대까지 동참했고 승리는 로마에게 돌아갔다.

카르타고가 강화를 요청하자 로마는 가혹한 조건을 붙여 수락했다. 그러나 한때 로마를 위협에 빠뜨린 카르타고의 존재는 여전히 로마의 신경을 거슬리게 했다. 결국 로마는 기원전 149년 제3차 포에니 전쟁을 일으켜 3년 뒤인 146년 카르타고를 역사에서 완전히 지워버렸다. 전쟁의 판을 로마에서 카르타고로 바꾼 스키피오의 결정이 위기에 몰렸던 로마를 구해냈다.

한니발은 한때 로마를 격파해 멸망 직전까지 몰고 갔으나 결국 스키피오에게 패배해 역사의 뒤안길로 물러났다. 한니발도 명장이었으나, 최후 승자는 로마의 스키피오였다. 카르타고는 전쟁 수행에 대해 지도층의 견해가 통일되지 않았고 내부가 분열되었던 반면, 로마는 지도층과 시민들이 일치단결해 총력 체제로 전쟁에 임했고, 스키피오가 기존의 틀을 깬 대담한 전략을 구사했기 때문이다.

무함마드_ 메카에서 메디나로 근거지를 옮겨 권토중래하다

이슬람의 창시자 무함마드는 다양한 민족으로 구성된 아라비아 반도를 하나의 종교로 통일했다. 각자 다른 종교를 믿으며 자신의 이익만을 내세우던 각 민족들은 신정일치(神政一致)를 원칙으로 하는 이슬람교를 통해 힘을 결집했고, 그렇게 탄생한 이슬람세력은 오늘날 세계의 한 축을 차지하는 집단으로 성장하기에 이르렀다. 그러나 무함마드의 일생은 순탄하지 않았다. 다신교 지역에서 일신교를 포교하는 것은 어려운 일이었다.

610년 신의 계시를 받은 무함마드는 메카에서 포교활동을 하다가 위기상황에 직면한다. 당시 메카는 아라비아 반도 상업과 금융의 중심지였다. 메카에 자리한 카바 신전은 해마다 수많은 참배객들이 방문하는 명소였다. 메카는 카바 신전 주위에 상설시장을 개설해 번영했고, 그러한 도시 성격을 반영하듯 메카를 지배하는 세력은 소수 거상들로 구성된 평의회였다. 무함마드는 포교를 하면서 금권으로 얽혀 있는 거상들의 부도덕성을 집중 공격했다. 그 결과 소상인과 하층민의 지지는 끌어냈으나 거상들에게 공격받는 처지가 되었고, 무함마드는 메카에서 지내기 어려운 상황에까지 몰렸다. 그때 무함마드가 선택한 도시가 바로 메디나였다.

메디나는 메카와 달리 대추야자 재배를 주업으로 하는 농민들이 다수 거주하는 도시였다. 메카에서의 경험으로 무함마드는 거상보다는 농민들이 자신을 지지할 가능성이 높다는 사실을 분명히 인지하고 있었다. 또한 메디나는 아랍인 부족과 유대인 부족이 갈등을 일으키고 있는 지역이었다. 무함마드는 메디나의 아랍인들과는 혈연적인 연관이 없었으므로 제3자 관점에서 문제를 해결할 수 있다고 판단했다. 일신교를 믿는 유대인들의 존재도 향후 포교를 위해서는 꼭 필요했다. 무함마드는 이러한 치밀한 계산 끝에 자신의 활동 무대를 메카에서 메디나로 옮기기로 결정한다.

사전 접촉을 통해 메디나의 지지를 확보한 무함마드는 메디나로 이주해 도시를 장악했다. 메디나 헌장을 채택해 도시의 최종 결정권을 확보한 그는 유대인세력들을 점차 추방하고 아랍인들의 종교 결집체를 만드는 활동에 주력한다. 무함마드는 예배시 향하는 장소를 예루살렘에서 메카의 카바 신전으로 바꾸어버리기도 했다. 메카를 정복하겠다는 그의 의지를 공개한 상징적 조처였다. 종교지도자에서 정치지도자로 변신한 무함마드는 이슬람교를 중심으로 메디나의 혼란을 수습해나갔다. 도시 전체가 하나의 가치로 뭉치자 메디나의 힘은 강성해졌고, 무함마드는 마침내 메카 공세에 나섰다.

무함마드는 메카를 지탱하는 핵심 그룹인 거상들부터 공격했다. 경제적 토대가 흔들리자 메카는 분열되기 시작했다. 상대의 약점을 파악한 무함마드는 카바 신전에 대한 존중심을 드러내 메카인들의 동조를 이끌어냈다. 양 도시 간 협상 결과 무함마드는 카바 신전을 순례할 수 있게 되었고, 순례시 보여준 무함마드의 엄숙하고 정제된 태도에 감화를 받은 메카인들은 그에게 마음을 열었다. 메카인들은 속속 이슬람교로 개종했고, 그 결과 무함마드는 무력을 사용하지 않고 메카를 접수할 수 있었다. 624년 바드르 전투 때 무함마드가 동원할 수 있던 병력은 300명 정도밖에 되지 않았다. 그런 그가 불과 6년 후에 메카를 무너뜨린 것이다. 헤지라(메카에서 메디나로 이주한 사건) 9년의 일이었다.

그 후에도 무함마드는 왕관도 쓰지 않고, 허름한 옷에 소박한 음식을 즐겼다. 무함마드의 인격이자 무기인 이슬람교가 무함마드를 아라비아 지도자 자리에 오르게 한 이면에는 메카에서 메디나로 이주했던 무함마드의 탁월한 결단이 있었다. 그가 메카에만 연연했다면 오늘날의 이슬람교는 존재하지 않을 수도 있다.

엔리케_ 유럽 변방의 신생국 포르투갈을 세계로 이끌어내다

포르투갈 왕자 엔리케의 목표는 원대했다. 신생국가 포르투갈에 마르지 않는 부를 선사하는 것이 그의 목표였고, 그 목표에 매진한 결과 그는 세계 역사에 왕자로서가 아니라 항해왕이자 상인으로서 이름을 남겼다.

포르투갈의 건국자는 엔리케의 아버지 후안 1세였다. 스페인 민병대장 출신인 후안 1세는 이슬람교도를 몰아낸 땅에 새로운 국가를 세웠다. 그러나 포르투갈의 앞날은 지극히 불투명했다. 이베리아 반도 끝자락에 위치한 데다 땅은 거칠었고 부존자원도 거의 없었다. 후안 1세는 인근의 이슬람교도들을 몰아내고 땅과 자원을 얻는 전략을 취했다.

그러나 엔리케는 발상이 달랐다. 엔리케는 단기적인 부의 획득이 아니라 신생국 포르투갈에 장기적인 부의 기반을 제공해줄 수 있는 방법을 찾아 나섰다. 다각도로 방안을 모색하던 엔리케가 주목한 것은 사하라 교역로였다. 스페인의 이슬람교도들이 부존자원이 부족함에도 문화적, 경제적으로 번영할 수 있었던 원동력은 바로 사하라 교역로에서 나오는 물품들을 높은 가격을 받고 유럽에 파는 중계무역이었다.

엔리케는 사하라 교역로를 손에 넣을 수 있는 방법을 찾던 끝에 북아프리카의 세우타라는 도시를 공격 대상으로 점찍었다. 남아프리카의 황금과 상아, 거기에다 멀리 중국과 인도에서 들어오는 물품들이 일차적으로 집결하는 도시가 바로 세우타였다. 엔리케는 이슬람 영토를 차지하겠다는 대의를 내세워 아버지에게 함대를 빌려 세우타를 정복했다.

세우타 정복의 대가는 컸다. 엔리케는 세우타에 들어오는 물품들에 높은 이윤을 붙여 유럽에 판매함으로써 막대한 수익을 올린다. 그러나 세우타 정복은 엔리케의 최종 목표가 아니었다. 엔리케는 세우타 경영권을 포르투갈 왕실에 넘겨준 뒤 포르투갈로 돌아와 일종의 연구소를 건립한다. 연구소의 목표는 아프리카의 험난한 바다를 항해할 수 있는 배와 정확한 항해도 제작이었다. 이는 단순한 탐험에 대한 엔리케의 호기심 때문이 아니라 신생국 포르투갈을 위한 장기구상의 연장선이었다. 해로를 통해 아프리카 남단에서 물품들을 운반해올 경우 수익이 더욱 증가한다는 것을 엔리케는 분명히 알고 있었고, 연구소를 통해 그 작업을 현실화하겠다고 마음먹었던 것이다.

카라벨이라는 최신형 배를 건조하는 데 성공한 엔리케는 마침내 적도를 넘어 세네갈에 도착한다. 머릿속 공상에 지나지 않았던 일을 현실로 이루어낸 것이다. 그는 세네갈에 상아와 황금을 운반할 수 있는 기지를 만든 뒤 이 물품들을 다시 세우타로 운반했다. 또한 물품 결제는 자신이 주조해낸 금화 크루차도를 이용하도록 조치함으로써 무역의 부가가치를 극대화했다.

엔리케는 이것으로 만족하지 않았다. 그는 베네치아의 사탕수수 거래를 눈여겨보았고, 생산지를 아프리카가 아니라 유럽 인근 지역으로 하고 신기술을 접목한다면 더 큰 수익을 낼 수 있다고 확신했다. 그는 카나리아 제도의 섬들을 새로운 사탕수수 생산지로 개발하고 포르투갈 남쪽에 설탕공장을 세웠다. 당시 최고 수준의 이탈리아 기술자를 고용하고 노동력은 세우타를 통해 들어온 아프리카 노예들을 활용했다.

투자금은 베네치아 상인들에게서 받아냈고 원료인 사탕수수 또한 이미 확보해두었으니 실제로 투입된 자본은 거의 없었다. 생산원가가 대폭 낮아진 엔리케의 설탕은 곧 유럽시장을 독점했다. 후일 포르투갈이 브라질을 정복한 뒤 가장 먼저 벌인 사업도 설탕공장을 세우는 일이었다.

영원한 부의 획득이라는 엔리케의 일관된 목표와 추진에 힘입어 포르투갈은 단기간에 부국으로 변모했다. 일개 어촌에 지나지 않던 리스본은 경제 중심지로 부상했고, 이베리아 반도의 소국 포르투갈은 식민지 개척에 나설 정도로 국력을 확보했다. 기존의 틀에 얽매이지 않고, 판을 바꾸어 새로운 가능성을 개척한 엔리케의 혜안 덕분에 포르투갈은 스페인과 더불어 유럽을 호령하는 강국의 반열에 올라설 수 있었다.

야율대석_ 허약해진 제국을 버리고 또 다른 제국을 건설하다

중세 유럽에는 동방에 기독교제국이 있어 이슬람세력에 위협받는 자신들을 구하러 올 것이라는 전설이 널리 퍼져 있었다. 이른바 프레스터 존(사제왕 요한) 전설인데, 유럽이 동방 진출을 지속적으로 추진한 배경 중 하나이기도 했다. 그런데 흥미로운 점은 프레스터 존의 실제 인물로 서요(西遼)의 황제 야율대석(耶律大石, 1087~1143)을 꼽는 학자가 많다는 사실이다. 야율대석은 요나라가 멸망하기 직전 200명의 인원만을 이끌고 탈출해 중앙아시아에 강력한 유목제국 서요(카라 키타이)를 세운 인물이다. 야율대석과 요의 백성들은 기독교의 일종인 경교를 신봉했고, 이슬람에 맞서기 위해 서방제국과 교섭을 시도했다. 야율대석의 이러한 행위가 후일 프레스터 존 전설을 낳았다는 것인데, 여기서 주목해야 할 것은 전성기 서요가 중국보다 넓은 영토를 차지했던, 그래서 서방에까지 그 이름을 널리 떨친 강대한 제국이라는 점이다. 야율대석은 요나라 멸망 7년 후인 1132년 지금의 사마르칸트와 부하라 사이의 발리사군에서 서요를 개국했고, 셀주크튀르크를 격파하고 호라즘을 복속시킴으로써 중앙아시아 최강자 자리에 오른다. 이는 멸망 직전의 요를 떠나 새로운 땅에 승부를 건 야율대석의 혁신적 전략이 만들어낸 최상의 결과였다.

요의 창업자인 야율아보기의 8대손인 야율대석은 문무를 겸비한 인물이었다. 진사시에 합격해 한림원 승지, 요흥군 절도사 등을 지냈을 뿐 아니라 말타기와 활쏘기에도 능했다. 그러나 당시 요는 국가 존망의 위기에 처해 있었다. 1118년 개국한 금이 송과 연합해 거란 공략에 나선 것이다. 거란은 천조황제(天祚皇帝)가 저항을 포기하고 초원으로 달아나 혼란에 빠졌다. 야율대석은 달아난 황제 대신 야율순을 황제로 세운 뒤 금송 연합군에 맞섰다. 야율대석이 뛰어난 장수이기는 하나 전력의 열세를 투지 하나로 극복할 수는 없었다. 최후의 보루로 삼은 연경까지 함락 당하자 야율대석은 초원의 천조황제에게로 돌아갔으나 배반 전력이 있는 만큼 오래 머물 곳은 못 되었다.

이때 야율대석의 시선이 향한 곳은 중앙아시아였다. 몰락 위기의 요를 되살리기보다 새로운 국가를 세워 요를 이으려는 전략을 수립한 것이다. 일단 방향을 잡자 야율대석의 눈부신 활약이 이어진다. 일단 북쪽으로 이동해 백달달의 상고아로부터 말과 가축들을 얻은 그는 서쪽으로 옮겨가며 자신의 세력을 만들어갔다. 패망한 제국의 황족 야율대석이 부족들을 설득할 수 있는 방법은 별로 없었다. 하지만 그는 중앙아시아에 제국을 수립하겠다는 대담한 구상을 통해 세를 불렸다.

야율대석은 위구르의 협력까지 확보한 뒤 사마르칸트에 이르렀지만 이미 그곳에는 이슬람세력이 자리 잡고 있었다. 야율대석의 1만 병사로 이슬람의 10만 군대를 이기기는 어려워 보였으나, 그는 "적은 우리보다 숫자가 많으나 계략이 없다. 우리가 반드시 이길 것이다"라며 병사들의 사기를 높였다. 전쟁에서 승리한 후 야율대석은 서요를 개국했고, 연이어 셀주크튀르크와 호라즘을 격파함으로써 대제국의 기틀을 다지는 데 성공했다.

야율대석이 중앙아시아에 자리를 잡았다고는 하나 근본적으로 중앙아시아는 낯선 땅이었다. 이슬람세력은 여전히 위협적이었고,

민족들 간의 이해관계는 복잡했다. 야율대석은 강압으로 지배하는 대신 과감한 개혁과 포용정책을 펼쳤다. 자신들은 경교를 믿었지만 이슬람세력들에게 개종을 강요하지도 않았다. 그 대신 중국식 세금제와 관제를 도입해 체제를 정비했다. 야율대석의 통치 아래 중앙아시아는 번영을 누렸다.

서요는 오래 유지된 국가는 아니다. 1219년 몽골에 굴복해 멸망했으니 채 100년이 지속되지 않은 셈이다. 그러나 지금도 중앙아시아와 러시아는 중국을 키타이라고 부른다.

기존 사업을 재규정해 성장 가능성을 확보하라

존 디어_ 고객 중심 전략과 정보기술을 접목해 재도약하다

존 디어는 미국을 대표하는 세계적 농기계 생산기업이다. 존 디어의 사슴 로고는 미국 드라마 「프리즌 브레이크」의 주인공 마이클 스코필드가 즐겨 입는 옷을 통해서도 볼 수 있고, 존 디어의 농기계는 골프장에서 흔히 접할 수 있다.

미국 최고의 다국적 기업 모델이라는 찬사를 받는 존 디어이지만 1980년대 미국 경제 후퇴기에 상당한 어려움을 겪었다. 존 디어를 위기에서 구한 사람은 역사학을 전공한 후 존 디어에 입사해 일해 온 한스 베처러였다.

한스 베처러는 존 디어에 대한 애정이 남다른 사람이었다. 그에게 존 디어는 생의 즐거움을 제공해주는 터전이었다. 한스 베처러는 존 디어의 정신이 종업원에 대한 회사의 배려에 있다고 생각했고, 그 배려를 고객들에게까지 전파해야 승산이 있다고 판단했다. 존 디어의 제품은 상당한 고가이면서 사용 기간이 제한되어 있었다. 제품 가격은 15만 달러였지만 1년 중 수확기에만 몇 번 사용할 뿐이었다. 만약 수확기에 제품이 고장 난다면 1년간 무용지물이 되는 상황이었다. 한스 베처러는 이러한 점에 올바로 대처하는 것이 존 디어의 전략에서 가장 중요하다고 보았다.

한스 베처러는 튼튼하고 고장 없는 제품을 공급하고, 이상이 생기면 그 즉시 현장에서 수리가 가능한 시스템을 구축하는 것으로 전략을 수립했다. 현장 중심 경영을 펼치며 예기치 않은 신규사업의 아이디어도 얻었다. 농부들의 사소한 요구도 주의 깊게 듣자 농부들이 자신들이 사용하는 농기계를 생산하는 회사에서 개발한 잔디 깎는 기계를 쓰고 싶어 한다는 사실을 알아낸 것이다. 그 결과 잔디관리 제품군을 신규사업으로 전개했고, 단기간에 수익성 있는 부문으로 자리 잡았다.

한스 베처러는 농기계 제품과 정보기술의 접목에서 새로운 가능성을 보았다. 1990년대 초반부터 급속히 진전되는 정보화에 농업 분야는 뒤처져 있었다. 한스 베처러는 농업 분야에서야말로 정보가 중요한 역할을 할 것으로 확신했다. 강수량, 온도, 습도, 토양 등은 수확의 성패를 좌우하는 중요한 요소이지만 통제할 수 없는 요소이기도 했다. 한스 베처러는 그것들을 시스템화하면 농부들이 실질적 혜택을 얻을 수 있다고 판단했다. 이를 위해 인공위성까지 동원해 정보를 처리하는 그린스타 컴퓨터 시스템을 개발해 고객인 농부들에게 제공했다.

농부들은 수확시점에서 생산량, 작물의 성장상태, 국제시세까지 정확히 알게 되므로 운에 맡기는 것이 아니라 예측에 기반을 둔 농사를 지을 수 있게 되었다. 그린스타 시스템은 농업은 그저 열심히 일하고 결과는 하늘에 맡기는 전통적 사고에서 벗어나 최신 정보망을 농업과 효과적으로 접목함으로써 정보화 농업이라는 새로운 개념을 만들어냈다.

"CEO가 해야 할 일은 새로운 패러다임을 창출하고 미래를 위한 새로운 도전을 제시하는 것이다"라는 베처러의 말처럼, 존 디어는 기능 위주 기업에서 고객 위주, 정보 위주 기업으로 변모하면서, 위기를 극복하고 시장리더 지위를 지속할 수 있었다.

펩시코_ 콜라의 부진을 건강음료로 반전시키다

2004년 펩시코는 전체 매출액에서 73억 달러 차이로 코카콜라를 앞질렀다. 2005년 12월에는 시가총액(984억 달러)에서도 코카콜라(979억 달러)를 제쳤다. 이듬해 2월 발표된 펩시코의 2005년 4분기 순이익은 전년 동기대비 13퍼센트 증가하며, 28퍼센트 감소한 코카콜라를 완전히 따돌려버렸다.

회사 설립 이래 100년 동안 펩시코는 항상 코카콜라를 뒤쫓아 가는 입장이었다. 사상 처음으로 펩시코가 코카콜라를 추월한 것은 세계적인 웰빙 바람에 따른 시장의 변화에 재빠르게 대응했기 때문이다. 그 중심에는 항상 인드라 누이가 있었다. 펩시코에서 전략기획과 구조조정 업무를 맡아온 인드라 누이는 1990년대 후반부터 탄산음료시장의 한계를 예측하고 건강음료와 식품 분야로 사업다각화를 추진했다. 그녀는 KFC, 피자헛, 타코벨의 분할 매각에 앞장섰고, 그 대신 주스를 생산하는 음료업체 트로피카나(Tropicana) 인수를 주도했다.

펩시코는 2001년 퀘이커오츠(Quaker Oats)를 인수하면서 코카콜라를 이길 수 있는 발판을 확보했다. 퀘이커오츠는 시리얼과 이온음료인 '게토레이' 생산업체로, 연간 25억 달러 규모의 스포츠음료시장에서 80퍼센트 이상의 점유율로 코카콜라 '파워에이드'에 크게 앞서고 있었다. 인드라 누이는 향후 건강음료시장을 주도하기 위해서는 건강음료 세그먼트 선도기업을 보유하는 것이 필수적이라고 보고 인수를 강력하게 추진했다.

코카콜라도 퀘이커오츠의 중요성을 알고 있었다. 코카콜라 측은 157억 달러를 제시해 기회를 선점했지만, 성사 막바지에 당시 이사회 멤버인 워렌 버핏의 강력한 반대에 부딪혔다. 지나치게 높은 인수가격과 독점금지법 저촉 가능성이 그가 내세운 이유였다.

코카콜라 이사회가 결정을 내리지 못하는 와중에 당시 펩시코 CEO 로저 엔리코는 인드라 누이가 써준 가격(134억 달러)을 그대로 제시했고, '게토레이'는 펩시코의 것이 되었다. 코카콜라를 가장 아끼는 회사 중 하나로 꼽으며 1989년부터 이사회에 참여해온 버핏은 이때의 결정을 두고두고 후회했다.

삼성전자_ 소니의 브라운관 TV 하청업체에서 LCD TV 1위로 올라서다

1960년대 후반 삼성 이병철 회장은 일본 산요단지를 둘러보면서 전자 제품이 미래의 성장동력이 되리라고 판단했다. 그는 곧바로 산요와 손잡고 1969년에 삼성산요전기를 세웠고, 산요에서 설계해준 라디오와 흑백 TV를 산요의 생산라인을 본떠 만든 공장에서 조립해 주문자상표부착방식(OEM)으로 생산했다. 그러나 산요의 비싼 부품을 들여와 싼값에 제품을 되파는 밑지는 장사가 거듭되자 삼성은 산요와 결별했다. 별다른 기술도 없이 홀로서기에 나선 삼성은 1970년대에 일본 제품을 분해해 그대로 모방하는 방식으로 초보적 기술을 축적했다.

이 무렵 소니는 삼성이 쳐다보지도 못할 나무였다. 1946년에 출범한 소니는 1955년에 일본에서 제일 먼저 트랜지스터라디오를 개발했고, 1960년에는 세계에서 첫 번째로 트랜지스터 TV를 내놓았다. 소니는 특히 1968년에 세계 TV 역사상 가장 성공한 제품으로 꼽히는 트리니트론 컬러 TV를 개발해 성과를 얻었고, 1980년대 개발한 워크맨은 소니의 전성기를 열었다.

삼성전자는 1990년대 초반까지만 해도 소니에 컬러 TV를 납품

하는 평범한 회사였지만, 디지털 혁명이라는 환경 변화를 발판 삼아 대역전극을 펼쳤다. 세계 오디오·비디오(AV) 산업의 지존이던 소니가 AV 확장이라는 관점에서 산업을 바라보다가 디지털 혁명의 흐름을 제대로 따라가지 못하는 사이 삼성전자는 반도체, LCD, 휴대전화 등 디지털 혁명의 수혜를 직간접적으로 받는 사업 부문을 고루 갖추며 글로벌 기업으로 올라섰다.

1980년대 후반 미국 사람들이 소련의 군사력보다 더욱 위협적이라고 여긴 일본의 경제력을 대표하던 소니는 주력사업이던 TV 부문에서도 경쟁력을 잃어갔다. 브라운관에서 LCD, PDP로 이전되는 시장에서 대응 시기를 놓쳐버린 것이다. 2003년 10월에 대대적인 구조조정을 실시한 소니는 2004년에는 급기야 외국인(하워드 스트링거)을 CEO로 내세우는 극약처방을 내리면서 LCD TV 사업을 적극 전개했으나, 2008년 세계시장 1위 자리를 삼성에 내주고 말았다.

도저히 일어날 것 같지 않던 두 회사의 역전극은 디지털 혁명이라는 무대에서 일어났다. 삼성은 IT 부품과 완제품 중심의 '디지털 하드웨어' 쪽에, 소니는 콘텐츠에 무게 중심을 둔 '디지털 소프트웨어' 쪽에 회사의 역량을 쏟아 부었다. 역설적이게도 삼성은 영화 등 콘텐츠 사업을 포기한 후에 상승세를 탄 반면 소니는 소프트웨어와 콘텐트 사업에 힘을 기울이면서 하락세에 접어들었다.

길이 막히면 다른 길을 찾아라

주어진 환경에서 가능성을 찾는 것이 정치이고 비즈니스이다. 그러나 환경이 변하면 가능성도 변한다. 현재 상황에서 최선을 다해도 가능성이 제한된다면, 기존의 틀에서 벗어나 새로운 가능성을 찾는 것이 발전을 지속하는 길이다. 역사적인 업적을 이룬 인물들은 모두 새로운 가능성을 찾아 나선 사람들이다. 스키피오, 무함마드, 엔리케는 모두 현재의 가능성에 제한되지 않고 미지의 가능성을 추구했다.

비즈니스도 마찬가지이다. 사업이 현 상태로 계속 지속될 수는 없다. 기술이 발달하고, 소비자가 바뀌고 시장이 변하기 때문이다. 그래서 오랜 기간 존속해온 기업은 두 가지 경로를 걷는다. 현재의 제품에 한정해 규모는 작지만 충성도 높은 소비자를 확보하는 중소기업으로 생존하거나, 제품 개념을 확장해 신규사업을 벌여 규모를 키워나가는 것이다. 후자의 경우에는 사업의 시작(Start), 확장(Expand), 재규정(Redefine)이라는 3단계 과정을 거치며 발전한다.

우리나라 대표 기업들의 역사는 대부분 이러한 반복과정을 거쳤다. 1950~1960년대 제분, 제당, 섬유로 시작해, 1970~1980년대 건설, 화학, 전자로 확장되었다. 1990년대 이후 전개된 글로벌라이제이션과 디지털 기술혁명을 계기로 가전을 반도체로, 선박을 해양플랜트로, 정유를 정밀화학으로, 전화사업을 디지털 통신방송으로 재규정하면서 확장해온 것이다.

비즈니스는 가능성을 찾아가는 과정이다. 이미 눈에 보이는 것은 다른 사람들의 눈에도 보이기 때문에, 눈에 보이지 않는 가능성을 찾는 것과 다름없다. 그렇기 때문에 길이 막히면 멈추지 말고 돌아가거나 다른 길을 찾는 관점이 중요하다.

8_ 핵심 지지기반을 확고히 하라

충성도 높은 고객은 가장 소중한 자산이다

근거지를 든든하게 만들어라

대중적 인기가 낮아도 확실한 지지기반을 가진 정치인은 생명력이 길다. 반면 대중적 인기는 높아도 확실한 기반을 갖지 못한 정치인의 미래는 불투명하다. 기업도 마찬가지이다. 충성도 높은 고객을 확보한 기업은 규모와 상관없이 오랫동안 생존한다. 연예인의 인기처럼 쉴 새 없이 변하는 사람들의 마음에만 의존해서는 정치든 사업이든 안정성을 유지할 수 없다. 따라서 핵심 지지기반을 확보하는 것은 어떠한 상황에서도 생존할 수 있는 동력이 된다.

선거를 치르는 정치인들이 항상 고민하는 '산토끼, 집토끼' 논쟁이 있다. 집에 있는 토끼를 지키는 것이 우선인지, 산에 있는 토끼를 잡으러 가는 것이 중요한지에 대한 논쟁이다. 표를 구하는 입장에서는 자신의 표는 확보하고 상대방의 표를 빼앗아오고 싶지만, 자칫하다가는 상대편의 공격으로 자신의 표를 잃을 수도 있기 때문에 선거전략에서 항상 고민하게 되는 문제이다. 지지층이 확실하다면 마음 놓고 상대방을 공격할 수 있기에 승산이 높아지는 것은 당연하다.

위기시의 조직도 마찬가지이다. 위기를 맞은 조직은 흔들리게 마련이다. 고객도 혼란에 빠진다. 조직 내부에서도 각자의 이해관계에 따라 은밀하게 이합집산이 벌어진다. 이때 중요한 것은 내부적으로는 리더를 신뢰하는 핵심 지지기반의 유무이고, 외부적으로는 충성스러운 소비자 집단의 존재이다. 내부적으로 확고한 지지기반을 구축하고, 외부적으로 충성도 높은 고객을 확보하고 있는 조직의 리더는 위기극복을 위한 기본 조건을 갖춘 셈이다.

핵심 지지기반의 확보 없이는 대업을 이루지 못한다

조조_ 농민을 핵심 지지기반으로 삼아 천하를 얻다

『삼국지』의 영웅 조조와 중국 공산당 정부를 출범시킨 마오쩌둥 사이에는 한 가지 공통점이 있다. 그것은 바로 농민을 자신의 핵심 지지기반으로 삼아 세력을 확장해나갔다는 점이다.

환관 가문의 양자였던 조조는 강력한 군벌 출신 동탁이나 전통

명문귀족 가문 출신인 원소에 비해 내세울 것이 없었다. 그러나 훗날 원소를 제압하고 유비와 손권까지 물리쳐 난세를 평정한 인물은 조조였다.

황건적의 난 이후 동탁이 후한의 조정을 장악했다. 일종의 반(反)동탁 연합군인 관동 연합군이 결성되었을 때 지도자는 원소였다. 그러나 조조는 자신의 능력과 자신을 지지해줄 계층을 확실히 인식하고 있었다. 192년 조조는 연주에 침공한 황건적을 물리친 뒤 이들을 포용해 자신의 세력기반으로 삼았다. 조조에게 연주라는 지역적 기반과 농민이라는 계층적 기반이 한꺼번에 생긴 셈이었다. 연주병이라 불리는 이들은 조조의 친위부대로서 명성을 날렸다. 핵심 전력을 확보하자 조조는 혁신적인 토지정책인 둔전제를 실시한다.

농민들이 황건적으로 봉기한 까닭은 먹고살 길이 없었기 때문이다. 둔전제는 바로 그 농민들에게 먹고살 길을 마련해주는 정책이었다. 둔전제는 농민들에게 농지를 빌려준 뒤 수확량의 6할을 징수한다. 지금 기준으로는 과중하지만, 당시에는 농민들에게 한 곳에 자리 잡고 농사를 지을 수 있는 터전을 마련해주는 획기적인 정책이었다. 둔전제 실시 후 생산량은 급속히 늘어났고, 조조는 천하 쟁패를 위한 경제적 기반을 확보했다. 또한 화북 지방의 거대세력 원소를 기주에서 물리친 후 조조는 세금감면을 먼저 실시했고, 민심은 곧바로 원소에서 조조에게로 돌아섰다.

농민에 대한 조조의 관심을 보여주는 일화가 있다. 한번은 전투 중 조조의 말이 밀밭을 밟았다. 조조는 누구라도 농지를 무단 침범

할 경우 사형에 처한다고 공포한 적이 있었다. 군법대로라면 자신을 사형에 처해야 했는데, 조조는 칼로 자신의 머리카락을 베어내는 것으로 상징적 처벌을 가했다. 조조가 자신의 핵심 지지기반인 농민들을 얼마나 소중하게 여겼는지를 알 수 있는 장면이다.

200년 조조는 원소와의 관도대전을 승리로 이끌어 천하 패권에 가까이 다가섰다. 병력의 절대 열세를 뒤엎고 조조가 화북 지역을 장악할 수 있었던 것은 농민들을 핵심 지지기반으로 구축했기 때문이다.

마오쩌둥_ 대장정의 위기를 농민층 포섭의 기회로 활용하다

조조의 전략은 후세에 마오쩌둥을 통해 재현된다. 1934년, 국민당 영수 장제스는 공산당을 섬멸하기 위한 작전을 펼쳤다. 장제스는 70만 대군을 동원해 홍군의 근거지인 장시성 주위를 완전히 봉쇄했다. 조직 와해의 위기에 처한 마오쩌둥은 8만 명의 홍군을 이끌고 북서쪽 오지인 산시성으로 이동했다. 훗날 대장정이라고 부르지만 실상은 패잔병의 집단도주였다. 그러나 마오쩌둥은 절망적인 패주를 농민을 핵심 지지기반으로 확보하는 선전선동의 기회로 변화시켜 최후의 승리를 위한 기반을 닦았다. 1년여의 이동 끝에 홍군이 시안에 도착했을 때 남은 인원은 6천 명에 불과했으나, 15년 후인 1949년 10월 1일, 중국 공산당은 중국 본토를 장악하고 공산정권을 출범시킨다.

대장정 직전 중국 공산당 내에서는 소련에서 교육받고 도시에서의 직접적인 투쟁을 중시하는 지식인 계층과 농민혁명, 게릴라 전술을 강조하는 마오쩌둥이 대립하고 있었다. 장제스가 숨통을 죄어 오기 전 주도권을 쥔 것은 소련에서 교육받은 28인의 볼셰비키들이었다. 볼셰비키들에 밀린 마오쩌둥은 한때 후난성의 농가에 감금당하는 위기를 맞기도 했다. 그러나 장제스의 파상적인 공격이 시작되자 상황은 급변했다. 도시 지역에서 국민당과의 정면승부를 강조하던 볼셰비키들은 설 자리를 잃었고, 마오쩌둥이 주도권을 확보했다.

마오쩌둥은 자신들이 국민당에 비해 유리한 것은 농민들의 지지라고 판단했다. 농민 출신인 마오쩌둥은 농민의 생리를 잘 알고 있었다. 마오쩌둥은 대장정 도중에 밤마다 집회를 열어 지역 농민들에게 자신들이 추구하는 혁명에 대해 선전했다. 농민들은 공산당에 대해 우호적인 태도를 보였고, 자발적으로 홍군에 합류하는 농민도 늘어났다. 전력 열세를 극복하기 위한 마오쩌둥의 게릴라전은 농민들의 협조 속에 효과적인 전술로 자리 잡아갔다. 기습전을 펼쳐 적을 섬멸하고는 농민들의 무리 속에 숨었기 때문에 국민당으로서는 속수무책이었다.

대장정을 같이 한 병사들은 농민혁명에 대한 신념을 공유하는 충직한 세력이었다. 거기에다 마오쩌둥은 제2차 국공합작 기간 중 효과적인 대일항전을 벌여 일본군을 증오하던 농민들의 마음을 사로잡았다. 1946년 국민당과 전면전이 벌어졌을 때 병력 수는 국민당

370만 명, 공산당 120만 명이었지만 실질적인 전쟁 수행능력과 지지계층의 결집도는 공산당이 앞서 있었다. 공산당은 장기인 게릴라전을 펼쳐 국민당을 혼란에 빠뜨렸으며, 새로 점령한 지역에서 토지개혁을 실시해 민심을 완전히 장악했다. 공산당의 승리는 자신들의 핵심 지지기반인 농민들 입장에서 전략을 수립하고 전쟁을 수행한 결과 이뤄낸 것이고, 그 동력은 최대 위기였던 대장정의 경험에서 비롯되었다.

도쿠가와 이에야스_ 버려진 땅 간토를 근거지로 일본을 평정하다

도쿠가와 이에야스는 인내의 달인이었다. 두견새를 소재로 지은 하이쿠는 그의 성향을 단적으로 나타낸다. 오다 노부나가는 "울지 않는 두견새는 죽여야 한다"고 읊었고, 도요토미 히데요시는 "울지 않는 두견새는 울게 해야 한다"고 읊었다. 반면 도쿠가와 이에야스는 "울지 않는 두견새는 울 때까지 기다려야 한다"라고 읊었다. 최후의 승자는 도쿠가와 이에야스였다. 오다 노부나가는 떡살을 반죽했고, 도요토미 히데요시는 떡을 쪘지만, 결국 떡을 먹은 것은 도쿠가와 이에야스인 셈이다. 그러나 도쿠가와 이에야스는 대책 없이 무턱대고 인내하는 사람은 아니었다. 그는 시기가 무르익을 때까지 자신에게 주어진 영역을 철저하게 관리했다. 간토(關東) 경영이 대표적 사례이다.

현재의 도쿄를 비롯한 일본 북동부 8개 현을 흔히 간토 지역이라

부른다. 허허벌판에 지나지 않던 이 지역을 오늘날 일본 최고의 중심지로 변모시킨 사람이 도쿠가와 이에야스이다. 1590년 도요토미 히데요시는 간토의 호조(北條) 일족을 상대로 전쟁을 벌여 승리를 거둔다. 호조 일족이 패하자 북부의 다이묘들도 항복해왔다. 호조 가문은 도쿠가와 이에야스와 친밀했으나, 도요토미 히데요시의 요구로 어쩔 수 없이 참전해야 했다. 도요토미 히데요시는 예기치 않게 도쿠가와 이에야스의 영지를 간토로 옮겨버린다. 잠재적 위협인 도쿠가와 이에야스의 세력을 약화시키겠다는 의도였다.

간토로의 이동은 사실상 유배였다. 간토는 땅은 넓었으나 개발이 덜된 후진 지역이었다. 지금의 도쿄인 에도 지역은 광활한 습지에 지나지 않았다. 그러나 도쿠가와 이에야스는 두말없이 이동을 서둘렀다. 7월 13일 영지를 간토로 옮긴다고 발표한 후 8월 1일 에도에 입성했을 정도였다. 비록 쫓겨 가는 처지였지만 도쿠가와 이에야스에게는 새로 옮긴 간토 지역을 자신의 핵심 지지기반으로 만들겠다는 전략이 있었다.

간토는 호조의 편을 들던 세력들이 여전히 잔존해 있었다. 도쿠가와 이에야스는 반(反)히데요시세력인 그들을 후대해 자신의 편으로 끌어들였다. 관료와 행정 조직을 정비해 통제력을 강화해나가는 한편, 자신의 몫을 하급신하들에게까지 고루 나눠줌으로써 두터운 신의를 쌓아나갔다. 도쿠가와 이에야스는 근거지를 옮기면서 가신그룹의 세대교체까지 추진했다. "새 술은 새 부대에 담으라"는 격언대로 새로운 에도 건설에 적합한 인물들로 진용을 짠 것이다. 인력 교체 작업도 도쿠가와 이에야스답게 서서히 진행되었다. 인력 교체가 완료된 것은 2대가 지난 도쿠가와 이에미쓰 시절이었다. 그의 새로운 간토 만들기는 점차 성과를 이루어갔다. 몇 년이 지나지 않아 그는 예전 영지의 세 배에 달하는 농작물을 수확했다. 민심 수습작업도 순조롭게 진행되어 간토 지방은 도쿠가와 이에야스의 확실한 근거지로 거듭났다.

그에게도 위기는 있었다. 임진왜란을 일으킨 도요토미 히데요시가 반란을 예방하기 위해 그를 교토로 불러들여 실질적으로 연금해 버린 것이다. 간토 경영의 맥이 끊길 수도 있는 위기였지만 그가 키워온 인재들이 공백을 훌륭히 메워나갔다. 조선에 군사를 보내지 않아 병력도 그대로 보존하는 한편 간토의 지배자 역할도 더욱 공고히 하는 일석이조의 효과를 얻었다.

낯선 땅 간토를 자신의 핵심 지지기반으로 확보한 도쿠가와 이에야스는 도요토미 히데요시가 사망하자 마침내 기나긴 인내를 깨고 칼을 뽑아든다. 1600년 세키가하라에서 도요토미 히데요시 지지세력을 격파한 그는 마침내 통치자 자리에 오른다. 간토를 새 영지로 삼은 지 10년 만이었다. 도쿠가와 이에야스는 "사람의 일생은 무거운 짐을 지고 먼 길을 가는 것과 같다"는 명언을 남겼다. 간토 경영은 그러한 그의 인생관이 그대로 드러난 최고 사례로 손꼽힌다.

프리드리히 대왕_ 융커를 활용해 최고의 군대를 양성해내다

18세기 최고의 전쟁전략가인 프로이센의 프리드리히 대왕이 왕위에 오른 것은 1740년이었다. 프리드리히 대왕은 두 가지 문제에 직면했다. 주변 강국들은 상대적으로 허약했던 프로이센에 대한 침략 의도를 노골적으로 드러냈고, 선대로부터 이어진 내부 분열을 해결할 실마리조차 찾을 수 없는 국가 존망의 위기였다. 외침과 내분의 진퇴양난을 돌파하기 위해서는 우선 강력한 군사력이 절실했다. 그러나 프로이센은 인구가 적어 징병도 쉽지 않았고, 군대도 용병 중심이었다.

프리드리히 대왕은 토착 귀족집단인 융커에 주목했다. 그는 융커들에게 정치경제적 특전을 베푸는 대신 최소한 아들 한 명을 사관학교에 보내라는 조건을 내걸었다. 그들을 활용해 프리드리히 대왕은 군대를 개혁해나갔으며, 장교들에게 막강한 권한을 부여했다. 평화시에 장교를 두려워해야 실전에서 강력한 전투력을 발휘할 수 있다고 본 것이다. 그는 임전무퇴 정신을 젊은 장교들에게 주입시켰다.

"첫 번째 후퇴는 군대에 나쁜 인상을 남기고, 두 번째는 위험하며, 세 번째는 치명적인 것이 된다."

어떤 상황에서도 후퇴는 허락되지 않는다는 뜻이다. 융커 출신 청년장교들은 프리드리히 대왕의 핵심 지지기반으로 육성되었다.

철저한 정신무장에 막강한 권한까지 위임받은 장교들은 병사들을 철저히 조련했다. 돈을 위해 전쟁에 참가했던 용병 중심의 약체 군대는 단기간에 강력한 군대로 다시 태어났다. 프로이센군대는 무기 사용능력과 기동력에서 유럽 최고 수준에 올라섰다. 프리드리히 대왕은 "프로이센군은 움직이는 포대다. 우리는 다른 군대보다 세 배는 우세하다"라는 말로 자부심을 표현했다.

소수의 융커를 핵심 지지기반으로 삼아 군대개혁을 추진한 프리드리히 대왕은 전쟁사에 남을 위대한 승리를 여러 차례 거두었다. 그중에서도 프리드리히 대왕에게 불후의 명성을 안겨준 것은 로이텐 전투이다. 1756년 프리드리히 대왕은 오스트리아를 침공했고, 1757년 12월 로이텐에서 결전이 벌어졌다. 오스트리아의 병력은 프로이센의 두 배에 이르렀다. 화력도 1.5배가량 우세해 상황은 프로이센에게 불리했다. 그러나 프로이센군은 융커 출신 장교 중심의 강력한 조직과 높은 사기를 갖추고 있었다. 프리드리히 대왕은 군대를 둘로 나눈 뒤 기습공격을 통해 불리한 전세를 일순간에 역전시켰다. 후일 나폴레옹은 "이 전투만으로도 그는 명장 반열에 든다"는 말로 프리드리히 대왕을 높이 평가했다.

잇따른 승리로 약소국 프로이센은 유럽 최강국 중 하나로 부상했다. 프리드리히 대왕의 군대는 나폴레옹이 등장하기 전까지 유럽 최고의 군대였다.

고객의 충성도는 성장 동력이다

할리 데이비슨_ 동호회를 통해 차별성을 꾀하다

할리 데이비슨은 1903년 윌리엄 할리(William Harley)와 아서 데이비슨(Arthur Davidson)이 창업한 세계에서 가장 오래된 오토바이 회사이다. 사람을 압도하는 디자인과 특유의 엔진 소리는 할리 데이비슨의 트레이드마크이다. 특히 1950~1960년대에는 제임스 딘, 말론 브랜도와 같은 유명배우들이 영화에서 많이 타고 다니면서 젊은이들의 아이콘으로 군림했다. 그러나 1980년대에는 파산 직전까지 몰렸다.

1980년대 할리 데이비슨은 별칭이 기름누출 오토바이였을 만큼 잔고장이 많았다. 반면 경쟁자로 등장한 일본의 혼다, 가와사키는 값싸고, 디자인 좋고, 품질도 뛰어났다. 할리 데이비슨의 소비자는 떠났고 매출은 급감했다. 이때 할리 데이비슨의 구원투수로 제프 블루스타인이 등장했다.

제프 블루스타인은 우선 품질향상에 주력했다. 그러나 근본적인 문제는 그동안의 불량제품으로 인해 할리 데이비슨의 이미지가 실추된 것이었다. 할리 데이비슨의 구매고객층을 찾아내고 적극적으로 공략하지 않고서는 회생이 불가능했다. 제프 블루스타인은 먼저 포지셔닝 작업을 통해 핵심 고객층을 분명히 했다. 할리 데이비슨을 구입하는 사람들은 전통적으로 반항적 기질을 가진 모험가 계층이었다. 하지만 그들은 사회적으로 볼 때 중산층 이상의 계층이기도 했다. 즉, 사회적으로 안정되었으나 일탈을 꿈꾸는 사람들이 구매하는 오토바이가 바로 할리 데이비슨이었다. 제프 블루스타인은 이들 계층을 공략하되, 제품을 파는 것이 아니라 삶의 방식을 팔아야 성공할 수 있다고 판단했다.

브랜드 방향을 정하자 세부전략이 수립되었다. 제프 블루스타인은 혼자 타는 것보다 여럿이 같이 탈 때 더 재미있는 오토바이의 특성상 동호회의 가능성에 주목했다. 1983년 3천 명으로 할리 데이비슨 동호회(H.O.G., Harley Owners Group)가 시작되었고, 1984년 동호회 랠리를 개최했다. 동호회 설립과 모임을 집중적으로 지원해 불과 2년 뒤 동호회원은 6만 3천 명으로 급증했다. 동호회원 간의 동질감을 높이기 위해 오토바이를 타면서 함께 착용할 수 있는 각종 옷과 액세서리들도 개발했다. 할리 데이비슨을 소유하고 있는 사람들끼리의 동호회가 속속 결성되었고, 그들은 할리 데이비슨의 옷과 액세서리도 함께 착용하고 모임에 나왔다.

판매가 정상화되면서 동호회를 위한 이벤트를 늘려 고객들의 충성심을 확대해나갔다. 2003년 8월 회사 창립 100주년 기념일을 맞아 위스콘신 주 밀워키에서 축하모임을 개최했을 때에는 25만 명의 동호회원들이 전 세계에서 자발적으로 참가했다. 2007년 말 현재 전 세계 1,300개 지부에서 130만 명의 동호회원들이 활동하고 있고, 우리나라에도 1,000여 명의 동호회원들이 있다. 이 동호회원들은 할리 데이비슨의 구매자이자, 자발적 구전마케터로서 회사의 가장 중요한 자산이 되었다.

할리 데이비슨은 핵심 고객층을 정확하게 파악한 후 그들에게 제품이 아니라 브랜드와 삶의 방식을 파는 신개념 전략을 성공시킨 대표적 사례로 평가받는다. 할리 데이비슨은 오토바이 제조 회사에서 문화 아이콘으로 재탄생했다.

조시아 웨지우드_ 귀족 마케팅으로 고객을 사로잡다

웨지우드가 도자기 회사를 설립한 것은 1759년 5월이다. 18세기 영국에는 수많은 도자기 회사들이 난립해 있었다. 이전까지 부유층의 소유물이던 도자기가 대중화되면서 대중들의 수요가 크게 늘어났다. 차를 일상적으로 마셔대는 영국인들의 소득이 늘어나자 도자기 시장은 급성장하기 시작했다. 웨지우드는 기술만큼은 자신 있었다. 고급스런 식탁에 잘 어울리면서 다양한 색상에 저렴한 가격의 도자기를 생산해낼 수 있는 능력은 누구 못지않았다. 그러나 생산기술만으로 시장을 주도하기에는 역부족이었다. 고급시장을 확실하게 주도해나갈 수 있는 방안을 찾던 웨지우드에게 상류층을 대상으로 한 귀족 마케팅 아이디어가 떠올랐다. 후일 웨지우드의 예카테리나 마케팅이라 불리는 차별화된 마케팅 방식이었다.

1763년 웨지우드는 샬럿 왕비에게 최고급 도자기세트를 선물했다. 이것이 계기가 되어 2년 뒤에 정식으로 왕실에 도자기세트를 납품했고, 이 세트는 퀸즈웨어로 불리면서 웨지우드의 성공기반을 마련해주었다. 퀸샬럿의 경험을 통해 웨지우드는 왕이나 귀족을 고객으로 확보하는 것이 중산층에 대한 가장 효과적인 마케팅 방법이라는 사실을 깨달았다. 중산층은 항상 왕이나 귀족들의 생활이 궁금했고, 귀족들이 하는 것은 무엇이든 따라 하려고 했다. 웨지우드는 일부러 자신의 도자기는 고귀한 손님들에게만 어울린다는 광고를 냄으로써 중산층의 시선을 끌었다. 또한 제품에 직접 자신의 서명을 넣고 귀족들이 보증한 상품 샘플과 그들을 위한 컬렉션을 새로 만들어냄으로써 대중들의 욕망을 자극하는 데 성공했다.

웨지우드의 귀족 마케팅 전략은 해외로도 확장되었다. 웨지우드는 1771년 1천 명에 달하는 독일 귀족들에게 소포를 보냈다. 소포에는 상품 카탈로그와 함께 최고급 도자기 샘플이 동봉되었다. 신뢰할 수 있는 택배수단도 없던 시절, 엄청난 비용이 드는 모험이었지만 결과는 대성공이었다. 웨지우드의 소포를 받은 귀족들 대부분에게 주문을 받아 웨지우드는 상당한 이익과 함께 독일에서도 고급 브랜드 이미지를 얻었다. 웨지우드는 유럽 전역의 귀족들에게 카탈로그와 샘플을 보내는 방식을 확대해 단기간에 유럽 최고의 도자기 메이커로 입지를 굳혔다. 브랜드 마케팅 개념조차 생겨나기 전에 웨지우드는 혁신적인 브랜드 마케팅을 시도하고 성공시켰던 것이다.

웨지우드의 귀족 마케팅은 1774년 러시아의 예카테리나 여제가 약 30만 달러어치의 도자기를 구입함으로써 성공을 재확인했다. 영국 풍경이 담긴 952점의 도자기로 구성된 50인용 세트였다. 웨지우드는 동일한 제품을 포틀랜드 하우스에 전시했고, 구경 온 수많은 사람들에게 제품구매를 유도해 큰돈을 벌었다. 영국의 정치가 윌리엄 글래드스톤은 웨지우드에 대해 "예술과 산업을 하나로 융합해 낸 사람"이라는 평을 내렸다. 조시아 웨지우드의 차별화 마케팅 결과 웨지우드는 200년 넘게 세계 최고급 도자기 제품이라는 명성을 유지했다. 그러나 웨지우드도 지속적인 혁신에 실패해 2009년 새해 벽두에 기업 청산 절차에 들어가고 말았다.

위기일수록 확실한 지지기반이 필요하다

"협회장으로서 많은 회원들에게 호의적 평가를 받는 것은 중요하다. 하지만 결정적 순간이 되면 이야기가 달라진다. 자신을 믿고 따르는 소수의 사람이 분명히 있느냐, 없느냐에 따라 결과가 완전히 달라진다. 자신에 대해 호감을 갖고 있는 수천 명보다 결정적 순간에 자신을 도와줄 수십 명의 사람이 현실에서는 진정한 가치를 지닌다."

사업자들이 모이는 협회의 협회장을 수차례 역임한 사람의 경험담이다.

정치는 유권자를 확보하는 과정이고, 사업은 고객을 확보하는 과정이다. 리더십 확보란 조직원의 마음을 얻는 과정이다. 한꺼번에 전체를 자신의 편으로 만들 수는 없다. 지지기반이란 처음에 작게 시작해서 점차 넓혀가는 과정을 거친다. 점에서 선으로, 선들이 모여 면으로 확장하는 구조이다. 중요한 것은 점이 충실해야 선으로 확대되고, 선이 강해야 면으로 넓혀나갈 수 있다는 점이다. 출발하는 근거지가 빈약하면 기반을 확대하면 할수록 응집력이 떨어지는 역설이 생겨난다. 따라서 근거지가 든든해야 확장할 수 있다.

위기일수록 조직 내외부의 확실한 지지기반이 필요하다. 위기를 맞아 리더십을 발휘해야 할 때 핵심 지지기반이 없으면 추진력을 발휘할 수 없다. 어려움에 처할수록 충성도 높은 고객, 충성도 높은 직원들의 가치는 소중하다.

9_
최악의 상황을 가정해서 대책을 세워라

미래는 현재의 연장선이 아니다

위기는 현실의 단속점에서 발생한다

최악을 우려하는 것과 최악을 가정하는 것은 다른 문제이다. 우려는 걱정하면서 최악의 상황이 현실화될 것을 바라지 않는 심리적 태도이지만, 최악을 가정한다는 것은 현실적 가능성을 상정하고 대책을 마련해두는 점에서 차이가 난다. 많은 사람들은 생각하기도 싫은 나쁜 상황을 애써 외면하거나, 상황이 닥치면 그때 가서 대처하겠다는 식으로 미루어둔다. 그러나 조직의 리더라면 행동에 나서기 전 최악의 상황을 가정하고 단계별로 대책을 구상해두어야 한다. 이것은 일종의 리스크를 관리하는 효과적인 방법이다.

특히 위기라고 부르는 긴급한 상황은 평상시의 연장선이 아니라 현실의 단속점에서 발생한다. 예기치 않은 사고, 전쟁, 갈등으로 사업이 근거하는 기본 전제를 무너뜨리기 때문이다. 의외로 사람들은 미래를 현재의 연장으로 받아들이는데, 현실은 그렇지 않다. 일정한 주기로 예기치 않은 변수가 일시에 닥친다. 2008년 많은 기업을 어려움에 몰아넣은 환율변동이 대표적 사례이다. 지난 10년 동안의 원화상승과 최근의 환율안정은 불과 10년 전의 환율급변에 따른 고통을 잊게 했으며, 예측 가능한 미래에 환율급변은 없다는 전제가 많은 기업을 유동성 위기에 몰아넣었다.

"비가 내렸다 하면 억수같이 온다"는 격언이 있다. 리더는 항상 최악의 경우를 가정해서 사업 계획을 세우고 조직을 정비해야 한다. 자금 여력이 생겼을 때에도 무조건 확장할 것이 아니라 효율성을 높이는 시스템 구축에 투자하는 등 환경변화에 대응하는 능력을 높여야 한다. 위기관리를 통해 재정비된 기업은 경기 침체나 일시적인 어려움에도 살아남을 수 있는 능력을 갖출 수 있다. 경기가 호전되고 영업 활동이 성공할 경우엔 더 큰 발전을 이뤄나갈 수 있다.

최악을 가정하고 최선을 추구하라

나세르_ 전쟁 패배를 예상하고 외교전에서 승리하다

냉전시대에 이집트를 이끈 나세르에 대한 평가는 양면적이다. 아스완 하이 댐을 건설해 산업화를 촉진하고 아랍권 단결에 앞장서기도 했으나 신문을 국유화하고 정적들을 강제수용소에 감금하는 등 민주주의 퇴보를 불러오기도 했다. 그러나 그의 애칭 엘 라이스(두목)가 나타내듯이 그는 아랍 전역에서 신화적 인기를 누렸다. 180센티미터의 키에 몸무게가 90킬로그램에 달했던 거구의 나세르는 영국이나 프랑스 같은 강대국의 위협에도 눈 하나 깜짝 하지 않았다. '샤압'이라 부르는 하층민들을 늘 배려하는 모습을 보임으로써 강하면서도 따뜻한 리더십의 소유자로 대중들에게 각인되었다. 그러나 나세르는 타고난 전략가였다.

1956년 7월, 나세르는 전격적으로 수에즈 운하 국유화 결정을 내린다. 영국과 프랑스는 즉각 반발, 이스라엘과 함께 이집트를 침공하지만 최후의 승리자는 군사력에서 절대 열세였던 나세르였다. 나세르는 수에즈 운하 국유화에 성공해 목적을 달성했다.

수에즈 운하 국유화 발표 5일 전, 미국은 아스완 하이 댐에 영국과 함께 2억 7천만 달러를 지원하기로 했던 계획을 전격 취소하는 성명을 내놓았다. 다음 날 영국도 미국 편에 섬으로써 나세르는 최대 위기에 봉착했다. 이집트가 소련에게서 무기를 지원받는 등 반서방정책을 취하자 미국과 영국은 제재에 나섰다. 평범한 지도자라면 압력에 굴복했겠지만 나세르에게는 복안이 있었다. 그는 수에즈 운하를 국유화해 거기에서 나오는 수입으로 아스완 하이 댐을 건설하겠다는 방침을 발표해 물러설 의향이 없음을 전 세계에 천명했다.

영국은 식민지였던 이집트가 강경책으로 나오는 것을 용납할 수 없었다. 영국은 프랑스와 이스라엘을 자신의 편으로 끌어들였다. 두 나라 모두 참전할 충분한 이유가 있었다. 프랑스는 자국의 식민지인 알제리 민족전선을 나세르가 지원하는 것을 문제 삼았고, 이스라엘은 언제든지 기회만 된다면 아랍을 공격하려는 입장이었다. 이스라엘이 선제공격에 나선 후 사태의 추이를 관찰하면서 영국과 프랑스가 추가공격에 나서기로 3국은 비밀리에 합의했다.

1956년 10월 29일 이스라엘이 시나이 반도를 침공했다. 다음 날 영국과 프랑스는 양국 모두에 선전포고를 하고 운하 후방으로 물러나라고 요구했다. 이집트로서는 절대 수용할 수 없는 중재안이었다. 전쟁은 재개되었고, 이집트는 처참하게 패배했다. 시나이 반도는 이스라엘에게 점령되었고, 영국과 프랑스의 폭격으로 이집트 공군은 궤멸되었다. 11월 5일에는 공수부대와 해군을 동원해 운하를 접수하려는 작전이 펼쳐졌다. 상황은 절망적으로 보였다. 그러나 나세르는 이러한 사태를 예상하고 다음 단계의 행동을 준비해두었다.

영국과 프랑스는 국제여론을 간과했다. 유엔은 임시총회를 열어 침략군의 즉각적 철수와 유엔군 파견을 결의했다. 전 세계 여론이 자신들을 비난하자 영국과 프랑스는 난처해졌다. 더군다나 자신들을 지지하리라 믿은 미국 또한 소련과 한 목소리로 전쟁을 비난했다. 미국의 지원을 잃었다는 것은 사실상 전쟁 종결 외에는 방법이 없다는 것을 의미했다. 영국은 미국 대통령 아이젠하워의 권고를 받아들여 11월 6일 전쟁 중지를 선언했다.

종전 후 후속조치가 하나하나 취해졌다. 이스라엘은 시나이 반도를 이집트에게 돌려주고 물러났으며, 영국과 프랑스는 자국의 군대를 모두 철수시켰다. 수에즈 운하는 선박을 자유롭게 통행시킨다는 조건하에 이집트가 관리하게 되었다. 아스완 하이 댐은 소련의 지원을 받아 건설을 시작할 수 있게 되었다.

나세르는 수에즈 운하 국유화를 선언하면서, 전쟁 발발이라는 최악의 상황을 가정하고 미리 외교전을 벌이는 대책을 세웠던 것이다. 결과적으로 군사적인 패전국 이집트는 외교에 성공해 승전국도 얻기 힘든 전리품을 챙겼다.

존 F. 케네디_ 최악의 상황을 가정해서 제3차 세계대전을 막다

1962년 10월 14일, 미국 정보당국은 항공사진을 통해 쿠바의 미사일 기지 건설현장에서 소련제 핵미사일이 발사 준비 중이라는 사실을 확인한다. 이 사진은 즉각 케네디에게 전달되었고, 케네디는 안보회의를 소집해 사태 해결방안을 모색했다. 회의 참석자 대부분은 강경한 의견을 피력했다. 선제공격을 감행해 미사일을 파괴하자는 의견이 주류인 가운데, 미사일을 싣고 쿠바로 향하는 소련 선박의 진로를 차단하자는 해상봉쇄 의견이 일부에서 나왔다.

케네디는 고민에 빠졌다. 특히 1961년 4월 17일에 시도했던 쿠바 피그 만 침공사건이 처참한 실패로 끝났기에 군사행동을 하기에는 어려운 여건이었다. 과거 우방국 쿠바에 공산 카스트로 정권이 들어서자 양국 관계는 급속히 악화되었다. 자신들의 코앞에서 공산국가가 수립되는 것을 용납할 수 없던 미국이 전격적으로 쿠바 공격에 나선 것이 피그 만 침공사건이었다. 케네디가 결정한 피그 만 침공에 대해 수뇌부의 반대는 없었다. 미국은 쿠바에서 망명해온 1,300여 명의 쿠바인들을 훈련시킨 후 피그 만에 상륙시켰다. 미국의 시나리오대로라면 망명 쿠바인들이 무능한 쿠바 혁명군을 물리치고, 이에 호응해 쿠바인들이 폭동을 일으켜 공산 정권을 전복했어야 했다. 그러나 사태는 미국의 예상과는 반대로 전개되었다. 쿠바 혁명군은 침착하게 대응했고, 예상했던 봉기는 일어나지 않았다. 4일간의 전투 후 망명 쿠바인 대부분이 포로가 되면서 작전은 종결되었다. 1962년 미국은 5천만 달러 상당의 물자를 쿠바에 제공하고 포로를 반환받는 치욕을 맛보았다.

케네디는 선제공격 감행시 발생할 수 있는 시나리오를 머릿속에 그려보았다. 쿠바 공격에 나서면 소련은 서베를린을 공격할 것이 분명했다. 그럴 경우 제3차 세계대전 발발 가능성도 배제할 수 없었다. 설사 공격을 감행해도 쿠바의 미사일 기지를 완전히 파괴하리라는 보장도 없었다. 강력한 해상봉쇄 또한 소련의 반발을 불러일으킬 가능성이 높았다. 케네디는 진퇴양난의 위기에 빠졌다.

최악의 시나리오들을 점검한 케네디는 10월 22일, TV 연설을 통해 자신의 입장을 개진했다. 그는 연설에서 모든 쿠바행 선박들을 조사해 공격용 무기가 적재되었을 경우 회항시키겠다고 발표했다. 그러나 그는 생필품 반입을 허용하고, 봉쇄라는 용어 대신 차단이라는 용어를 사용함으로써 소련을 자극하지 않기 위해 최대한의 노력을 기울였다. 그런 뒤 미주기구 회의를 열어 자신의 차단정책에 대한 동의를 얻었으며, 미국의 방위태세를 전시보다 두 단계 낮은 데프콘(DEFCON, Defense Readiness Condition) 3으로 조정하는 조치를 취했다.

케네디의 차단정책은 별다른 효과를 거두지 못하는 것처럼 보였다. 10월 23일 찍은 항공사진에서는 핵미사일 발사 준비가 완료되었음을 확인할 수 있었다. 10월 24일에는 핵무기를 적재한 소련 선박이 저지선 가까이까지 다가오는 상황까지 발생했다. 일촉즉발의 순간 소련 선박이 회항함으로써 더 큰 문제는 발생하지 않았으나 아직 상황이 완전 종료된 것은 아니었다. 10월 25일 미국은 자국의 방위태세를 데프콘 2로 상향 조정했다.

10월 26일, 소련 측 입장이 전달되었다. 소련 최고 지도자 흐루시초프는 케네디가 쿠바를 침공하지 않겠다고 약속하면 쿠바에서 미사일을 철수시키겠다고 제안했다. 그러나 첩보에 따르면 미사일 기지 건설은 중단되기는커녕 더욱 속도를 올려 진행되고 있었다. 카스트로는 계속해서 미국에 핵공격을 해야 한다는 주장을 굽히지 않고 있었다. 강경론자들이 쿠바 공격을 주장했지만 케네디는 쉽게 결정을 내리지 않았다. 10월 27일 두 번째 제안이 들어왔으나 첫 번째 제안보다 못한 제안이었다. 케네디는 국가안보회의를 소집해 의견을 들은 뒤 최종 결정을 내렸다. 쿠바 침공을 하지 않겠다고 약속하는 쪽으로의 결론이었다.

10월 28일 흐루시초프는 라디오 연설을 통해 쿠바의 미사일 기지 해체를 공식 발표했다. 2주간에 걸친 위기가 비로소 완전히 사라지는 순간이었다. 이후 두 나라는 막후 접촉을 통해 11월 21일 완전한 합의를 도출해내는 데 성공했다.

피그 만 침공사건의 실패로 국내외의 비난을 받은 케네디로서는 선제공격을 통한 진압을 선택할 수도 있었다. 대다수의 방위 책임자들이 권한 것도 바로 선제공격이었다. 그러나 케네디는 최악의 경우를 가정해가며 문제해결에 몰두했고, 제3차 세계대전 발발의 위기를 넘길 수 있었다.

광해군_ 전쟁 발발을 가정한 외교정책으로 나라의 안위를 지켜내다

선조의 서자로 태어난 광해군은 1592년 임진왜란 발발 직후 세자로 책봉되었다. 전쟁 기간 중 분조(分朝)의 책임자로 전국 각지를 돌며 군량, 병기조달, 군사모집 활동을 적극적으로 전개했고 선조의 무능으로 빚어진 민심을 수습했다. 전쟁 수행의 전면에서 군사·외교적 식견을 쌓은 그는 특히 여진족이 장차 커다란 위협이 될 것으로 예견했다.

1616년 누르하치가 후금을 세우고 제위에 오르자 광해군은 주도면밀한 대책을 세웠다. 먼저 척후병과 스파이를 활용해 누르하치의 동향과 여진 각 부족의 움직임을 체크했다. 조선의 기밀이 새어나가지 않도록 보안을 강화하는 동시에 귀환한 여진어 역관 하세국을 과감히 등용해 상대방을 안심시키는 유화책을 펼쳤고, 정확한 정보

수집능력을 높였다. 또한 최악의 경우 전쟁 발발에 대비해 군사력을 강화하고 화포제작에 힘썼다.

명과 청 사이에서 국익을 우선한 실용적 외교정책을 추진하던 광해군에게 위기가 닥친다. 1619년 명은 후금 공격에 나섰는데, 조선에 파병을 요청한 것이다. 임진왜란 때 명이 조선을 도운 재조지은(再造之恩)에 보답해야 한다는 명분으로 대부분의 조정 관료들은 파병에 찬성했다. 그러나 광해군은 신료들의 단순한 명분에 동의하지 않았다. 수집한 정보에 의하면 명은 결코 후금을 이길 수 없었다. 일차적 판단은 내려졌지만 여전히 조선에 영향력을 행사하는 명을 고려해 최종 결정을 내려야 했다. 결국 그는 강홍립을 도원수로 삼아 1만 3천여 명의 지원군을 파견한다.

물론 명분론에 밀려 파병한 것은 아니었다. 광해군은 강홍립에게 후금을 적대하지 말고, 형세를 보아 향배를 결정하라고 지침을 내렸다. 이는 결국 무리하게 전투에 나서지 말고, 상황을 보아가며 적당히 행동하라는 뜻에 다름 아니었다. 광해군의 의중을 읽은 강홍립은 상황이 불리해지자 후금에 투항한다. 조선 조정에서는 강홍립의 가족들을 처형하라는 의견을 내놓았지만 광해군은 일축했다. 그는 강홍립의 가족을 서울로 불러들여 살게 하고는 강홍립을 통해 후금의 내부 자료를 계속해서 획득해나갔다.

이후에도 명은 여러 차례 추가 파병을 요청했지만 광해군은 이런 저런 이유를 들어가며 거절했다. 조선의 태도에 만족한 후금은 조선을 압박하는 대신 외교관계를 맺자고 한다. 이에 대해서도 조정

관료 대부분은 반대했지만 광해군은 국서를 보내 후금과의 관계 개선을 본격화했다. 최악의 상황까지 가정한 광해군의 현실적 외교정책이 조선의 안위를 지킨 것이다.

광해군은 국내적으로는 세자 책봉 과정에서 일관되게 자신을 지지해준 대북파를 중용해 민생 안정에 우선을 둔 혁신 정치를 펼쳐 나갔다. 즉위 원년에는 대동법을 경기도에서 시범적으로 실시했고, 양전(量田)사업을 실시해 경작지를 늘리고 조세재원을 확보했다. 또한『동의보감』을 편찬하도록 하고 적상산 사고를 신설해 실록 보관처로 삼았다. 그러나 대북파는 정치노선에서 다른 정파를 끌어들이지 못해 점차 고립되어갔다.

대북파의 영수 격인 정인홍은 스승 조식의 문묘종사가 실패로 돌아가자 이황과 이언적의 문묘종사까지 반대하고 나섬으로써 남인과 서인들을 자극했다. 1613년(광해군 5년), 광해군은 신하들의 강권에 못 이겨 선조의 적자 영창대군을 죽이고 1618년 인목대비를 서궁으로 유폐시켰다.

결국 1623년 3월 능양군(인조)은 서인인 김류, 이귀, 김자점 등의 추대를 받아 광해군을 몰아내고 왕위에 오른다. 정권을 잡은 인조는 1624년 이괄의 난을 처리하는 과정에서 대북파를 대거 숙청해버렸다. 강력한 후금의 등장이라는 엄연한 국제 정세를 무시한 서인정권은 후금을 적대하는 정책으로 전환한다. 외교정책의 전환에 따르는 군사적 대책도 없던 무능한 인조정권은 결국 정묘호란, 병자호란을 자초하고 만다.

광해군은 대외 정책에서는 노련하게 대처했지만 정작 국내 정세에서는 지나친 대북파 우대로 남인과 서인의 지지를 잃었고 정변이라는 최악의 상황을 맞아야 했다. 광해군 개인의 몰락은 국가의 불행으로 이어졌다.

쉘_ 오일쇼크를 가정한 시나리오를 세워 초일류기업으로 올라서다

시나리오 경영이란 위기 상황에 대해 가상의 시나리오를 만든 후 각각의 대응책을 만들어놓음으로써 불확실한 미래에 대처해나가는 경영 기법을 말한다. 이러한 시나리오 기법을 실무에 적용해 성과를 거둔 최초의 기업이 정유회사 쉘이다. 쉘은 시나리오 경영을 활용해 위기를 기회로 삼았고 세계적인 초일류 기업으로 성장하는 발판을 만들었다.

쉘은 1960년대에 75년 이상 생존한 기업들의 경쟁력에 대한 내부 검토에 착수했다. 장수기업 중에서도 우량한 30개 사의 생존비결은 재난을 정확하게 예측하지는 못했지만, 재난 발생 가능성을 경쟁자들보다 먼저 알아차리고 대처한 것에 있다고 결론을 내렸다. 쉘은 여기에서 아이디어를 얻어 재난을 가정하고, 역으로 시나리오를 만들어보았다. 그리고 재난을 예고하는 현상들의 목록을 정리하고, 실제 환경변화가 비슷하게 진행된다는 가정하에 재난 발생에 대비하는 방식의 시나리오 경영개념을 창안했다. 시나리오 작성은 미래에 예상되는 최악의 상황(전쟁, 석유공급 중단 등)을 가정하고, 이에 대한 대응전략을 마련하는 방식으로 진행되었다. 시나리오 방식에 따라 경영진들도 교육을 받았고, 시나리오 방식의 사고에 익숙해지도록 모의실험도 실시했다. 또한 'War game'이라는 시뮬레이션 프로그램을 개발해 돌발 사태에 대한 대처방안도 사전에 수립했다.

쉘의 시나리오 경영은 1973년 오일쇼크가 터지자 그 진가를 발휘했다. 1960년대 후반 세계 석유시장은 서구 메이저 회사들이 주도했고, 유가는 안정되어 있었지만 쉘은 유가 폭등을 가져올 수 있는 잠재적 위협에 주목했다. 쉘의 정보 분석에 따르면 1960년에 사우디아라비아, 이란, 이라크 주도로 결성된 OPEC(석유수출국기구, Organization of Petroleum Exporting Countries)이 정치적 성격을 강하게 띠게 되는 것은 시간 문제였다. 저유가로 이익을 얻는 서방 석유 메이저 회사에 대한 반감과 더불어 이스라엘을 지원하는 서방 선진국의 외교정책에 대한 불만이 커지고 있었기 때문이다. 유가 안정에 익숙한 상황에서 각국의 석유 비축량도 바닥권이었다. 쉘은 에너지 위기 가능성이 높다고 판단하고 시나리오를 작성했다.

시나리오의 핵심은 돌발 변수가 발생해도 유가 안정을 유지하기 위해서는 중동 이외의 지역에서 대규모의 유전을 발견해야 하는데 이는 현실적으로 불가능하기 때문에, 예측 가능한 미래에 OPEC이 정치적 이유로 석유무기화를 들고 나온다는 내용이었다. 에너지 위기 발생 시기도 1975년 OPEC의 유가 재협상 이전이 될 가능성이 가장 높다고 예측했다. 최악의 상황에 대비하기 위해 쉘은 원유 비축량을 늘리고, 산유국과의 관계를 더욱 긴밀하게 유지해나갔다.

1973년 10월 중동 전쟁이 발발하고 쉘의 시나리오대로 오일쇼크가 발생했다. 유가는 천정부지로 올랐고 전 세계의 수많은 에너지 기업이 파산했다. 그러나 오일쇼크로 발생한 유가 급등과 원유 공급 중단 사태는 쉘이 미리 연습해보았던 시나리오였으므로 치밀한 대응방안이 준비되어 있었다. 쉘의 신속하고 체계적인 대응은 경쟁자들이 따라오기 어려운 수준이었고, 오일쇼크를 계기로 당시 7대 석유 메이저 회사 중 최하위였던 쉘은 2위로 올라서게 되었다. 그 후에도 쉘은 시나리오 경영을 정형화하고 정착시켜 전략적 계획(strategic planning)에 적극 활용하고 있다.

브리지스톤_ 패전까지 예상하고 공장을 운영해 도약의 계기를 잡다

브리지스톤은 세계 27개국에서 155개의 공장을 가동하며, 연간 200억 달러 이상의 매출을 올리는 세계적인 최고의 타이어 제조 기업이다. 브리지스톤의 창업자 이시바시 쇼지로[石橋正二郞]는 원래 버선을 만들던 장인이다. 브리지스톤은 창업자의 이름 이시바시[石橋]를 영어로 바꾼 'Stone Bridge'를 브랜드로 사용하려 했으나 어색하다고 판단해 'Bridge Stone'으로 순서를 바꾼 것이다.

선친에게서 조그마한 바느질 가게를 물려받은 이시바시 쇼지로는 고무신으로 대성공을 거둔다. 자동차를 보고 타이어 수요가 늘어날 것으로 예측한 이시바시 쇼지로는 고무신을 팔아 거둔 수익을 모두 투자해 1930년 일본 최초의 타이어 개발에 성공한다. 이듬해인

1931년 브리지스톤을 설립했다. 초창기 품질은 형편없었기에 반품이 계속 들어왔지만 이시바시 쇼지로는 신제품으로 무상교환해주는 서비스를 실시해 소비자들의 마음을 사로잡았다. 사업에 성공하려면 단기적 이익보다 신용을 쌓아야 한다는 이시바시 쇼지로의 철학이 깔려 있었다. 시간이 흐르면서 품질이 개선되어 1932년 미국 포드 사의 성능 시험에 통과했고 GM 대리점에 납품을 시작했다.

1941년 12월 태평양 전쟁이 발발하고, 일본이 1942년 인도네시아 자바 섬을 점령하면서 브리지스톤에게 예기치 않은 기회가 찾아왔다. 일본군이 자바 섬에 있던 굿이어 타이어 공장 운영을 브리지스톤에 맡긴 것이다. 최신설비를 갖춘 공장을 돈 한 푼 안 들이고 손에 넣은 횡재였지만 이시바시 쇼지로의 생각은 달랐다. 이시바시가 보기에 전쟁이 오래 계속될수록 일본에게 승산은 없었다. 최악의 경우 일본의 패전까지 감안해 굿이어 자바 섬 공장을 운영해야 한다고 판단하고, 언젠가 공장을 굿이어에 되돌려주어야 할 때를 대비했다. 이시바시는 공장운영자를 파견하면서 공장을 깨끗하게 관리하고, 기본 설비는 절대 변경하지 말라고 지시했다. 회사 내부에서도 이해할 수 없는 지시였지만 3년 후 전쟁이 끝나면서 그의 혜안이 옳았음이 증명된다. 공장을 되찾은 굿이어 측은 공장이 완벽하게 관리되어 반환된 것에 감명 받았다. 굿이어는 비록 적국의 회사이지만 브리지스톤에게 신뢰를 갖게 되었고, 굿이어의 CEO 리치필드는 1951년 브리지스톤에 선진기술을 이전해주었다.

브리지스톤은 태평양 전쟁에서 인수한 적국의 공장조차 철저히 관리하는 신뢰와 항상 최악의 상황에도 대비하는 창업자 이시바시의 기업가 정신이 있었기에, 후발주자의 약점을 극복하고 세계 최대의 타이어 기업으로 성장할 수 있었다.

볼보_ 볼보를 버려서 볼보를 살리다

볼보그룹은 스웨덴의 대표 기업이다. 특히 볼보자동차는 그룹의 자존심이자 스웨덴의 상징이었다. 1999년 볼보가 승용차 사업을 미국 포드에 매각하자 스웨덴은 충격에 빠졌다. 승용차 부문은 볼보그룹 매출의 절반을 차지하던 주력 사업으로 탄탄한 고객기반을 가지고 있던 프리미엄 브랜드였다. 또 다른 스웨덴의 대표 자동차 브랜드 사브도 GM에 매각된 터라 회사 밖에서도 반대의 목소리가 컸다.

그룹의 '심장'을 도려내는 대수술을 감행한 사람은 레이프 요한손 회장이었다. 1997년 취임한 그는 볼보 본사가 있는 예테보리에서 태어나 성장하고 대학을 졸업했다. 그는 10대 때 볼보 생산라인에서 아르바이트를 했던 볼보맨으로 볼보에 대한 애정이 남달랐다. 그러나 그는 글로벌 승용차 산업의 현실을 냉정하게 분석하고 최악의 상황에 대비해야 한다는 결론을 내렸다.

1989년 소련의 붕괴로 냉전이 종식된 이후 세계시장은 글로벌 단일시장으로 재편되었다. 승용차는 글로벌 시장재편의 영향을 가장 크게 받는 산업이었다. 1992년 미국의 저명한 자동차 분석가 메리언 켈러는 글로벌 시장통합의 영향으로 2000년대 초반에는 10여

개의 양산 승용차 회사만 생존 가능할 것이며, 생존 기준은 연간 생산량 300만 대가 될 것이라고 예측했다. 당시 전 세계 30여 개의 자동차 회사 전체가 시장재편의 태풍을 피할 수 없다는 관측이었다. 급격한 시장변화 예측에 많은 사람들이 의구심을 품었지만 상황은 예측대로 흘러갔다. 1990년대 중반을 넘기면서 지역기반에 연간 50~100만 대를 생산하던 기업들의 입지가 급격히 좁아졌고, 세계 시장 23위로 연간 30만 대를 생산하던 볼보도 시장재편의 영향권에 들어갔다.

요한손은 볼보 승용차 부문의 입장에서 최악의 상황이 오기 전에 선제적 조치를 취해야 한다고 판단했다. 볼보그룹의 상징인 볼보 승용차 부문을 매각하는 방안이었다. 세계 자동차시장의 재편을 주도할 입장도 아니었고, 그나마 시기를 놓치면 손실이 더욱 커질 수 있다고 생각했던 것이다. 대신 트럭, 건설기계, 버스 등 승용차 외의 부문을 키우는 '선택과 집중' 전략을 추진하기로 했다.

포드에 승용차 부문을 매각한 후 그는 곤경에 빠졌다. 볼보 승용차 부문의 장기전망이 어둡다는 이유로 매각했는데, 포드가 인수한 1999년 영업이익이 당초 예상했던 10억 달러의 네 배인 39억 달러였던 것이다. 요한손에 대한 비난의 목소리가 커졌으나, 2003년이 되자 볼보 승용차 부문의 이익이 1억 달러 수준으로 떨어지면서 그의 전망이 옳았음이 입증되었다.

볼보는 승용차 사업 매각 후 활발한 기업 인수·합병(M&A)을 진행했다. 2001년 미국의 르노(Renault)트럭과 맥(Mack)트럭을 인수해 유럽 최대, 세계 제2의 트럭메이커로 도약했다. 삼성중공업 건설기계 부문, 닛산디젤, 중국의 건설중장비 업체인 링공도 인수하면서 트럭과 건설중장비에서 세계 최고 수준의 경쟁력을 확보했다.

2000년대 초반 자동차 전문가들은 2010년대가 되면 세계 승용차 메이커는 연간 생산량 500만 대 기준으로 6개 정도로 감소할 것이라는 글로벌 승용차산업 2차 재편을 전망했다. 2008년 글로벌 금융위기로 실물경기가 침체하면서 2차 재편은 예상보다 빨리 진행되고 있다. 요한손의 볼보 승용차 매각은 당시로서는 논란이 많았지만 10년이 지난 지금은 올바른 전략적 결정으로 평가받는다. 요한손은 자동차시장의 재편이 가져올 수 있는 최악의 상황을 가정하고 적절한 조치를 취함으로써 재도약의 계기를 마련한 인물이다.

예고된 위기는 위기가 아니다

"예고된 위기는 위기가 아니다"라는 말처럼 위기는 항상 불청객처럼 느닷없이 찾아온다. 또한 위기의 특성상 변화의 폭은 평상시의 예상 수준을 항상 넘어서게 마련이고, 위기가 닥치면 조직의 물질적, 정신적 인내력이 시험대에 오른다. 따라서 평소에 일반적인 범위를 넘어서는 리스크에 대한 검토와 최악의 상황을 가정하는 훈련이 필요하다.

2007년부터 시작된 미국 월스트리트발 금융위기도 마찬가지이다. 100년이 넘은 월스트리트의 간판 IB(투자은행)가 안전하다는 점은 누구도 부인할 수 없었다. 그러나 파산 위험이 없다고 전제하는 것과 1퍼센트라도 있다고 가정하는 것은 행동양식에 커다란 차이를 가져온다. 실제로 리먼브라더스가 파생금융상품을 우리나라 금융기관에 팔고 있을 때 이런 현상이 일어났다. '리먼이 설마 망하겠나'와 '리먼도 100퍼센트 안전하지는 않다'의 차이는 컸다.

나폴레옹은 전쟁터에 나갈 때 운이 나쁘다고 가정하고 사전에 철저하게 대비했다.

"작전을 세울 때 나는 세상에 둘도 없는 겁쟁이가 된다. 나는 상상할 수 있는 모든 위험과 불리한 조건을 과장한다. 천천히 계획하고 빨리 실행하는 것이 관건이다."

사업가는 최악을 가정하고 최선을 추구하는 사람이다. 항상 최악의 상황을 염두에 두고 사전에 철저한 대비책을 세워놓고 실전에 임해야 한다. 그렇지 않으면 일순간에 모든 것을 상실할 수 있음을 역사적인 수많은 경험에 덧붙여 2008년 금융위기는 다시 한 번 교훈으로 남겼다.

10_
약한 적은 공격하고, 강한 적은 무력화하거나 친구로 만들어라

위기상황일수록 선제적으로 행동하라

위기대응방식에 따라 위기 후의 운명은 달라진다

겨울이 오면 춥다. 나도 춥고 다른 사람도 춥다. 하지만 그 추위의 정도는 사람에 따라 다르다. 겨울날씨는 누구에게나 똑같을지라도 체질이 다르고 월동준비 상태가 다르기 때문이다.

기업도 마찬가지다. 경기 후퇴가 오면 모두가 어렵다. 하지만 그 어려움의 정도는 같지 않다. 사전준비와 기초체력에 따라 생존력에서 차이가 난다. 취약한 기업은 호경기에 잠복하던 문제가 불경기가 오면 표면화되면서 생사의 갈림길에 선다. 생존을 위한 기초체력을 비축한 기업에게 불경기가 저위험 고성장을 준비할 수 있는 절호의 기회가 되는 것이 바로 이 때문이다. 대개 업종별로 3위 이내의 기업은 불경기가 와도 견딜 수 있는 힘이 있다. 그러나 4위 이하의 시장추종자나 신규진입자들은 처절한 생존의 시험대에 서게 되고 산업재편은 필연적으로 따라온다.

정치적 변동이 크거나, 경제적 불황기에는 판도변화가 극심하게 일어난다. 이 시기의 당면과제는 생존이지만, 생존방식에 따라 위기 후의 운명은 달라진다. 자신과 비슷한 약자들과 연합해 생존력을 강화하는 방법, 자신보다 약한 적을 공격해 세력을 키우는 방법, 강자와 이해관계를 일치시켜 살아남는 방법 등 다양한 전략을 구사할 수 있다. 중요한 점은 위기상황일수록 선제적으로 전략을 수립하고 주도적으로 행동해야 한다는 것이다. 각자 생존에 바쁜 위기상황에서 수동적 대응은 문제를 더욱 악화시킬 뿐이다.

영원한 적도 영원한 친구도 없다

진흥왕_ 위기에 처한 동맹국을 공격해 세력을 키우다

진흥왕은 삼국통일의 기반을 마련한 군주이다. 대가야를 통합하고 함경도까지 영토를 넓힌 후 곳곳에 순수비를 세우는 등 군사적으로 뛰어난 업적을 거두었고, 화랑도를 조직하고 황룡사를 지어 통합된 신라를 이루어냈다. 동시에 그에게는 동맹국 백제를 공격해 한강 유역을 차지할 만큼 냉혹한 전략가의 모습 또한 존재한다.

427년 장수왕의 평양 천도 이후 한반도는 고구려, 신라, 백제 삼국의 각축장이 되었다. 그러나 고구려는 신라나 백제와는 차원이 다른 국가였다. 동북아 최대 제국인 고구려의 위협에 백제는 433년 신라와 동맹을 결성한다. 475년 장수왕의 공격에 수도 위례성이 넘어가자 백제는 웅진으로 천도한 뒤 신라와의 동맹을 강화하는 데 전력한다. 493년 백제 동성왕이 신라로부터 왕비를 맞아들이고 고구려에 대한 공수동맹을 새로 맺는 등 양국의 동맹관계는 돈독해졌다.

신라와의 관계가 안정되자 성왕은 백제의 오랜 꿈인 한강 유역 수복을 위해 553년 신라, 가야 군과 함께 출병해 고구려와 결전을 벌였다. 북방을 경계하느라 전력을 모두 투입할 수 없었던 고구려에 승리를 거둔 백제는 한강 유역을 수복했다. 그러나 백제는 가야에서 귀순한 신라 장군 김무력(김유신의 조부)에게 한강 유역을 다시 빼앗긴다. 신라는 최강국인 고구려에 대항하기 위해 백제와 동맹을 맺었지만 한강 유역은 수량이 풍부하고 교통이 편리해 신라에게도 매력적인 지역이었다. 또한 항구인 당항성(지금의 화성)을 확보해 중국과 원활하게 교류할 수 있었다. 진흥왕에게는 100년이 넘게 이어진 동맹보다 국가발전의 기반을 확보하는 것이 중요했다.

동맹이 깨지자 백제는 554년 신라 공격에 나섰지만 성왕이 관산성에서 김무력에게 목숨을 잃음으로써 한강 유역은 신라의 영토로 굳어졌다. 진흥왕이 확보한 한강 유역을 발판으로 신라는 국력을 키워나갔고, 결국 고구려를 제치고 삼국통일을 이루었다.

샤를 드골_ 적의 약한 부분을 노려 승리를 이끌어내다

1940년 6월, 독일은 빠른 속도로 프랑스를 점령해나갔다. 프랑스 내에서의 항전이 불가능하다고 판단한 프랑스인들은 대거 외국으로 탈출했다. 샤를 드골도 그중 한 명이었다. 드골은 프랑스의 명예 회복을 위해 싸우겠다는 분명한 목표를 세우고 영국으로 건너갔다. 그러나 50세의 드골은 프랑스 국방차관으로 잠시 재직한 것 외에는 내세울 경력이 없었다. 평판도 좋지 않았다. 좌파는 가톨릭교도인 그를 선호하지 않았고, 우파는 자신들의 영웅인 페탱 장군과 마찰을 빚은 그를 반역자로 취급했다. 처칠과의 면담자리에서 드골은 자신만이 프랑스를 구할 수 있다고 주장했고, 처칠 눈에 드골은 큰소리만 치는 허풍선이로만 보였다. 드골은 처칠에게 BBC 라디오 방송을 통해 프랑스 해방에 관한 연설을 하게 해달라고 부탁했고, 처칠은 내키지 않았지만 그 요청을 받아들였다.

드골은 어렵게 잡은 기회를 놓치지 않았다. 드골은 연설 내내 프랑스의 해방을 강조했다.

"아직 무기를 가지고 있다면 저항을 지속할 의무가 있습니다. 우리는 자유프랑스군을 결성해 프랑스 해방을 위해 싸울 것입니다."

당시 영국에는 많은 프랑스인들이 있었다. 비시 괴뢰 정부가 프랑스에 들어섰지만 그 누구도 프랑스의 해방을 말하지 않았다. 그런 상황에서 정부 주요 인사도 아닌 드골이 프랑스의 결집을 언급하자 많은 이들이 감동을 받았다. 프랑스인들은 자유프랑스군에 자원입대했고, 한 달이 채 못 되어 수천 명의 병력을 확보했다.

드골은 자유프랑스군을 이끌고 주요 전선이 아닌 손쉬운 외곽부터 공략했다. 프랑스령이었으나 전세에 큰 영향을 미치는 않는 차드와 카메룬, 가봉 등을 차례로 점령해나가면서 드골은 광활한 영토를 지휘하는 지도자의 자리에 서게 되었다. 그래도 영국은 드골을 신뢰하지 않았다. 처칠이 앙리 지로 장군에게 프랑스군 지휘를 맡기자 드골은 알제리로 날아가 앙리와 연합을 제안한다. 이렇게 해서 탄생된 것이 바로 국민해방위원회였다. 위원회 초기 드골은 앙리 지로와 공동위원장을 맡는 것에 만족하는 듯했다. 그러나 드골은 지로와 보조를 맞추는 한편 조직을 장악해 앙리 지로를 몰아내고 단독 위원장이 되었다. 강한 적에게 정면으로 맞서지 않고 긴 시간에 걸쳐 무력화시키는 전략을 구사한 것이다. 영국 정부도 내키지는 않았지만 프랑스 대표로서 드골을 인정했다. 1944년 8월 드골은 파리에 입성해 임시 정부의 수반 자리에 올랐고, 프랑스의 명예를 되찾겠다던 그의 일관된 목표를 이루었다.

베네치아_ 적과 함께 위험을 나누어 자신의 안전을 확보하다

베네치아의 역사는 6세기에 시작되었다. 567년 야만족에 쫓긴 로마인들이 정착한 리알토 섬을 중심으로 발전하던 베네치아는 지중해 통상권을 장악하고 동서양 중계무역의 중심지로 부상하면서 번영을 구가한다. 베네치아의 전성기는 15세기였다. 베네치아는 부존

자원은 고사하고 갯벌 위에 서 있는 까닭에 존립 자체도 어려운 도시였다. 이러한 도시가 최강국의 대열에 오를 수 있었던 것은 자국의 차별적 경쟁력을 끊임없이 찾는 합리성과 정확한 정보에 바탕을 둔 노련한 외교술 덕분이었다.

초기 베네치아는 동로마제국과 이민족들 사이의 무역을 주선함으로써 부의 기틀을 확립해나갔다. 동로마제국은 표면적으로 이슬람과 전쟁을 벌였지만 실제로는 그들과의 교역을 통해 비단, 후추 등을 수입하려고 했다. 이슬람 또한 동로마의 발달된 문물을 받아들이고 싶어 했다. 베네치아는 그들의 의도를 정확히 파악하고 양자를 연결하는 중계무역에 적극적으로 나섰다.

중계무역의 기반이 잡히자 베네치아는 국제 무역투자단의 개념을 도입했다. 서유럽 국가들로부터 투자를 받아 조달한 돈으로 무역선을 운영하는 전략을 실행했다. 이는 군사력이 빈약한 베네치아에 무척 유용한 전략이었다. 베네치아 무역선에 투자한 독일, 프랑스 등 주변 강국들은 자신들의 이익을 위해 베네치아를 보호해주었다. 베네치아 무역선이 침몰할 경우 손해 보는 것은 바로 자신들이었기 때문이다. 베네치아는 성지순례 또한 국가를 키우는 수단으로 활용한다. 베네치아 무역선에 동방으로 가는 순례자를 태워 돈도 받고 안전도 확보하는 일거양득의 전략이었다. 신의 뜻에 충실한 순례자들이 타고 있다는 명분까지 확보한 베네치아 무역선은 순례자들에게 폭발적 인기를 끌었다.

그런데 성지순례까지 사업에 활용하고 이슬람과도 거래한 베네치아는 교회의 표적이 되었다. 게다가 베네치아에 많은 이익을 가져다주고 있는 대부업은 교회가 절대적으로 금지하는 일이기도 했다. 이런 상황에서 베네치아는 유대인들을 활용하는 아이디어를 찾아낸다. 유대인들은 교회가 아니라 유대율법을 따르기 때문에 유대인들에게 대부업을 하게 한다면 문제가 없다는 점에 착안한 것이다. 예수를 죽인 사람들이라 하여 대부분의 국가에서는 유대인들을 핍박했지만, 베네치아는 유대인과도 일종의 전략적 제휴를 맺어 자신들의 비즈니스를 활성화시켰다.

스탈린그라드 전투_ 적의 전술을 무력화시켜 항복을 받아내다

1939년 9월 1일 폴란드를 침공한 독일은 침략 19일 만에 폴란드를 완전히 점령했다. 덴마크와 네덜란드를 차례로 점령한 독일은 1940년 5월 10일 프랑스 공격에 나섰다. 치열한 공방전이 예상되었지만 전쟁은 독일의 일방적 승리로 끝났다. 전쟁 발발 5주 만인 6월 13일, 파리가 독일군 수중에 떨어졌다. 3일 후인 6월 16일에 프랑스는 항복을 선언했다.

   독일군의 놀라운 진격 속도 앞에 세계는 경악을 금치 못했다. 독일군의 전술은 전격전이라는 용어로 정리되었다. 전격전이란 말 그대로 번개처럼 빠르게 진격한다는 의미다. 제1차 세계대전에서 패배한 독일이 절치부심 끝에 만들어낸 전술이론이 바로 전격전이었다. 전격전에는 3S, 즉 Speed(속도), Surprise(기습공격), Superiority of fire(우세한 화력)가 중요하기 때문에 독일군은 항공기와 탱크를 함께 동원했다. 항공기나 포병이 적의 지휘부를 타격하거나 지상군을 지원하면 지상군은 탱크를 동원해 적진 깊숙이 진격하는 작전을 펼친 것이다. 제1차 세계대전 때의 방어전략에서 벗어나지 못한 연합군은 독일의 전격전 앞에 무력하기만 했다. 전격전의 창시자가 영국의 풀러나 리들 하트 같은 전쟁사가들이라는 사실은 더욱 아이러니하다. 그런데 전쟁 초기 파죽지세의 승리를 견인하던 독일군의 전격전은 러시아와의 스탈린그라드 전투에서 무력화된다.

  1941년 6월 22일, 독일은 불가침조약을 체결했던 소련을 침공했다. 영국과 치열한 전투를 벌이던 상황이라 다소 무모한 시도였지만 소련을 점령하겠다는 히틀러의 결심을 꺾을 만한 반대자는 독일군 내부에 없었다.

  전쟁 초기 상황은 독일에게 우세했다. 전격전 개념을 적용한 독일은 최초 5개월간의 공방전에서 일방적으로 소련을 몰아붙였다. 소련군 사상자는 독일군의 세 배인 210만 명에 이르렀다. 그러나 곧 끝날 것 같던 전쟁은 독일군의 예상과는 점차 다르게 전개되어 갔다. 독일군은 소련의 기후와 광활한 영토 그리고 끊임없이 보충되는 병력을 간과했던 것이다. 진격을 해도 적은 후퇴할 뿐이었다. 각지를 빠르게 점령해도 소련군은 이내 병력을 수습해 반격을 가해왔다. 겨울에 다가오자 독일의 진격 속도는 눈에 띄게 느려졌다. 소련군은 12월 5일 모스크바에서 대반격전을 펼쳤다. 예상치 못한 강한 반격에 독일은 진격보다는 진영을 수습하는 일에 몰두하자 전황은 교착상태에 빠졌다.

거기에다 미국의 참전으로 독일은 소련과의 전쟁을 신속하게 종결지어야 하는 입장에 처했다. 독일은 카프카스와 소련의 주요 지역을 잇는 전략적 요충지 스탈린그라드를 결전장으로 택했다. 스탈린그라드를 점령해 소련군의 보급선에 타격을 주어 전쟁을 조기에 끝내겠다는 전략이었다.

1942년 8월, 독일군은 대규모 폭격과 동시에 진격하기 시작했다. 소련군은 막대한 피해를 입었지만 물러서지 않았다. 특히 소련군의 근접전은 독일군을 혼란에 빠뜨렸다. 근접전 때문에 독일도 폭격지원을 받기 어려웠고 전투는 육탄전 양상을 띠게 되었다. 한 달 내내 전투를 벌였으나 독일군의 전과는 미미했다. 그해 9월 독일군은 스탈린그라드 교외까지 진격하는 데 성공했고, 10월에는 소련군을 볼가 강 근처까지 밀어냈으나, 11월부터 독일군에게 위기가 닥쳤다. 보급품을 제대로 지원받지 못하는 데다 날씨가 추워졌기 때문이었다.

11월 10일 소련군이 전열을 정비해 반격에 나섰고, 파울루스가 이끄는 6군과 클라이스트가 이끄는 제4기갑부대가 고립되었다. 제4기갑부대는 간신히 탈출했지만 6군은 소련군에 완전히 포위되어 버렸다.

전쟁을 끝나게 만든 사람은 다름 아닌 히틀러였다. 히틀러는 1943년 1월 30일 파울루스를 원수로 승진시켰다. 적진에 갇힌 장군을 승진시킴으로써 히틀러는 끝까지 싸우라는 메시지를 보낸 것이다. 그러나 다음 날 소련군이 진입해오자 독일군은 투항했다.

스탈린그라드에서 독일군 전사자는 20만 명 이상, 소련군 전사자는 100만 명 내외로 추산된다. 스탈린그라드 전투 이후로도 독일과 소련은 전쟁을 벌였지만 전격전의 개념이 무력화된 독일군이 소련군을 이길 수는 없었다. 1945년 4월 소련군이 베를린에 진격했고, 5월 8일 독일군이 항복함으로써 전쟁은 완전히 끝났다.

메메드 2세_ 신기술로 천 년 고도를 무너뜨리다

1453년 5월 29일, 천 년 넘게 비잔틴제국의 수도였던 콘스탄티노플이 메메드 2세가 이끄는 오스만튀르크군에게 함락되었다. 콘스탄티누스 11세는 백병전 와중에 사망했고 대부분의 시민들은 죽거나 항복했다. 메메드 2세는 성소피아 성당의 제단을 파괴한 뒤 도시 이름을 이스탄불로 바꾸어버렸다.

당시 양국의 전력 차이는 상당히 컸다. 동로마제국의 영토는 콘스탄티노플과 인근 지역으로 축소되어 있었고, 인구도 3만 5천 명에 불과했다. 반면 오스만튀르크는 신흥강국이었다. 아나톨리아 반도 대부분을 평정한 오스만튀르크는 발칸 반도의 알바니아, 세르비아 등을 점령해 콘스탄티노플을 육지 속의 섬으로 만들어버렸다.

초기의 오스만튀르크는 콘스탄티노플 정복에 소극적이었다. 콘스탄티노플은 베네치아, 제노바와 아랍을 잇는 중계무역을 담당하고 있었다. 유목민인 오스만튀르크는 정복 대신 중계무역을 허락하고 이익을 얻는 것이 좋다고 판단했다. 그러나 1451년 아버지인 무라드 2세의 뒤를 이어 술탄의 자리에 오른 메메드 2세는 천 년 고도 콘스탄티노플을 점령해 발칸과 아시아를 잇는 대제국 건설의 기틀을 마련하기로 정책을 바꾸었다.

전쟁이 임박했지만 콘스탄티노플은 난공불락이라는 테오도시우스 성벽을 철석같이 믿고 있었다. 5세기에 축조된 이 성벽은 총길이가 20킬로미터를 넘는 엄청난 규모였다. 수많은 외침에도 콘스탄티노플이 건재했던 것도 바로 이 성벽 때문이었다. 내벽과 외벽, 방책의 3중 구조로 되어 있는 성벽은 너무 완벽해서 이슬람교도들은 알라신마저도 무너뜨릴 수 없다는 농담을 할 정도였다. 전쟁을 예감한 콘스탄티누스 11세가 가장 먼저 한 것이 바로 성벽을 보강하는 일이었다.

그러나 메메드 2세는 이미 성벽을 공략할 해법을 찾아놓은 상태였다. 1452년 10월, 헝가리 남자 한 명이 메메드 2세를 찾아왔다. 그 남자는 대포로 성벽을 공략할 수 있다는 의견을 내놓았다. 흥미로운 점은 우르반이라는 이 남자가 메메드 2세를 찾아오기 전 콘스탄티노플을 방문해 대포제작을 제안했다는 사실이다. 하지만 콘스탄티누스 11세는 그의 제안을 거절했고, 결국 그는 오스만튀르크로 발길을 돌렸다. 메메드 2세는 우르반에게 콘스탄티노플에 요구한 돈의 세 배를 주겠다고 약속하고 그를 오스만튀르크에 머물게 했다.

1453년 1월 우르반이 만든 대포가 시험 발사되었다. 포신은 8미터에 이르렀고, 포탄 무게는 600킬로그램 가까이 되었다. 대포를 옮기는 데만 60마리의 소가 동원되었다. 시험 발사 결과에 메메드 2세는 만족했다. 탄환은 1,500미터를 날아가 2미터 깊이로 땅에 박혔다. 대포를 계속해서 발사한다면 단단한 성벽도 오래 버틸 수 없다고 판단했다.

메메드 2세가 준비한 것은 대포만이 아니었다. 1년 전인 1452년 8월 보스포러스 해협 유럽 쪽 해안에 루멜리 히사리 요새를 만들어 콘스탄티노플을 압박했으며, 콘스탄티노플을 도울 수 있는 군사력을 가진 헝가리와 동맹을 맺어 참전 가능성도 막아놓았다. 지중해 최강의 베네치아 해군은 이탈리아 반도 내전으로 참전이 어렵다는 정보도 확보한 상태였다. 모든 준비가 끝나자 메메드 2세는 3월 26일 병사들을 제국의 수도 아드리아노폴리 외곽에 집결시키면서 콘스탄티노플 정복 전쟁을 개시했다.

16만에 이르는 오스만튀르크의 대군이 테오도시우스 성벽에 도착한 것은 4월 5일이었다. 콘스탄티노플의 병력은 7천 명에 지나지 않았지만, 테오도시우스 성벽을 이용하며 최선을 다해 방어했다. 고전을 거듭하던 메메드 2세가 입성한 것이 5월 29일이었으니 두 달 가까이 버틴 셈이었다.

대포를 활용해 성벽을 무력화시킨 메메드 2세의 전략이 성공함에 따라 이후 유럽 각국은 앞 다투어 대포 개발에 나섰고, 대포의 등장으로 유럽의 기사계급은 급속히 몰락했다. 성벽 또한 높이 쌓기만 하던 이전 방식이 사라지고 완만한 경사를 주어 단단하게 쌓는 방식이 유행하게 되었다.

생존에 필요하면
적과도 손을 잡는다

기꼬만_ 생존을 위해서라면 적도 친구로 만들어야 한다

기꼬만의 기원은 17세기까지 거슬러 올라간다. 당시 에도 인근의 노다 지역에 된장 재료인 콩과 밀이 대량 재배되면서, 된장 제조 기업들이 자연스레 생겨났다. 격심한 경쟁을 치르면서 8개의 중견기업이 살아남은 가운데, 기꼬만은 그중 가장 유명한 상표였다. 기꼬만의 해외판매는 하와이로 이주한 일본인들을 상대로 일찍이 시작되었다. 1879년 미국 캘리포니아에 상표등록을 시작으로 1886년에는 독일, 1906년에는 미국 대부분의 주에 상표등록을 완료했다. 기꼬만이 시장을 넓히자 8개의 회사들은 기꼬만을 중심으로 뭉쳤고 1917년 현재의 기꼬만이 탄생했다.

기꼬만은 명치시대부터 수출을 시작했으나, 기본 대상은 해외에 사는 일본인으로 국한되어 있었다. 식습관이 다른 외국인에게 된장과 간장을 판매하는 개념은 기꼬만에 없었다. 그런데 제2차 세계대전은 이런 기꼬만의 시각을 바꾸어놓았다. 일본이 패배하고 점령군으로 일본에 미국인들이 대거 들어와 살면서 상황이 변했다.

기꼬만은 미국인들이 구운 고기를 된장에 찍어 먹는 것에 주목했다. 일본에 있는 미국인들이 된장을 좋아한다면 외국인에게도 판매가 가능하다는 의미였기 때문이다. 전쟁 직후 미국인들에 대한 반감이 심했지만 기꼬만은 철저히 사업적인 관점에서 이런 현상을 분석했다. 일본식 된장과 간장이 세계인의 입맛을 맞출 수 있다고 판단한 기꼬만은 착실히 외국시장 진출을 준비한 끝에 1957년 샌프란시스코에 기꼬만 인터내셔널을 설립한다.

기꼬만의 전략은 된장이나 간장을 가능한 많이, 빠르게 현지 소비자들에게 노출시키는 것이었다. 기꼬만은 슈퍼마켓에서 시식회를 열어 소비자들이 직접 된장과 간장을 맛볼 수 있는 기회를 만들었다. 된장으로 숙성시킨 고기에 대한 미국인들의 반응은 폭발적이었다. 제품의 가능성을 확인한 기꼬만은 1958년 로스앤젤레스에 지점을 개설하고 뉴욕, 시카고로 판매망을 넓혀나갔다.

그 후 기꼬만은 된장, 간장과 미국 음식을 연결시키는 작업에 들어갔다. 미국인 요리사들을 고용해 된장과 간장을 이용한 새로운 조리법을 대거 개발했고, 이 조리법을 팸플릿으로 만들어 요리평론가, 슈퍼마켓, 언론매체에 뿌렸다. 기꼬만은 TV 광고도 했다. 황금시간대에 방영된 기꼬만의 광고는 미국인들에게 기꼬만이 프리미엄 제품이라는 이미지를 심어주었다. 아울러 기꼬만은 천연양조제품이라는 사실을 강조하며 건강식품 이미지도 구축했다.

기꼬만의 전략은 성공적이었다. 미국인들에게 기꼬만은 간장과 동의어로 사용되었다. 기꼬만은 현지에 공장을 세워 현지인들을 대거 고용하고 승진에 차별을 두지 않는 등 현지화 전략도 치밀하게 추진했다. 패전국 일본의 작은 된장-간장회사였던 기꼬만이 패전의 와중에도 적국 군인들의 식습관을 주도면밀하게 관찰해 해외진출의 전략을 구상하고 다듬었다는 점은 인상적이다.

현대자동차_ 제휴로 기반을 마련하고 글로벌 기업으로 도약하다

1967년에 설립된 현대자동차는 이듬해 포드와 제휴해 코티나를 생산했다. 그러나 현대자동차가 부품수입 조립형태가 아닌 고유모델 개발을 추진하면서 포드와의 관계는 종료된다. 그 후 현대자동차는 일본의 미쓰비시와 전략적 제휴를 맺고 1975년 국내 최초의 고유모델인 포니를 생산한다. 이탈리아 유명 자동차 디자이너인 조르지아 주지아로가 디자인하고 미쓰비시의 1,238시시 직렬 4기통 새턴 엔진을 탑재해 완성된 포니는 발매 첫 해 1만 대 이상 팔리는 베스트셀러가 되었고, 후발업체였던 현대자동차는 단숨에 시장점유율 1위에 올랐다. 포니는 부품수입, 조립 수준에 머물던 국내 자동차 생산 수준을 모델개발단계로 상승시킨 이정표였다. 그러나 미쓰비시에서 엔진, 변속기 등 핵심 부품을 수입하고 기술이용 로열티까지 지급하고 있어 독립적인 자동차 회사로 보기에는 무리였다. 미쓰비시와의 제휴를 통해 포니를 개발, 생산하면서 자동차 회사로서의 기초 조건을 확보한 현대차는 다음 단계로 나아갔다.

현대그룹의 정주영 회장은 "엔진기술이 없으면 자동차 회사가 아니다"라고 하면서 독자엔진 개발을 지시했다. 현대차는 해외인재 영입을 계획하고 적합한 인물을 물색하던 중 미국 GM연구소에서 근무하던 이현순 부회장을 알게 된다. 당시 GM은 세계 최대, 최고의 자동차 회사로 군림하고 있었고, GM연구소의 기술 수준 역시 세계 최고였다. 반면 현대자동차의 연간생산량은 10만 대에도 못

미쳤고, 독자엔진 개발은 실현 불가능한 꿈으로 여겨졌다. 그러나 GM에서 미래가 보장되어 있던 이현순 부회장은 현대자동차 측의 설득과 정주영 회장의 의지에 공감해 1984년 귀국을 결심한다.

꿈은 컸지만 현실은 참담했다. 현대자동차의 R&D 인력은 450명에 불과했고, 엔진설계 분야는 황무지였다. 현대자동차의 대주주였던 미쓰비시가 독자엔진 개발 정보를 입수하자 견제도 극심해졌다. 당시 미쓰비시는 엔진설계 전문가이자 제2차 세계대전 때 일본의 제로전투기 엔진을 개발한 천재 엔지니어 구보 회장이 경영을 맡고 있던 일본 간판기업이었다. 미쓰비시는 엔진설계를 주도하던 마북리연구소의 폐쇄를 요구하면서, 폐쇄하면 로열티를 절반으로 깎아주겠다는 파격적인 제안까지 했다. 하지만 최고 경영진의 의지는 확고했다. 독자엔진이 있어야 장기적으로 독자생존이 가능하다는 비전과 신념으로 당초 계획을 밀고 나갔다.

엔진개발에서 가장 어려웠던 부분은 엔진 내부의 온도 차이를 줄이는 냉각기술 개발이었다. 엔진개발팀은 엔진 열변형을 막기 위해 240여 개의 온도계를 직접 엔진에 꽂고 일일이 온도를 측정하는 방법까지 동원한 끝에 1991년 1,500시시 알파엔진 개발이라는 쾌거를 이루어냈다. 제2차 세계대전 후 자동차 제조업을 시작한 회사 가운데 유일무이한 독자엔진 개발의 역사가 만들어진 것이다. 미쓰비시의 구보 회장은 현대자동차의 엔진개발 소식이 도저히 믿기지 않았는지 직접 방문해 확인까지 했다. 구보 회장은 오카자키의 미쓰비시 엔진연구소를 방문한 자리에서 "현대자동차 연구원들의 실력과 근성이 대단하다. 정신 차리고 분발하지 않으면 10년 후 현대에 가서 기술을 구걸할 것이다"라는 말을 남기고 세상을 떠났다.

구보 회장의 예언은 현실이 되었다. 2004년 미쓰비시가 현대에 1천억 원의 로열티를 지불하고 세타엔진 설계도면을 사갔다. 현대차는 크라이슬러에도 세타엔진 기술을 수출했다. 미쓰비시로부터 엔진기술을 배운 현대차가 이제는 미쓰비시에 기술을 전수해주는 회사로 변모하는 대역전극이 펼쳐진 것이다.

현대차는 기술과 자본이 부족하고 내수시장도 협소했음에도 글로벌 자동차 기업으로 도약했다. 사업 초기의 취약점을 미쓰비시와의 제휴를 통해 보완하고 사업 전개의 기초 조건을 확보한 후 독자 엔진을 개발했기에 가능했던 일이다. 변방의 군소 자동차 조립공장에 불과하던 현대차가 당시 시장을 주도하던 GM, 포드, 미쓰비시보다 경쟁력에서 앞선 글로벌 기업으로 도약한 것은 제휴를 통한 시간 확보와 도약의 계기 마련에 성공했기 때문이다.

강자와 약자는 생존 논리가 다르다

강자와 약자는 생존방식이 같을 수 없다. 자존심만 내세우는 약자가 생존하기 어렵고, 관용 콤플렉스에 매몰되어 자신의 힘을 활용하지 못하는 강자는 그 지위를 유지하기 어렵다. 기원전 5세기 고대 그리스 펠로폰네소스 전쟁 때 아테네와 밀로스 간의 전쟁과정은 이러한 교훈을 잘 나타내준다.

당시 그리스는 스파르타, 아테네의 양강 체제였고 다른 군소 폴리스들이 병존했다. 두 나라는 자신들이 주도하는 동맹에 여타 폴리스들을 끌어들이려 애썼고 이런 와중에 아테네는 인근의 중립 폴리스인 밀로스에 사절단을 파견해 동맹참여를 권유했다. 밀로스는 5가지 이유를 들면서 이를 거절했다.

첫째, 전례가 된다. 강국 아테네가 밀로스를 힘으로 강요하는 것은 나쁜 전례이다. 둘째, 스파르타가 밀로스를 도울 것이다. 셋째, 중립국을 공격하는 것은 정의가 아니다. 넷째, 신은 정의로운 밀로스의 편이다. 다섯째, 우리는 명예를 걸고 싸울 것이다.

이에 대해 아테네 대표단은 다음과 같이 반박했다.

첫째, 전례가 된다. 강국 아테네 사절단이 밀로스를 설득하거나 굴복시키지 못한다면 웃음거리의 전례가 된다. 둘째, 육지패권국 스파르타는 섬 도시인 밀로스에 관심이 없다. 셋째, 동맹참여는 정의가 아니라 편의의 문제이다. 넷째, 아테네의 신은 우리를 돕는다. 다섯째, 약자가 명예를 걸고 싸우는 것은 용기가 아니라 오만이다.

협상이 결렬된 후 밀로스는 아테네의 공격을 받아 멸망했다.

위기시에 생존방식은 각자 입장에 따라 독자생존, 연합구조 수립, 전략적 제휴 등 다양하게 나타난다. 중요한 것은 밀로스의 패망이 주는 '눈을 크게 뜨고 현실을 그대로 보라'는 교훈이다.

11_
심리를 활용하고
심리전에서는 반드시 이겨라

마음을 잡으면 모든 일을 이룰 수 있다

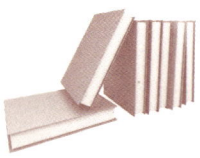

리더의 소프트 파워는 심리전 능력이 핵심이다

상대방이 있는 모든 일은 일종의 게임 형식으로 진행된다. 사업이나 협상도 상대방의 의도를 파악해서 자신의 이익이 극대화되도록 결정하는 상호게임의 반복과정이다. 그러나 감정을 가진 사람이 항상 합리적인 것은 아니다. 또한 합리적인 개인도 군중이 되면 비합리적으로 변할 수 있다. 군중심리가 발동하면 그 폭발적인 에너지는 가히 파괴적인 수준으로 치닫는다.

　탁월한 리더는 조직원의 심리를 적절하게 활용할 줄 아는 역량이 있다. 특히 조직원의 집단심리는 단순한 측면이 있기 때문에 이런 부분까지 감안해 심리를 조율하고 에너지로 만들어낸다. 반면 무능한 리더는 쓸데없는 언행으로 조직원들에게 불필요한 반감을 사고

사기를 떨어뜨린다.

　마음가짐에 따라 개인의 인생이 달라지듯이 조직원의 마음가짐에 따라 경쟁력의 차이를 보이는 것은 당연하다. 따라서 리더가 가진 소프트 파워의 핵심은 바로 심리를 이해하고 다룰 줄 아는 능력이다. 특히 위기상황에서는 조직원의 심리도 불안정해진다. 심리적 불안정은 리더에게는 양날의 칼이다. 의도한 방향으로 분출시키면 엄청난 에너지를 발휘할 수 있지만, 반대로 가면 조직 자체를 붕괴시키는 분열의 에너지가 된다. 따라서 위기를 헤쳐 나가는 리더는 먼저 심리전에서 이겨야 한다.

정확한 정세 판단과 심리전이 결합하면 필승이다

엘리자베스 1세_ 치밀한 심리전으로 승전의 발판을 마련하다

1558년 엘리자베스 1세가 왕위에 올랐을 때의 영국은 변방의 약소국에 불과했다. 내전으로 경제는 피폐해졌고, 국민들은 자신감을 상실한 지 오래였다. 그러나 엘리자베스 1세는 사람의 마음을 정확히 읽고 대처하는 강력한 리더십으로 대영제국의 초석을 닦았다.

　엘리자베스 1세는 대관식이 거행되던 날부터 치밀한 심리전을 펼친다. 군중 속의 소녀가 자신에게 영역판 성서를 바치자 엘리자베스 1세는 성경에 입을 맞추고 가슴에 끌어안는 제스처를 취한다.

가톨릭의 시대가 가고 신교의 시대가 왔음을 알리는 의도적 연출이었다. 웨스트민스터 수도원장이 촛불을 들고 환영하자 그녀는 더욱 강렬한 말로 대중을 압도한다.

"횃불을 치워라! 우리는 횃불이 없어도 잘 볼 수 있다."

엘리자베스 1세는 이미지 메이킹에도 능했다. 신교의 구원자로 자신을 포지셔닝하기 위해, 처녀라는 자신의 입장을 적극적으로 이용했다. 석고를 발라 얼굴을 희게 만들고, 입술에 붉은 염료로 칠해 동정녀의 이미지를 극대화했다. 결혼을 하라는 주위의 권고에는 "나는 이미 영국과 결혼했다"라고 말하는 노련함을 보였다.

당시 가톨릭의 수호자를 자처하는 스페인의 펠리페 2세는 신교 국가인 영국에 대한 공격의사를 공개적으로 밝혔기 때문에 전쟁은 기정사실로 받아들여졌다. 보좌관들은 그녀에게 한결같이 타협을 권했다. 그러나 타협은 실질적인 국가의 운영권을 상실하는 것을 의미했기 때문에 그녀는 전쟁을 선택했다. 냉철한 엘리자베스 1세는 전쟁 선포 전에 사전작업을 진행했다. 스페인의 부는 식민제국 자원에 의지하고 있었다. 엘리자베스 1세는 영국 출신 해적 드레이크에게 제독의 지위를 부여하고 식민제국에서 출발하는 스페인 배들을 나포한 뒤 마음껏 노략질할 수 있는 권한을 부여했다. 영국의 노략질에 피해를 입은 스페인은 전쟁을 서둘렀다. 1588년 여름 스페인의 무적함대는 영국 침략을 위해 리스본 항을 출발했다. 영국은 해군과 육군을 동시에 소집했지만 무적함대와의 대결이라는 위압감에 병사들은 겁에 질려 있었다. 그대로 방치했다간 패배는 불보듯 명확했다.

엘리자베스 1세는 목숨을 건 도박을 시도한다. 육군이 주둔하고 있는 틸베리 캠프를 방문한 것이다. 스페인에 동조하는 세력에게 암살당할 수도 있었지만 엘리자베스 1세는 병사들 앞에서 총사령관의 자격으로 연설을 한다.

"폭군들은 두려워 떨라. 나는 지금까지 부끄럽지 않은 삶을 살아왔다. 그것은 바로 여러분의 충성과 믿음 덕분이다. 전투가 임박한 지금 나는 제군들과 생사고락을 같이할 것이다. 신과 나의 왕국 그리고 나의 백성을 위한 일이라면 내 명예와 목숨 따위는 티끌처럼 여길 것이다."

엘리자베스 1세는 전투에서 승리를 거둘 경우 합당한 보상을 하겠다고 약속하며 연설을 끝마쳤다. 다음날 그녀는 갑옷을 입고 말에 올라타 행진함으로써 병사들을 완전히 감동하게 만들었다.

지도자가 보여준 임전무퇴 정신은 병사들의 사기를 끌어올렸다. 영국 함대는 칼레에 정박해 있던 스페인 함대를 격파함으로써 불가능을 가능으로 만들었다. 스페인의 잔여 함대는 스코틀랜드와 아일랜드를 거쳐 간신히 귀환했다. 128척의 배 중 3분의 2를 잃은 처참한 패배였고, 대서양의 패권은 영국이 쥐게 되었다.

엘리자베스 1세는 심리의 중요성을 누구보다도 잘 알고 있는 군주였다. 그녀는 대중 앞에 나설 때마다 값비싼 옷과 보석으로 치장하고 나섬으로써 자신의 이미지를 확실하게 만들었고, 초상화 하나에도 신경을 썼다. 엘리자베스 1세가 달의 여신이나 정의의 여신에 자신을 비유하거나 유명 문인들에게 자신을 찬양하는 작품을 쓰도록 한 것도 이미지 메이킹 전략의 일환이었다.

서희_ 정확한 정세 판단으로 협상력을 극대화하다

993년 고려는 건국 이후 최대의 위기를 맞는다. 거란족이 세운 요나라가 80만 대군을 이끌고 고려를 침공한 것이다. 압록강을 건너온 요군은 봉산군에서 맞닥뜨린 고려군을 대파한 뒤, 안융진을 공격했다. 고려가 간신히 막아내자 요나라 장수 소손녕은 전쟁을 일시 중단하고, 고구려의 옛 영토인 서경 이북의 땅을 넘기라는 강화 조건을 제시했다. 국왕 성종은 중신들을 모아놓고 난상토론을 벌였다. 결정을 내려야 할 사항은 단 한 가지였다. 전쟁을 계속할 것이냐, 아니면 땅을 넘겨주고 전쟁을 끝낼 것이냐.

토론이 이어졌지만 결론을 내리지는 못했다. 사실 고려는 요나라의 침입을 자초한 측면이 컸다. 916년 야율아보기가 건국한 요는 926년 발해를 멸망시킨 후 936년 연운 16주를 할양받아 중원으로 진출했다. 국가의 기틀을 정립한 요는 942년 고려에 사신을 보내 화친을 요구했다. 당시 국제 정세로는 신흥 강국 요와 불필요한 갈등을 일으킬 필요가 없었다. 그러나 고려 태조 왕건은 명분에 집착했다. 왕건이 보기에 거란은 발해와 맹약을 맺었다가 발해를 멸망시킨 무도한 나라였다. 왕건은 요에서 보낸 사신 30명을 섬으로 귀양 보내고, 그들이 가져온 낙타 50마리는 굶겨 죽이는 등 외교적 무례를 범했다.

뜻밖의 적대적 반응을 접한 요는 당장이라도 군사를 동원해 고려를 치고 싶었으나 왕실 내분과 송과의 외교관계 설정 등의 현안으로 고려 문제는 일단 유보했다. 요동의 여진세력들을 정벌해가던 요는 985년 정안국을 멸망시킴으로써 고려와 요 사이를 가로막는 장애물들을 제거했다. 준비를 마친 요는 고려를 침공했다.

결국 성종은 요의 요구를 따르기로 결론을 내렸다. 서경의 쌀을 백성들에게 나눠주라고 지시한 뒤, 쌀이 남으면 버리라고 명령을 내렸다. 요가 군량미로 사용하는 것을 막기 위한 고육지책이었다. 이때 나선 사람이 중군사 서희였다. 서희는 먼저 쌀을 포기하는 작전의 부당성을 지적하고 나선다.

"먹을 것이 넉넉하면 성도 지킬 수 있고 싸움에도 이길 수 있습니다. 싸움에서 이기고 지는 것은 군사의 강약에만 달린 것이 아니고 좋은 기회를 보아 움직이는 데도 있습니다. 그런데 어찌하여 쌀을 버리게 하십니까? 먹을 것은 백성의 목숨입니다. 헛되이 버릴 바에는 차라리 적군이 이용하도록 하는 게 낫습니다."

성종이 쌀을 버리라는 명령을 거둬들이자 서희는 요가 전쟁을 일으킨 것에 대한 자신의 생각을 밝힌다.

"고구려의 옛 땅을 빼앗는다고 저들이 큰소리치지만 실은 우리를 협박하는 것입니다. 지금 저들의 강한 군세만을 보고 선뜻 서경 이북 땅을 넘겨주는 것은 계책이 아닙니다."

서희의 말이 일리 있다고 판단한 성종은 일단 서희에게 기회를 주기로 했다. 그사이 요와 고려는 한 차례 전투를 벌였고, 소손녕은 항복을 재촉했다. 고려는 서희를 협상단의 대표로 파견했다.

서희는 소손녕의 심리를 철저히 활용하는 전략을 펼친다. 서희는 약속보다 일부러 늦게 협상장에 들어가서 소손녕의 심기를 건드렸다. 또한 서희는 회담장 자리배치, 참석자 수와 같은 사소한 문제를 걸고넘어졌다. 자신이 결코 만만한 상대가 아니라는 것을 소손녕에게 분명히 나타낸 것이다. 소손녕은 서희에게 자신의 요구조건을 이야기했다.

"당신 나라는 신라에서 일어났고, 우리는 고구려 옛 땅에서 일어났소. 그러니 고구려 땅은 우리 것이오."

이에 대해 서희는 차근차근 반론을 개진했다.

"우리 국호는 바로 고려요. 고구려를 계승하는 의미에서 국호를 고려라 했고, 고구려 수도 평양도 현재 우리 땅에 속해 있는 서경이오. 그러니 귀국 논리대로라면 귀국 수도인 동경도 옛 고구려 영토이니 우리에게 내놓아야 할 것이오."

서희의 논리적 답변에 소손녕은 화제를 돌린다.

"우리와 이웃해 있으면서 바다 건너 송을 섬기는 이유가 무엇이오?"

여기에 대해서도 서희는 미리 답변을 준비해놓았다.

"여진이 중간에서 가로막고 있어 교통할 수 없었던 것이오. 여진을 내쫓고 우리 땅을 되찾는다면 요에 사대하지 않을 이유가 없소."

서희의 답변을 들은 소손녕은 사대를 받는 조건으로 군사를 물리기로 하고, 압록강 유역은 고려의 땅으로 인정하기로 약속했다. 서경 이북 땅을 넘겨주어야 하는 상황에서 도리어 압록강 유역의 땅을 고려 땅으로 인정받는 개가를 올린 것이다. 비록 송과 외교관계를 단절해야 한다는 조건이 붙기는 했지만 고려로서는 실리를 최대한으로 챙길 수 있었다.

서희는 요가 전쟁을 멈추고 영토를 요구해왔을 때부터 요의 요구사항을 정확히 읽고 있었다. 당시 요의 최대 관심사는 송나라였다. 요가 두려워하는 것은 고려와 송의 연합이었다. 그렇기 때문에 적당한 선에서 공격을 멈추고 영토를 요구했는데, 서희 외에는 조정에서 요의 심중을 정확히 파악한 사람이 없었다. 적의 요구 조건을 정확히 알고 협상을 진행한 덕에 고려는 외교적 승리를 거두었다. 그러나 서희를 뒤이을 외교전략가는 나오지 않았다. 고려가 이후 두 차례나 요의 침입을 받은 것은 바로 그 때문이었다.

프랭클린 D. 루스벨트 _ 우리가 두려워해야 할 것은 두려움 자체이다

루스벨트는 위기상황에서 미국의 대통령직을 물려받았다. 1929년 10월의 주가폭락으로 시작된 대공황은 현재진행형이었다. 은행이 줄지어 도산했고, 남은 은행들도 빗발치는 예금인출 때문에 간신히 목숨만 부지했다. 실업자는 1,500만 명에 이르렀고, 국민들은 공포에 질려 우왕좌왕했다.

1932년 말에 대통령에 당선된 루스벨트는 3월에 취임하기 전까지 칩거했다. 허버트 후버 대통령은 경제위기 대처방안을 수립하면서 루스벨트의 도움을 요청했지만 그는 거절했다. 과거와 명백히 단절하고 자신이 독자적으로 위기를 수습해야 한다고 생각했기 때문이다.

1933년 3월 4일, 대통령 취임연설에서 루스벨트는 국민들에게 강력한 메시지를 전한다.

"우리가 두려워해야 할 것은 바로 두려움 자체입니다. 그것은 막연하고 이유도 없고 정당하지도 않은 두려움입니다."

자신감과 낙관으로 가득한 그의 연설은 두려움에 떨던 미국인들에게 용기를 주었다. 루스벨트는 여론의 지지를 바탕으로 준비했던 개혁조치를 잇달아 내놓았다. 그는 위기상황을 가능한 한 정확하게 국민들에게 털어놓았다. 취임식 다음 날 라디오 대담이 좋은 예다. 그는 대담에서 은행이 운영되는 원리를 국민들에게 자세히 설명해 국민들의 이해도를 높이고 위기에 대한 우려를 불식시켰다. 그런 뒤 그는 부실은행을 과감히 폐쇄하고 정부에게 은행감독권을 부여하는 법을 통과시켰다. 기준을 통과한 은행들이 문을 다시 열자 국민들의 예금이 몰려들었다. 금융위기를 완화시킨 루스벨트는 정부의 지출을 줄이고, 금주법(禁酒法)을 완화해 소비를 진작시켰으며, 후일 뉴딜이라 부르는 개혁적 법안들을 잇달아 의회에 상정했다. 의회가 이 모든 법안들을 통과시키는 데 걸린 시간은 불과 99일이었다.

1940년 여름 루스벨트는 또 한 번 기로에 선다. 영국 수상 처칠이 미국의 참전을 호소했지만 여론은 부정적이었다. 그러나 루스벨트는 참전만이 미국 경제를 완벽하게 부흥시키고, 이후 국제 사회에서 미국이 선도에 설 수 있는 유일한 길이라고 판단했다. 12월 16일 루스벨트는 마침내 참전반대론자들을 설득하는 작업에 착수했다.

"우리는 침대 위에서 이불을 머리끝까지 덮는다고 해서 위험이 사라지지 않는다는 사실을 알고 있습니다. 우리는 민주주의의 위대한 병기고가 되어야 합니다."

그 후 몇 달 동안 미국에서는 전쟁 참여를 둘러싼 논쟁이 벌어졌다. 무기대여법안에 대한 청문회가 열렸고, 루스벨트의 대국민 설득연설이 이어졌다. 1941년 3월 8일, 무기대여법안의 통과로 미국은 영국에 무기를 배치할 수 있게 되었다. 참전으로 호황을 맞은 군수산업 덕분에 미국 경제는 불황에서 완전히 벗어났고, 전쟁 후 미국은 영국을 대신해 초강대국으로 올라섰다.

보 구엔 지아프_ 전투에 지더라도 전쟁에서 이긴다

베트남의 보 구엔 지아프는 군사전략의 대가였다. 그는 베트남 전쟁 당시 프랑스와 미국이라는 강대국들과 맞서 싸워 모두 승리를 거두었다. 그는 군사력의 열세를 게릴라전과 심리전으로 극복했다. 지아프는 자신의 경험을 토대로 『인민의 전쟁, 인민의 군대』라는 군사전략서를 발간하기도 했다.

보 구엔 지아프가 명성을 얻은 것은 프랑스와의 디엔비엔푸 전투에서이다. 1945년 9월 호치민은 공산 정부 수립을 선언한 뒤 프랑스군의 철수를 요구했다. 프랑스가 철수를 거부하자 무력충돌이 발생하면서 전면전으로 확대되었다. 프랑스는 도시를 중심으로 전투를 전개했고, 호치민은 농촌 지역을 근거지 삼아 대응했다. 공산군 총사령관 지아프는 전력상의 열세를 극복하기 위한 3단계 전략을 수립했다. 병력이 보강될 때까지는 후퇴하고, 중공군의 지원을 받아 서서히 공세를 취하면서, 결정적 승기를 잡아 프랑스를 격퇴시키는 전략이었다. 지아프는 전략대로 착실하게 전쟁을 이끌어갔다. 12만 이상의 정규 병력을 확보해놓았고, 중공군으로부터 최신 장비를 지원받았다. 이제 남은 것은 결정적 기회를 포착하는 일이었다.

프랑스 역시 지지부진한 전쟁을 끝낼 전기를 찾고 있었다. 프랑스 총사령관 앙리 나바르는 하노이 서쪽 160킬로미터 지점에 위치한 디엔비엔푸를 결전 장소로 선택했다. 험준한 계곡으로 적을 유인한 뒤 우세한 화력과 병력을 앞세워 총공격을 퍼붓겠다는 작전이었다.

지아프는 정규전으로 맞서서는 승산이 없다는 사실을 잘 알았다. 그래서 그는 병사들에게 무기와 비상식량 등 간단한 물품만을 소지하게 했고, 그 외 필요물자는 농민조직을 활용해 수송했다. 낮에는 숨어 있다 밤에만 이동하는 방식이어서 프랑스는 적군의 이동상황을 정확히 파악할 수 없었다.

1953년 11월 20일, 프랑스의 선제공격에 월맹군조직은 타격을 입었다. 작전성공을 확신한 나바르는 병력을 증강해 월맹군을 섬멸하려 했다. 공수부대와 폭격기까지 동원해 공격하자 월맹군의 패배는 확실해 보였다. 그러나 지아프는 전투에서 밀리는 모습을 보이면서 프랑스군의 네 배가 넘는 월맹군을 작전 지역에 집결시켰다. 병력 집결이 완료된 1954년 3월 13일 월맹군은 총공격에 나섰다. 기습에 가까운 전면공격에 프랑스군은 혼란에 빠졌다. 우세한 화력을 바탕으로 버티기는 했으나 압도적인 병력으로 밀어붙이는 월맹군을 당해낼 수 없었다. 월맹군이 승리했고, 프랑스는 베트남에서 완전히 물러났다.

프랑스가 물러나자 이번에는 미국이 들어왔다. 남부와 북부 사이의 내전이 격화되자 공산화를 막기 위해 미군이 투입된 것이다. 1964년 8월 미 구축함이 통킹 만에서 격침되는 사건을 계기로 파병된 미군은 1966년 40만 명을 넘어섰다. 전쟁이 장기전 형태로 흐르자 지아프는 미군이 예상치 못한 심리전을 펼쳤는데, 이것이 바로 1968년 구정 공세였다.

베트남 최고의 명절인 구정을 앞둔 1967년 12월 30일, 월맹군은 북쪽에 대한 폭격을 중지하면 협상에 응할 용의가 있다고 제안한다. 미국은 이에 응해 루마니아 대표를 중재자로 하노이에 파견한 후 폭격을 일시 중단했다. 전쟁이 일시적 휴전 상태에 돌입하자 베트남인들은 고향을 찾아 이동하기 시작했다. 미군은 수많은 귀성객을 검문검색할 수 없었다. 지아프의 월맹군은 이러한 허점을 이용해 병력과 무기를 거점 지역으로 이동시켰다. 구정날 새벽 월맹군은 베트남 전역에서 총공격을 개시했다. 미 대사관과 관공서 건물들이 1차 공격 대상이었다. 기습당한 미군은 서둘러 병력을 투입했다. 사이공에서는 격렬한 전투가 벌어졌고, 진압하는 데만도 1개월이 넘는 기간이 소요되었다.

초기에 미군은 구정 공세를 잘 막아냈다. 월맹군 3만 5천 명이 사망했고, 5,800명이 포로로 잡혔다. 월맹군은 큰 타격을 입었다. 그러나 전투에서 이긴 미군은 전과를 활용할 수 없었다. 미군의 승리는 단순한 수치상의 승리일 뿐이었다. 지아프가 노린 것은 TV 앞에 앉은 미국의 시청자들이었다. 미국인들은 미 대사관이 공격당하고, 거리 곳곳에서 시가전이 벌어지는 모습을 TV를 통해 지켜보았다. 미국인들은 베트남에서 승리를 거두기 위해서는 엄청난 병력과 물자를 쏟아 부어야 하며, 설사 그렇게 하더라도 끈질기고 예측할 수 없는 상대인 월맹군을 완전히 물리치기란 쉽지 않다는 사실을 절실히 깨달았다.

또한 게릴라전 특성상 미군이 싸우는 사람들은 월맹군이 아니라 베트남 국민들이라는 이미지가 강하게 남았다. 구정 공세 이후 미국은 반전 여론이 비등해졌고, 결국 1973년 베트남에서 완전히 철군한다.

지아프는 전투에서 지더라도 전쟁에서 이기는 방법을 정확하게 알고 있었다.

대중의 호기심을 전략적으로 공략하라

앨프리드 함즈워스_ 평생 연금을 퀴즈상금으로 내걸어 신문을 살리다

미국에 퓰리처가 있다면 영국에는 함즈워스가 있다. 함즈워스는 중산층을 위한 신문의 가능성을 꿰뚫어보았으며, 중산층의 생각과 이념에 부응하는 신문을 만들어냄으로써 자신의 신문사를 영국에서 가장 거대한 신문사로 만들어내는 데 성공했다.

1888년 23세의 함즈워스는 「답변」이라는 주간신문의 발행자였다. 일주일 동안의 사건과 통계가 신문의 주된 내용이었고, 독자들의 자질구레한 질의에 대한 답변이 지면 곳곳을 채웠다. 많은 신문들이 경쟁하는 시장에서 「답변」이 신규독자를 확보해서 성장하는 것은 불가능해 보였다.

함즈워스는 독자질의에 대한 답변을 신문에 싣는 방식과 반대로 독자들에게 질문해서 답을 맞히면 상금을 주자는 아이디어에 착안한다. 1889년 10월 「답변」에 세계 최고의 상금이 걸렸다는 광고가 실렸다. 퀴즈 당첨자에게 죽을 때까지 일주일에 1파운드씩 평생 동안 연금을 준다는 조건이었다. 문제는 '12월 4일 영국 은행에 금화가 얼마나 있을까?'였다. 70만 통 이상의 답신이 편집국에 도착했다. 참가자 한 명에 대해 다섯 명이 신원을 보장하는 조건이었기에 「답변」의 광고 효과는 최소한 300만 명 이상이었다. 당첨자는 하급군인이었고, 연금수령이 시작되고 8년 후에 죽었으니 금전적 부담도 크지 않았다. 1892년 「답변」의 발행부수는 100만 부를 넘어섰다.

함즈워스는 「답변」의 성공에 만족하지 않았다. 1894년 적자상태의 「이브닝 뉴스」를 인수해 미국식 스타일의 대중지로 개편했다. 「이브닝 뉴스」는 여타 신문들과는 완전히 달랐다. 자극적인 제목으로 독자를 끌어 모았고, 간단명료한 기사와 정확한 배달을 회사의 정책으로 삼았다. 생각 없는 사람들을 위한 신문이라는 혹평이 쏟아졌지만 함즈워스가 만든 「이브닝 뉴스」의 판매부수는 급증했다.

또한 그는 메이저 신문시장 진출을 목표로 삼아 1896년 5월 4일 「데일리 메일」 첫 호를 발간했다. 발간 첫날 경쟁지를 합친 것보다 많은 40만 부를 판매했다. 「데일리 메일」은 기사 스타일, 편집, 종이, 배송망 등 모든 면에서 차별화되었다. 국회에서 나오는 길고 복잡한 뉴스와 지루한 정치연설에는 관심 없는 중산층 독자들을 겨냥한 새로운 스타일은 폭발적 인기를 끌었다. 「데일리 메일」에 실리는 기사 20개의 분량이 「타임스」 기사 1개와 비슷할 정도로 간략한 스타일에다가 스포츠 기사, 가십성 기사가 많았고 그림도 많이 써 보기 쉽게 만들었다. 여성들에게도 신경을 기울여 음식 조리법과 최신 패션을 소개하는 난을 두었다. 1920년 「데일리 메일」은 200만 부를 판매했다. 「데일리 메일」의 성공을 발판으로 그는 신문산업의 지배자가 되었다. 1904년에는 옵서버를 사들였고, 1907년에는 최고 권위를 자랑하는 타임스까지 인수했다.

함즈워스의 장점은 사람들의 심리를 정확히 이해하고 공략해내는 데에 있었다. 업계 종사자들에게는 비난을 들었지만 그는 사람들의 마음을 사로잡는 데 성공했고, 그 결과 최고의 자리에 오를 수 있었다.

칸베 모노스케_ 기발한 발상으로 대형기업 이미지를 확보하다

하자마 건설은 삼성물산과 함께 88층짜리 말레이시아 트윈타워를 건설한, 세계적으로 능력을 인정받는 건설사이다. 그러나 제2차 세계대전 직후의 하자마 건설은 영세한 건설사에 지나지 않았다. 당시 일본에는 카지마, 다이세이, 시미즈, 오바야시, 다케나카가 이른바 5대 건설사로 불리며 전성기를 구가했다.

하자마 건설의 칸베 모노스케는 투지에 넘치는 인물이었다. 그는 어떻게든 5대 건설사를 넘어서야만 회사를 일류로 키울 수 있다고 생각했다. 꿈은 원대했지만 현실은 만만치 않았다. 자금도 모자랐고 인지도도 부족했다. 일본처럼 보수적인 시장에서 새롭게 명성을 얻어나가기란 불가능에 가까웠다. 고민에 고민을 거듭하던 칸베 모노스케는 어느 날 반짝이는 아이디어를 생각해낸다. 어쩌면 장난처럼 여겨지는 이 아이디어 하나로 결국 칸베 모노스케는 회사를 일류로 성장시키는 데 성공한다.

칸베 모노스케는 일본의 유수 신문사에 광고를 싣기로 한다. 그런데 광고의 내용이 기발했다. 하자마 건설을 6대 건설사의 하나라고 소개한 것이다. 흔히 5대 건설사라고 불렀는데 칸베 모노스케는 자발적으로 자신들이 6대 건설사에 속한다고 광고를 해댄 것이다. 그뿐만이 아니었다. 칸베 모노스케는 신문사에 앞으로 기사를 실을 때는 5대 건설사 대신 6대 건설사라는 용어를 써달라고 부탁했다. 신문사 입장에서야 돈이 드는 일도 아니었고, 광고주의 요청이라 굳이 거절할 이유가 없었다. 그렇게 해서 신문지면에 하자마 건설은 6대 건설사로 소개되었다.

이에 대한 업계의 반응은 비난이 아니라 조롱 일색이었다. 칸베 모노스케가 나타나면 자리에서 일어나 6대 건설사 사장님이라며 놀리는 일까지 생겼다. 그러나 칸베 모노스케는 개의치 않았다. 어쨌든 하자마 건설의 인지도는 올라갔고, 수주한 건설공사를 성공적으로 완료하면서 매출이 늘어나기 시작했다. 60여 년이 흐른 지금 하자마 건설이 명성을 유지하고 있는 것은 칸베 모노스케의 심리를 꿰뚫은 기발한 발상 덕분이라고 해도 과언이 아니다.

임상옥_ 상대의 심리를 역이용해 막대한 이익을 얻다

임상옥은 평안북도 의주 출신으로 1779년 태어나 1855년 세상을 떠났다. 조선 후기 정조와 순조 연간에 활동한 임상옥은 우리나라 최초로 국경지대에서 인삼무역을 독점한 거상이다. 1796년부터 사업을 시작한 임상옥은 1821년 청나라 사신을 수행해 북경에서 인삼을 교역하던 중 청나라 상인의 불매동맹을 깨뜨리고 막대한 이익을 얻은 이야기는 유명하다.

임상옥은 전국에서 최상품 인삼을 사들인 뒤 사신을 수행해 청나라에 들어갔다. 연경에 도착해 인삼을 펼쳐놓고 거래를 시도했으나 예전과 달리 관심을 갖는 청국 상인들이 없었다. 안면 있는 청국 상인에게 개별적으로 거래를 요청해도 비싸다고만 대답하고 거래를 진전시키지 않았다. 조선 상인들은 점점 더 초조해졌다. 사신의 임무가 끝나면 조선으로 돌아가야 하는데 인삼이 전혀 팔리지 않았기 때문이다.

조선 상인들끼리 긴급대책회의를 열었으나 별다른 방법이 없었다. 결국 청국 상인들의 요청대로 헐값에 넘기고 조선으로 돌아가는 길만 남아 있었다. 임상옥은 진퇴양난에 빠진 조선 상인들의 인삼을 어음을 써주고 모두 인수했다. 인삼물량 전체를 확보한 임상옥은 숙소 마당에서 인삼을 불태우기 시작했다. 사실 청국 상인들은 조선 인삼을 헐값에 사들이기 위해 불매카르텔을 비밀리에 맺고 있었다. 귀국 날이 다가올수록 협상력이 떨어지는 것을 알고 있는 청국 상인들은 시간을 끌다가 막판에 헐값에 인수해 폭리를 취하려 했던 것이다. 그러나 임상옥은 그들이 인삼장사를 하기 위해 인삼 구입대금을 빌려 연경까지 먼 길을 온 것도 알고 있었다. 인삼을 못 팔면 조선 상인들이 망하지만, 인삼을 못 사면 청국 상인들도 망하기는 마찬가지였다.

조선 상인들의 동향을 주시하던 청국 상인들은 임상옥이 인삼을 태우고 있다는 소식을 듣고 달려왔다. 사태는 반전되었다. 헐값에 파느니 차라리 인삼을 태워버리고 말겠다는 임상옥의 단호한 태도에 놀란 청국 상인들은 평소보다 비싼 가격을 주고 남은 인삼을 구입할 수밖에 없었다. 임상옥은 조선 상인에게 인수한 인삼을 청국 상인들에게 열 배 이상의 가격으로 팔았다.

시장정보를 정확히 입수하고 상대편의 의도를 읽어 역이용한 고도의 심리전을 구사한 임상옥은 조선 후기를 대표하는 거상으로 성장한다.

불완전한 인간의 심리를 활용하라

공포 마케팅이라는 기법이 있다. 인간이 근본적으로 갖고 있는 공포심을 자극해서 재화를 구매하게 하는 기법이다. 다이어트 제품 광고에 날씬한 몸매의 미녀가 등장해 이 제품을 사용하면 모델처럼 된다고 소비자를 설득하지만, 그 이면에는 뚱뚱한 몸매에 다이어트조차 하지 않는다면 자신 있게 살 수도 없고, 멋있는 애인을 사귈 수도 없다는 메시지가 숨어 있다. 보험업은 죽음에 대한 공포를 활용한다. 특히 준비가 안 된 상태에서 갑자기 맞는 죽음이 가져오는 가족들에 대한 경제적 부담을 강조한다. 공포 마케팅처럼 사람의 감정을 자극하는 광고는 가장 강력한 효과가 있다. 합리적인 듯 보이는 인간이 극히 비합리적, 감정적으로 의사결정을 내리는 것이 좋은 사례이다.

전통 경제학에서는 인간을 합리적인 존재로 가정하고, 현실 세계에서 일어나는 비합리성은 정보와 지식의 부족으로 간주했다. 그런데 최근의 경제학에서는 인간을 합리적이라고 보는 전제에 대해 문제를 제기하는 흐름이 형성되고 있다. 실제 인간은 비합리적이고 심리적 요인으로 많은 의사결정을 한다는 주장이다.

조직을 이끌어가는 리더의 관점에서 인간의 감정과 비합리성은 활용하기 나름이다. 합리적 차원에서 도저히 불가능한 일도, 조직원의 심리를 활용하면 가능하게 만들 수가 있다. 절대 열세의 병력으로 승리를 이끌어내는 장군도 마찬가지 경우이다. 특히 위기상황을 맞은 리더는 심리적 측면에서 조직을 다루는 노련함을 갖추어야 한다.

★★★
평상시에 대부분의 조직원들은 조직의 변화 필요성에는 동의하더라도, 자신이 변화해야 하는 것에 대해서는 회의적 태도를 취한다. 많은 리더가 조직혁신을 요구하지만, 실제로 혁신을 성공적으로 추진하기 어려운 이유가 바로 여기에 있다. 이런 점에서 위기는 조직에 진정한 혁신을 가져올 수 있는 호기이다. 평상시 많은 논란을 불러일으키고 극심한 반대에 부딪혀야 했던 사안도 위기상황에서는 적극적으로 받아들여질 수 있다. 위기를 단순히 극복하는 것만으로는 부족하다.

3부

역사가 증명한 위기극복 시스템

12_
위기를 재도약으로 이끄는 제도개혁의 기회로 만들어라

위기는 진정한 혁신을 가져올 수 있는 호기이다

위기를 단순히 극복하는 것으로는 부족하다

자유주의 경제학자 밀턴 프리드먼은 "오직 위기만이 진짜 변화를 만들어낸다. 위기가 발생하면 과거에 정치적으로 불가능했던 일들이 불가피해진다"고 갈파했다.

대부분의 인간은 눈앞에 닥친 현실을 확인하고서야 행동에 나서는 존재이다. 다가올 위험을 감지하고 사전에 준비하는 것이 바람직하지만 이는 현실적으로 대단히 어렵다. 역량 있는 리더가 미래를 예측하고 경고사이렌을 울려도 조직은 둔감하게 반응하기 쉽다. 그러나 위기가 닥치면 이야기가 달라진다. 눈앞에 닥친 현실은 사람들을 긴장하게 만들고 행동에 나서게 하는 계기가 된다. 평상시에 지지부진하던 개혁도 신속하게 진행할 수 있는 여건이 형성되는 것이다.

평상시에 대부분의 조직원들은 조직의 변화 필요성에는 동의하더라도, 자신이 변화해야 하는 것에 대해서는 회의적 태도를 취한다. 많은 리더가 조직혁신을 요구하지만, 실제로 혁신을 성공적으로 추진하기 어려운 이유가 바로 여기에 있다. 이런 점에서 위기는 조직에 진정한 혁신을 가져올 수 있는 호기이다. 평상시 많은 논란을 불러일으키고 극심한 반대에 부딪혀야 했던 사안도 위기상황에서는 적극적으로 받아들여질 수 있다.

위기를 단순히 극복하는 것만으로는 부족하다. 위기가 닥치면 일단 생존하는 것이 우선과제이지만, 해묵은 숙제를 하는 기회로 삼아야 한다. 평상시 추진하기 어려웠던 제도개혁을 실시해 조직경쟁력을 획기적으로 상승시키는 절호의 찬스는 바로 위기상황이 주는 선물이다.

위기를 겪으며 제도개혁의 초석을 놓아라

대동법 _ 임진왜란 이후 사회통합의 인프라를 시행하다

조선 역사상 가장 혁신적인 제도개혁의 사례가 대동법이다. 대동법의 기본 원리는 간단하다. 조선 백성들은 국가에 지역 특산물을 공물로 바치는 공납의 부담을 지고 있었는데 이것을 쌀로 대신하자는 것이다. 특산물을 때맞추어 바치는 일은 쉬운 일이 아니었다. 농사짓는 와중에 특산물을 구하기도 어려웠고, 또 정해진 특산물 중에는 예전에는 흔했으나 실제로는 구하기 어려운 것들도 많았다. 게다가 호 단위로 부과됨으로써 부자와 빈자 모두 똑같은 액수를 부담해야 하는 모순을 지니고 있었다. 거기에다 백성들의 공납을 대행하는 방납제도가 성행하면서 백성들의 부담은 더욱 커졌다. 방납은 언뜻 편리해 보이지만 문제는 방납업자와 관리가 달라붙어 폭리를 취하는 데 있었다.

공납의 폐해로 백성들의 삶은 피폐해졌다. 부담을 감당하기 힘든 백성들이 도주하는 바람에 마을이 텅 비는 사태가 잇따라 발생했고, 도망친 백성들이 도적떼에 합류함에 따라 사회불안마저 조성되었다. 이 문제를 해결하기 위해 대동법이 제안되었지만 실시에는 많은 난관이 따랐다. 대동법 반대자는 지주계층과 고위관료들이었다. 대동법은 공납과는 달리 소유한 농지의 넓이에 비례해 쌀을 바치는 제도였다. 가진 자가 많이 내는 것은 조세의 형평성에도 합치했지만 파워엘리트의 극심한 반대로 도입 자체가 어려운 상황이었다.

그런데 임진왜란을 겪은 뒤 분위기가 반전되었다. 전쟁으로 기존 정치, 경제 시스템이 흔들리면서 새로운 제도를 도입할 수 있는 여건이 마련된 것이다. 전쟁 수행을 통해 리더십을 확보한 광해군은 대동법 도입에 적극적인 입장을 취했다. 비록 삼남의 곡창지대를 제외한 경기, 강원 일부에서만 시행되는 한계가 있었지만 도입 자체가 큰 의미를 가졌다. 그러나 인조반정으로 권력의 중심이 왕에서 신료들로 옮겨가면서 대동법의 확대 실시는 난관에 부딪친다.

대동법 확대 실시에 정치생명을 바친 사람이 김육이다. 김육은 관직에 진출하기 전 잠곡에서 은거 생활을 한 적이 있다. 시골에서 그가 본 것은 농민들의 처참한 생활상이었다. 김육은 그때 보았던 농민들의 고충을 기억했다가 충청도 관찰사에 오른 1638년 9월(인조 16년) 대동법을 확대 시행하자고 건의한다.

김육의 대동법 확대 실시 제안은 받아들여지지 않았다. 인조는 찬성했으나 관료들의 반대가 극심했다. 하지만 김육은 대동법만이 백성들의 삶을 개선할 수 있다고 믿었기 때문에 효종이 즉위한 1649년 11월 또다시 건의한다.

"대동법은 백성을 편안하게 하기 위한 것이니 시대를 구할 수 있는 좋은 정책입니다. 경기와 강원에 이미 시행해 힘을 얻었으니 양호 지방에서 실시하면 백성들의 삶을 편안케 할 최고의 방도가 될 것입니다."

그러나 이번에도 건의는 받아들여지지 않았다. 김육은 좌절하지 않고 1651년 충청도에 대동법을 시행하자고 한다. 개혁법안의 처리는 여전히 순탄치 않았다. 김육의 연이은 건의에 조정은 두 편으로 갈라져 극한대립의 양상까지 보였다. 대동법에 찬성하는 측이 한강 이북에 주로 산다는 이유로 한당이 되었고, 반대하는 측이 산림인 까닭에 산당이 되었다. 장고하던 효종은 마침내 김육에게 이렇게 물었다.

"대동법을 시행하면 대호(大戶)가 원망하고 시행하지 않으면 소민이 원망하니 그 원망의 대소가 어떠한가?"

김육은 즉각 소민의 원망이 크다고 답했고, 효종은 대동법을 확대 실시하라고 결정을 내렸다.

1651년 충청도 지역에 확대 실시된 대동법은 1708년에야 전국에 실시되었다. 1608년 최초 시행 후 100년이 걸린 셈이다. 대동법의 성과는 가시적으로 나타났다. 백성들의 삶이 안정을 되찾자 농업 생산력은 증가했다. 그뿐만 아니라 상공업 발달이라는 기대하지 않았던 효과마저 발생했다. 공납이 없어지자 물품조달을 전문으로 하는 공인계층이 등장했는데, 이들 계층이 물자를 전국에 유통시킴으로써 경제가 활성화된 것이다. 시장과 포구가 늘어나고 물자 거래가 활발해지자 상공업이 본격적으로 발달했고, 조선 후기 사회는 이전과는 완전히 다른 발전 양상을 보인다.

사카모토 료마_ 협상력으로 국가 통합 프로젝트를 성공시키다

사카모토 료마는 일본 개화기의 영웅이다. 일본의 유명한 소설가 시바 료타로는 사카모토 료마의 일대기를 다룬 『료마가 간다』라는 소설을 쓰기도 했는데, 소프트 뱅크의 CEO 손정의는 중학교 3학년 때 이 책을 읽고 사업가가 되기로 결심했다고 한다. '인생에서 중요한 것은 오래 사는 것이 아니라 자신의 신념을 이루기 위해 정열을 불태우는 것이다'라는 것이 사카모토 료마가 남긴 교훈이다. 사카모토 료마는 분열된 일본을 하나로 통합해 근대 국가를 세우는 것을 일생의 목표로 삼았다. 사카모토 료마의 활약 덕분에 일본은 평화적 정권 교체에 성공해 성공적인 근대 국가로 나가는 기틀을 닦게 된다.

토사 번 출신인 사카모토 료마는 친서양파인 가쓰 카이슈를 암살할 계획을 세웠을 정도로 원래는 보수적인 인물이었다. 그러나 오히려 가쓰 카이슈의 논리에 설득된 그는 이후 쇄국이나 개방 중에 양자택일하는 논리로는 변화하는 국제 정세에 맞추어 일본을 개혁할 수 없음을 깨닫고, 갈등을 최소화한 상태로 부국강병에 매진하는 것이 최선의 선택이라는 결론에 이른다.

당시 일본의 정계는 사쓰마 번과 조슈 번의 주도권 다툼으로 몹시 혼란스러웠다. 막부를 없애고 왕정으로 돌아가야 한다는 기본 전제는 동일했지만 수백 년간 갈등을 겪은 양 번인 까닭에 동맹의 성공 여부는 불투명했다. 사카모토 료마는 양 번의 동맹에 일본의 사활을 건다. 사카모토 료마는 조슈 번의 무기수입을 사쓰마 번으로 하여금 돕도록 여건을 조성함으로써 동맹의 첫 다리를 놓았다. 토사 번 출신인 사카모토 료마는 대부분의 사람들과는 달리 자신이 소속된 번의 이익에 연연하지 않았다. 그런 료마의 성향 덕분에 협상은 빠르게 진전되었다. 그러나 마지막 변수가 있었다. 사쓰마 번의 일각에서 무력에 의한 막부 토벌을 들고 나온 것이다. 이때 료마의 협상력이 또 한 번 발휘된다. 료마는 막부의 수장인 도쿠가와 요시노부에게 협상안을 제시하고, 정권을 내놓은 후에도 막후 실력자 역할을 행사할 수 있다고 판단한 요시노부가 평화적으로 정권을 내놓음에 따라 일본은 내분 없이 왕정 체제로 복귀한다.

사카모토 료마의 강점은 국가 통합 프로젝트를 기획하고 탁월한 협상력으로 유혈 사태 없이 문제를 해결한 데에 있다. 요코이 쇼난에게서 퇴계학을 접한 그가 칼로 사람을 죽이지 않겠다고 결심한 후 평생 그 약속을 지켰다는 사실도 흥미로운 부분이다. 위기일수록 국가는 분열되기 마련이다. 사카모토 료마는 분열의 위험을 직시, 재빨리 평화적인 문제수습에 나섬으로써 동아시아 3국 중 최약체 국가였던 일본이 19세기 후반 이후 최강의 국가로 재생할 수 있는 기반을 마련한 인물로 평가받는다.

광종_ 후주의 인사를 등용해 고려를 개혁하다

고려 태조 왕건은 중폐비사(重幣卑辭, 선물을 후하게 주고 자신을 낮추는 정책)와 결혼정책을 통해 강성한 호족세력을 아우르는 데 성공했다. 그러나 왕건이 죽자 그의 호족 우대정책들은 부메랑이 되어 돌아왔다. 호족들의 세력이 강성해진 나머지 왕권을 위협할 지경에 이른 것이다. 혜종, 정종에 이어 왕위에 오른 광종의 가장 큰 고민거리는 어떻게 왕권을 강화해 호족들의 세력을 억누르느냐는 데에 있었다. 성공할 경우 고려는 안정된 국가로 성장할 수 있지만 자칫 실패할 경우 분열을 야기해 국가를 혼란에 빠뜨릴 수도 있었다.

재위 초기 광종은 당 태종의 치세를 기록한 『정관정요(貞觀政要)』

를 숙독하며 국정 운영방안을 구상해나갔다. 물론 그가 처한 현실은 강력한 왕권을 행사하던 당 태종과는 달랐다. 왕권 강화를 위해서는 호족세력을 견제해야 했음에도 즉위 직후 호족들에게 도리어 쌀을 나누어주는 정책을 편 것처럼 광종의 입지는 약했다. 그러나 956년(광종 7년) 한 중국인과의 만남을 통해 광종은 정국 운영을 주도할 비장의 카드를 얻는다.

당시 고려는 중국의 후주와 외교관계를 맺고 있었다. 955년 광종이 후주 세종의 즉위를 축하하는 사절을 보내자 후주는 956년 설문우를 보내 답례했다. 그런데 이때 설문우를 따라온 수행원 중에 쌍기가 있었다. 광종은 쌍기를 통해 후주의 개혁정책이 자신이 추구하는 노선과 상당 부분 유사하다는 것을 알게 되었다. 이에 광종은 아예 쌍기에게 한림학사를 제수, 고려에 머무르게 한다.

쌍기를 통해 개혁방안을 구체화한 광종은 행동에 나섰다. 노비안검법이 첫 번째 정책이었다. 노비안검법은 전쟁이나 빚 때문에 호족들의 노비가 된 자들에게 다시 과거의 신분을 돌려주는 정책이었다. 노비안검법이 시행될 경우 가장 피해를 입는 쪽은 호족들이었다. 호족들은 이들을 이용해 농토를 경작하거나 군사력을 확장해왔기 때문에 이들을 국가로 귀속시키면 경제적, 군사적 토대를 모두 잃는 것이었다. 호족들이 반대했지만, 광종은 강력하게 밀어붙였다.

노비안검법으로 호족들의 군사력을 약화시킨 광종은 958년 비장의 카드인 과거제 실시를 강행했다. 과거제는 시험을 통해 우수한 인력을 선발하는 제도였다. 광종 이전 고려의 인력선발은 추천에 의존했다. 추천을 통해 관료가 된 사람은 아무래도 자신을 추천한 사람의 편에 설 수밖에 없었다. 그러므로 파벌조성과 이권다툼은 피할 수 없는 현상이었다. 거기에다 고려의 기존 관료들은 대부분 개국 때 공을 세운 이들이었다. 이들은 또한 사병을 지닌 무장세력이었기에 왕으로서는 부담을 느끼지 않을 수 없었다. 과거를 통해 인재를 선발하면 별다른 연고가 없는 그들은 자연스레 왕에게 충성을 바치게 될 것이니, 과거제 실시는 자연스럽게 고려의 지배층을 교체하는 최적의 수단인 셈이었다.

960년에는 관료들의 공복을 제정하는 정책을 펼쳤다. 관료들의 등급에 따라 공복의 색을 달리하는 것이 기본 골자였다. 이는 관료 사회에 질서를 부여함과 동시에 관료들의 임명권자가 군주라는 사실을 명확히 각인시키는 효과를 노린 것이다. 광종의 왕권 강화정책은 필연적으로 숙청작업을 동반했다. 광종 사후에 살아남은 개국공신들의 숫자가 40여 명이라는 사실은 광종이 얼마나 고강도의 숙청작업을 펼쳤는지를 나타내준다.

개혁을 추진하는 한편, 광종은 민심을 얻는 일도 병행했다. 중소 호족들에게 널리 인정받은 승려 균여를 등용해 귀법사를 맡기고 빈민 구제 사업을 펼치게 함으로써 자신의 지지세력을 확장하면서, 과거를 통해 발탁한 신진관료들을 핵심 요직에 포진시켜 기존 호족세력과 맞서도록 했다.

광종은 26년간 왕위에 머무르다 975년 세상을 떠났다. 광종 사후 고려는 많은 변화를 겪었지만 광종이 만들어놓은 국가의 기본 구조는 그대로 유지되었다. 외침과 내란에 시달리던 고려가 474년간이나 왕조를 유지할 수 있던 데에는 과감한 정책을 통해 호족세력을 약화시킨 광종의 영향이 컸다.

위기를 새로운 사업 모델을 창안하는 계기로 만들어라

질레트_ 목표 달성 위주로 조직을 정비하다

1996년 질레트는 세계 최우량 기업 중의 하나로 성장했다. 1990년 이후 매출은 해마다 17퍼센트 증가했고, 영업이익률은 12퍼센트로 코카콜라에 이어 소비재 산업 부문 2위를 기록했다. 질레트가 신규 출시한 센서 면도기들은 세계시장에서 선풍적 인기를 끌었고 시장점유율은 급속히 늘어났다. 하지만 최고의 정점에서 질레트의 위기가 잉태되고 있었다.

질레트의 위기가 가시화된 것은 1999년이었다. 판매량 정체에 이익률이 떨어지고 주가도 하락했다. 3년 전과 매출은 비슷한 수준인데 재고는 40퍼센트 이상 증가했다. 근본적인 문제가 발생한 것이었다. 질레트는 현상을 정확히 파악하기 위해 정밀진단 작업에 착수했다. 문제는 호황기에 인력을 과다하게 늘리면서 전체 규모를 지나치게 키운 데 있었다. 갑자기 규모가 커지면서 경영은 방만해졌고, 관리부실까지 겹쳐 위기가 찾아왔다는 결론에 이르렀다. 질레트는 전 세계 14개의 공장과 12개의 물류센터를 폐쇄하고, 인력의 11퍼센트를 줄여 5억 달러 이상을 절감하는 구조개선안을 발표하며 위기해결을 기대했다. 결과는 실망스러웠다. 2000년대에 들어서자 질레트의 추락은 더욱 가속화되었다. 주가가 30달러 아래로 하락하자 주주들 사이에서도 우려의 목소리가 터져 나왔다. 근본적인 대수술이 필요하다고 판단한 질레트는 2001년 나비스코 출신의 짐 킬츠를 새로운 CEO로 영입했다.

짐 킬츠는 질레트가 심각한 위기에 빠져들었다고 판단했다. 질레트가 생산하는 제품 중 60퍼센트가 시장점유율 하락세를 보였으며, 직원들의 사기 저하로 이직률도 높아지고 있었다. 짐 킬츠는 직원들의 정신무장부터 다시 해야 한다고 생각했다. 질레트는 면도기 개발에서 출발한 탓에 엔지니어링의 중요성이 과도하게 평가되는 회사였다. 면도기뿐만 아니라 문구나 치약 등의 사업에서도 마케팅보다는 엔지니어링이 지나치게 강조되는 문화였기 때문에 고객과 시장에 대한 마케팅 역량이 현저하게 떨어져진 것이다.

짐 킬츠는 정확한 사실을 먼저 공유하는 것이 중요하다고 판단하고 중간간부들에게 시장점유율, 이익 등 기본적인 수치를 경쟁사와 비교하는 프레젠테이션을 실시했다. 직원들은 그제야 사태의 심각성을 깨달았다. 그러나 대부분 자신이 속한 부서의 내부 관리에는 문제가 없다는 입장이었다. 프레젠테이션에서 회사의 내부 비용이 지나치게 높다는 점에 동의한 바로 그 사람들이었다. 문제는 명확했다. 모든 직원들이 위기의 원인이 자신이 아니라 타인에게 있다고 본 것이다. 짐 킬츠는 앞으로는 직원들 개개인에게 목표 달성의 책임이 주어질 것이며 실패했을 때에는 책임도 따를 것이라고 경고했다. 그런 뒤 각자의 목표를 문서로 작성해 제출하라고 지시했다. 문서를 받은 짐 킬츠는 그것을 바탕으로 실적을 점수로 매겼으며 점수에 따라 승진이 좌우된다는 사실을 명확하게 전달했다.

리더가 목표를 정해주자 조직원들이 움직이기 시작했다. 판매정보도 정확하게 집계되지 않던 과거와는 달리 이제는 하루 전날 판매된 제품의 현황도 정확하게 파악되었다. 목표의식을 심어주는 데 성공하자 짐 킬츠는 고비용 구조 수술에 착수했다. 짐 킬츠는 비용 발생 요인을 세부적으로 파고들어 개선점을 찾아내고 적용했다. 수십 년에 걸쳐 누적된 문화와 관행을 고치는 것에 반발도 심했지만, 짐 킬츠는 끈질기게 개선작업을 지속했다. 2003년이 되자 질레트의 경영상황은 호전되었다. 이익률이 상승하고 부채가 감소했다. 2005년 질레트는 주당 55달러의 좋은 조건으로 P&G와 합병에 합의했다. 질레트가 추진한 개혁의 성과가 자본시장에서 인정을 받은 것이다.

이케아_ 화재를 계기로 독특한 직접구매방식을 창안하다

이케아는 단순하면서도 실용적인 가구로 세계시장을 지배하고 있다. 해마다 이케아의 판매장은 전 세계에 걸쳐 있고 매년 5억 명이 이케아 가구를 구입한다. 세련된 디자인에 실용성을 겸비한 데다 가격까지 낮아 소비자의 충성도가 매우 높다. 이케아의 이런 성공은 1970년 9월 5일 발생한 가구전시장의 화재에서 비롯되었다고 해도 과언이 아니다.

이케아는 1943년 잉바르 캄프라드가 통신판매업체로 창립했는데, 1960년대 스웨덴의 호황에 힘입어 급성장했다. 1969년 덴마크에 매장을 열면서 외국시장 진출도 시작했고, 1960년대 말에는 통신판매를 주축으로 스칸디나비아를 대표하는 가구업체로 성장했다. 그런데 통신판매의 특성상 이케아는 매장의 가구전시를 판매사업의 보완기능으로만 생각했다. 즉, 고객들이 가구를 주문하기 전에 직접 보고 만져볼 수 있는 장소에 불과했다.

1970년 9월 5일, 스톡홀름 외곽의 창고를 겸한 이케아 대형가구 전시장에서 불이 났다. 건물은 잿더미가 되었고, 다시 판매를 재개하려면 6개월 이상이 필요했다. 화재발생 몇 주 후 이케아는 스톡홀름에서 부분 손상된 가구를 정상가격의 90퍼센트 할인가격으로 판매한다는 광고를 냈다. 예상을 훨씬 뛰어넘는 수천 명의 사람들이 판매장으로 몰려왔다. 이를 목격한 경영진은 새로운 판매방식에 착안한다. 화재로 실시한 정리바겐세일은 이케아 역사의 새로운 시작이었다.

이케아는 카탈로그에 의한 통신판매방식 또는 매장에 직접 가구를 보고 주문서를 작성해 배송을 기다리는 방식으로 가구를 팔아왔다. 이케아 입장에서는 카탈로그 제작, 배송 비용을 부담해야 하고, 고객도 매장까지 찾아와서 주문하고 기다리는 등 시간 손실이 만만치 않았다. 그런데 정리바겐세일에 몰려든 인파는 가격이 저렴하고 실물을 확인할 수 있다면 고객이 직접 매장에 와서 물건을 구입해 자신의 차로 집으로 가져가겠다는 의향이 있음을 확인시켜 주었다.

스톡홀름 가구전시장 총책임자인 한스 악스는 즉각 창업자인 잉바르 캄프라드에게 직접구매방식, 즉 고객들이 가구전시장에 차를 몰고 와 직접 가구를 실어가는 방식을 제안했다. 다시 말해 가구슈퍼마켓을 만들자는 제안이었다. 캄프라드는 직접구매방식으로 전환할 경우의 손익을 따져보았다. 비용이 줄어들면 가구의 가격이 낮아질 것이고, 그렇다면 더 많은 사람들이 이케아를 구입할 가능성이 높아지는 것이다. 사업잠재력이 있다고 생각한 캄프라드는 캐시앤캐리 시스템(Cash and Carry System, 현금을 내고 가구를 직접 가져가는 판매방식) 형태의 매장을 만들어 시장에 도전했다.

결과는 대성공이었다. 이케아는 캐리앤캐리 시스템을 도입한 덕분에 가구의 가격을 대폭 낮출 수 있었고, 또한 운송비가 들지 않아 비용도 절감하는 효과를 거두었다. 그 결과 이케아는 누구나 싼 가격에 살 수 있는, 그러면서도 좋은 품질을 약속하는 가구의 대명사가 되었다.

1971년 3월, 화재가 발생했던 스톡홀름의 이케아 하우스를 재오픈했을 때 이케아는 새로운 시스템 도입과 함께 혁명적인 발상을 시도했다. 가구매장 안에 레스토랑과 아이들을 위한 놀이공간을 배치한 것이다. 고객들은 아이들이 놀이터에서 노는 동안 저렴한 가격의 좋은 요리를 즐기면서 여유롭게 가구쇼핑을 즐겼다. 오늘날 대형소매점에서 일반화된 식당과 어린이 공간의 배치는 이케아가 최초로 시도한 것이다.

통신판매로 시작한 이케아가 오늘날 세계적 가구사업체로 성장한 계기는 스톡홀름 매장의 화재였다. 화재로 위기에 처한 이케아가 불로 손상된 가구의 정리세일을 시도하면서 얻은 소비자의 반응을 정확하게 분석해 새로운 가구판매사업 모델을 구체화한 것이 오늘의 이케아를 탄생시켰다. "위기는 항상 기회와 함께 온다"는 말은 이케아에도 적용되었다.

마쓰시타 고노스케_ 아타미 회담을 통해 회사를 개혁하다

마쓰시타 고노스케는 경영의 신으로 불리는 인물이다. 마쓰시타 그룹의 창업자인 그는 불굴의 투지로 전후 최악의 상황을 이겨내고 회사를 일류 메이커로 만들었고, 인재 양성에도 힘써 일본의 경제 발전에 원동력을 제공했다. 마쓰시타 전기는 사람을 만드는 기업이라는 그의 철학은 일본 기업계의 근본 정신으로 받아들여진다. 그런 마쓰시타에도 위기는 여러 번 있었지만 1964년은 특히 최악이었다.

1964년 마쓰시타 고노스케는 경영 일선에서 물러나 회장에 취임해 있었다. 당시 일본은 한국 전쟁 덕분에 특수를 누리던 호황의 시기가 끝나고, 최악의 불황을 맞았다. 근본적인 체질 개선을 하지 않으면 사업을 접어야 할 위기상황이었다. 위기의 조짐은 1961년부터 나타났지만 워낙 탄탄한 기업이었기에 체감되기까지는 다소의 시차가 있었다. 1963년 가전업계 전반의 매출이 전후 처음 감소했지만 마쓰시타는 18퍼센트의 성장을 기록하는 호조를 보였다. 그러나 불황이 장기화되면서 마쓰시타도 침체에 빠졌다. 1964년이 되자 마쓰시타마저 매출 감소 현상을 겪었고, 그동안 잠복해 있던 문제들이 표면화되었다.

고노스케는 현업에서 물러났지만 이러한 문제들을 정확하게 파악하고 있었다. 고노스케가 보기에 단순히 매출이 감소하는 것은 문제가 되지 않았다. 더 큰 문제는 매출이 감소하는데도 직원들의 정신상태와 태도가 전혀 변하지 않는 데에 있었다. 이러한 상황에서 전국 대리점 사장 간담회가 아타미에서 열린다. 고노스케는 이 회담에 참가해 일선의 이야기를 가감 없이 듣고 대책을 수립하기로 결심한다. 후일 '아타미 회담'으로 불리는 역사적 간담회였다.

회담장의 분위기는 고노스케가 예상한 것보다 훨씬 나빴다. 대리점주들은 매출 감소를 호소하면서 마쓰시타의 적절치 못한 대응을 비난하고 나섰다. 일부 감정적인 비난도 섞여 있었지만 마쓰시타 내부에 문제가 존재한다는 사실만은 분명했다. 고노스케는 대리점주들 앞에 직접 나가서 흑자를 내고 있는 곳이 얼마나 되는지 파악해보았다. 결과는 충격적이었다. 170명 가운데 손을 든 이는 20명 정도에 지나지 않았다. 대부분의 대리점이 적자상태인 가운데, 일부는 생존이 위태로운 지경이었다. 또한 이런 상황에서 간담회를 진행하는 직원의 모습은 무척 실망스러웠다. 대리점주들의 절박한 호소와는 달리 진행 담당 직원은 제기되는 이슈에 관심이 없어 보였다. 발언을 희망하는 점주들에게 마이크를 전달하는 동작도 느릿느릿했고, 마이크의 작동상태를 확인하지도 않아 발언자들이 당황하기 일쑤였다. 마쓰시타의 문제를 한눈에 보여주는 상징적 장면이었다. 간담회 말미에 고노스케는 대리점주들 앞에 나섰다. 고노스케는 먼저 대리점주들에게 지금껏 도와준 것에 대해 감사를 표한 다음 진심으로 사죄했다.

"여러분이 손해를 보고 있는 것은 우리의 잘못 때문입니다. 기존 관행들을 하나하나 분석해 개선해나가도록 하겠습니다. 여러분의 안정을 위해 최선을 다해 노력하겠습니다."

69세 노회장의 진심어린 발언에 회담장은 숙연해졌다. 대리점주들의 마음은 어느 정도 잡아놓았으니 이제는 개혁에 돌입해야 했다. 고노스케는 이때 누구도 상상하지 못한 결정을 내린다. 명예회장이 영업본부장으로 취임한다는 파격적인 결정이었다. 발표 전 내부 의견을 듣는 과정에서도 대부분 부정적인 반응을 보였다. 회장이 경영 일선에 나서야 할 만큼 마쓰시타가 어려워졌는가, 하는 평들이 세상에 떠돈다는 것이었다. 그러나 고노스케에게는 오랜 경험을 통해 체득한 원칙이 있었다. 많은 이들의 의견을 들어 중지를 모으되, 최종 결정은 책임자인 본인이 직접 내린다는 소신이었다. 고노스케는 자신이 전면에 나서야 문제를 신속하게 해결할 수 있다고 판단했다.

영업본부장에 취임한 고노스케는 판매제도 개혁에 최우선 순위를 두었다. 먼저 지역 판매제도를 확실히 지켜나가는 정책을 폈다. 지역별 판매회사를 정하면서 판매 지역의 혼선으로 인해 벌어졌던 과열경쟁이 사라졌고, 한 지역에 대해 책임을 지고 판매를 진행하는 시스템이 정착되었다.

다음은 사업부 직판제 도입이었다. 기존의 사업부, 영업소, 대리점 시스템에서 영업소를 줄이고 사업부에서 곧바로 대리점을 담당하는 시스템으로 바꾼 것이다. 이렇게 되자 사업부는 일선 대리점에 대해 더 큰 책임을 느꼈고, 결과적으로 일선의 목소리를 수용하는 정책을 펼칠 수 있었다. 고노스케는 새로운 판매조직을 도입하면서 효과를 보려면 최소한 2년은 기다려야 한다고 예상했다. 그러나 경영의 신, 고노스케도 틀리는 때가 있었다. 1년 반 만에 회사는 흑자로 돌아섰다. 고노스케가 영업본부장으로 일한 기간은 6개월에 지나지 않았다.

불황으로 발생한 매출 감소, 대리점 수익성 악화는 다른 기업들도 마찬가지 상황이었다. 그러나 고노스케는 이러한 위기를 근본적인 제도개혁의 기회로 활용했다. 그 결과 단기적인 실적 호전은 물론 장기적으로도 판매력을 향상시키는 조직개편을 이룰 수 있었다.

위기를 변화의 계기로 삼아라

"약자의 의무는 전략이고, 강자의 의무는 혁신이다"라고 한다. 약자는 강자에 맞서 살아남을 수 있는 방법을 찾는 전략을 필수적으로 고민해야 한다. 강자의 적은 대개 자기 자신이다. 강자이기에 빠져들기 쉬운 교만, 나태함, 둔감함 등을 혁신을 통해 끊임없이 재탄생시켜야 한다는 의미이다. 전략에 실패한 약자와 혁신에 실패한 강자는 모두 생존할 수 없다.

역사적으로도 근본적인 제도변화는 위기의 부산물이었다. 조선 후기 사회를 변화시키는 동인으로 작용한 대동법은 임진왜란이라는 미증유의 혼란을 수습하는 과정에서 나왔다. 일본 근대화의 시발점인 명치유신도 1853년 미국의 페리 제독이 군함을 이끌고 개항을 요구하는 충격적인 사건에서 비롯되었다. 우리나라 대기업이 글로벌 기업으로 성장한 것도 1997년 IMF 구제금융을 야기한 경제위기를 거치면서 체득한 생존방식 때문이었다.

1997년 당시 IMF 총재 미셸 캉드시는 한국의 구조조정 프로그램 적용을 "위장된 축복(Disguised Blessing)"이라고 표현했다. 그동안의 방만했던 경제운용방식을 조정하고 거품을 걷어낸다면 경제위기가 축복으로 평가될 수 있다는 관점에서 한 말이다. 당시에는 단순한 립-서비스로 받아들여졌으나 지금 돌이켜보면 타당한 지적이다.

기업에 불경기나 경제위기는 언제나 찾아올 수 있는 불청객이다. 어려움을 이겨내는 것은 누구에게나 고통스럽지만, 이를 제도개혁과 혁신의 계기로 받아들인다면 위기는 언제나 '위장된 축복'이 될 것이다.

13_ 확실한 보상구조를 만들어라

자신에게 이익이 될 때 사람들은 가장 적극적이다

위기극복에도 인센티브 구조가 전제되어야 한다

세상에 수많은 갈등이 존재하지만 한 꺼풀 벗겨놓고 보면 대부분 경제적 이익을 놓고 싸운다. 표면적으로 내세우는 이유는 국가, 종교, 가족, 친구 등 다양할지라도 본질은 결국 돈 문제로 귀결된다. 인간 본성에 대한 통찰력이 탁월했던 마키아벨리는『군주론』에서 "사람이란 아버지의 죽음보다도 친구에게 돈 떼인 것을 오래 기억하는 법이다"라고 표현하기도 했다. 개인의 사회적 행동 저변에는 기본적으로 경제적 동기가 깔려 있다. 그렇기 때문에 사람들은 자신에게 이익이 될 때 가장 적극적으로 행동한다.

경제적 이해관계로 만들어진 기업은 경제적 인센티브가 조직을 움직이는 기본 동인으로 작용한다. 이익을 추구하는 조직의 특성상 이익에 대한 보상이 전제되어야 행동을 요구할 수 있다. 위기를 맞은 경우에도 마찬가지이다. 오히려 흔들리는 조직을 추스르기 위해서는 평상시보다 더욱 명확한 인센티브 구조를 제시해야 한다. 조직원들 입장에서도 위기극복에 동참한다는 것은 많은 고통과 비용을 수반하는 일인데, 이에 대한 보상이 전제되지 않는다면 참여할 이유가 없는 것이다. 따라서 위기극복에도 인센티브 구조가 전제되어야 한다. 인센티브 구조 없이 구체적인 행동과 결과물을 기대하는 것은 무리이다.

조직원과 위기극복에 대한 인식과 행동을 공유하기 위해서는 이에 대한 보상구조를 분명히 할 필요가 있다. 인센티브가 약속되지 않은 상태에서 형성된 공감대는 메아리 없는 구호로 끝나기 마련이다.

돈 또는 명예로 동기를 부여하라

나폴레옹 1세_ 훈장의 명예로 병사의 사기를 올리다

나폴레옹은 서양 근대 역사에서 최고의 군사적 천재로 통한다. 최적의 전투방식을 연구해 자신의 군대에 적용했고, 작전계획을 세우기 전에 가능한 한 모든 정보를 수집해 상황을 정확히 판단한 뒤에야 최종 명령을 내렸다. 전투가 벌어지기 전에는 전투현장을 답사해 지형을 숙지했고, 위기의 순간도 불굴의 투지로 헤쳐 나왔다. 그의 진정한 천재성은 병사의 마음을 어루만져 전투력을 극대화하는 리더로서의 면모에 있었고, 이는 1796년 이탈리아 원정에서 가장 극명하게 나타난다.

1796년 4월 나폴레옹은 조세핀과 결혼한 지 이틀 후 전투를 지휘하기 위해 이탈리아로 갔다. 현지에 도착해 보니 병사들의 사기는 바닥이었고, 기본적인 음식마저 제대로 보급 받지 못했다. 26세의 어린 나이에 작은 키의 총사령관 나폴레옹은 병사들에게 신뢰를 얻기도 어려웠다. 오합지졸 프랑스군이 전쟁에서 승리하는 일은 불가능해 보였다.

5월 10일, 프랑스군은 오스트리아군이 점령한 로디 다리 탈환작전을 개시했다. 완벽한 방어태세를 갖춘 오스트리아군을 대하자 프랑스군은 겁에 질렸다. 특단의 조치가 필요한 순간 나폴레옹은 병사들 앞에서 연설을 시작했다.

"정부는 제군들에게 많은 빚을 졌지만 아무것도 줄 수 없는 상황이다. 제군들은 목숨을 걸고 전투에 임했으나 얻은 것은 아무것도 없다. 그러나 지금 내가 제군들을 지구상에서 가장 비옥한 평야로 안내하겠다. 이 풍요로운 도시는 바로 제군들의 것이다. 그곳에서 제군들의 명예와 영광과 부를 발견하라!"

나폴레옹은 "공화국 만세"를 외친 뒤 적진을 향해 달려갔다. 나폴레옹은 목숨을 걸고 최전선에서 병사들의 전투를 독려했다. 병사들은 최전선에서 목숨을 걸고 싸우는 나폴레옹을 보고 전투의지를 회복했고 전면공격에 나섰다. 프랑스군은 오스트리아군을 물리치고 로디 다리를 탈환했고, 이후 12개월 동안 벌어진 12차례의 전투에서 연전연승을 거두었다.

1805년 아우스터리츠 전투를 승리로 이끈 뒤 행한 연설에서도 나폴레옹이 병사의 사기를 높이는 방식이 잘 드러난다.

"그대들은 내가 여러분에게 건 기대를 결코 저버리지 않았다. 이제 그대들이 두려워할 적은 이 세상에는 없다. 조국의 번영과 행복을 위한 임무를 마치면 나는 그대들과 함께 프랑스에 돌아갈 것이다. 나는 그대들이 프랑스에서 안락하게 여생을 마칠 것을 보장하는 바이다."

나폴레옹이 가장 중요하게 여긴 것은 군대의 사기였다. 그는 "사기가 병사들의 숫자보다 세 배는 더 중요하다"고 역설하기도 했다. 나폴레옹은 사기를 진작시키기 위한 방법으로 다양한 포상제도를 적극 활용했고, 때로는 파격적인 방법까지 동원해 병사들의 마음을 사로잡았다.

나폴레옹은 전선 후위에서 전투를 독려한 일개 나팔수에게 남작 작위를 내려 부하들을 놀라게 했고, 병사들이 자신의 말이라면 목숨을 걸고 따르도록 만들었다.

프랑스 최고 훈장인 '레종 도뇌르' 훈장도 나폴레옹이 만들었다. 나폴레옹은 금전적 보상뿐만 아니라 명예욕을 충족시키는 것이 사기를 높이는 훌륭한 방안임을 깨닫고 있었다. 값싼 장식품에 지나지 않는 훈장이 결국은 전장에서 목숨을 걸고 싸우게 만드는 역할을 하리라는 것이 그의 지론이었다. 군대의 사기를 높이는 데 효과를 본 이 무공훈장제도는 다른 나라에도 도입되었다. 나폴레옹은 병사들이 기대에 못 미쳤을 경우에는 공개적으로 질타했고, 기대 이상의 활약을 보였을 경우에는 각종 포상과 기념행사를 아끼지 않음으로써 병사들이 늘 최선을 다하도록 만들어나갔다.

나폴레옹은 개인적인 관심이 군의 사기를 높인다는 사실도 잘 알고 있었다. 나폴레옹은 병사들의 개인사를 놓치지 않고 챙기려 애썼다. 중요 인물의 경우는 보좌관을 통해 사전에 정보를 입수했고, 그 정보를 대화중에 흘림으로써 자신이 상대방을 개인적으로 배려하고 있다는 인상을 주었다.

말년에 나폴레옹은 전성기 같은 성공적인 삶을 누리지는 못했다. 전쟁의 양상이 장기전으로 변하고, 포병의 중요성이 커지자 그의 속도전은 빛을 잃었다. 1812년 러시아 원정에서 50만 명을 잃은 데 이어 라이프치히 전투와 웰링턴 전투에서 패함으로써 그는 재기불능의 상태에 빠졌다.

결국 그는 세인트헬레나 섬으로 유배되어 1921년에 생을 마감했다. 그의 능력에 대해서는 찬탄과 비판이 교차하지만 그에 대한 병사들의 신뢰는 그가 죽는 날까지 결코 사라지지 않았다. 병사들에게 그는 늘 자신들에게 의지를 불어넣어준 위대하고 친근한 상관이었다.

에르난 코르테스_ 숫자가 적을수록 영광의 크기는 커진다

에르난 코르테스는 무자비하게 아즈텍을 정복한 인물로 악명이 높다. 그러나 코르테스는 냉철한 전략가와 주도면밀한 리더의 자질을 갖춘 인물이었다.

코르테스는 안정된 삶을 살 수도 있었다. 아버지의 권유대로 법률을 공부했더라면, 그는 변호사로 일생을 마감했을 것이다. 그러나 코르테스는 평범한 삶을 거부하고 신세계에서 자신의 운을 시험해보기로 결심한다. 최종 목표는 아즈텍이 지배하는 멕시코 땅을 정복하는 것이었다. 그는 쿠바 총독 벨라스케스의 휘하에서 착실하게 기반을 쌓았다. 그를 신임한 벨라스케스는 자신의 처제와 결혼시킨 뒤 산티아고 시장에 임명했다.

기회를 잡은 코르테스는 본격적인 행동에 나선다. 스페인과 네덜란드 상인들과의 상거래를 통해 부를 축적했고, 본국에 거금을 송금해서 국왕의 신임을 얻는다. 이로 인해 벨라스케스와의 밀월관계가 깨지지만 어차피 그의 목표는 벨라스케스의 수하가 아니라 아즈텍의 부에 있었다. 주도면밀한 코르테스는 멕시코행이 단순한 탐험임을 강조하며 벨라스케스에게 11척의 배와 노예를 지원받는 수완을 보였다.

원정대를 출발시키기까지는 모든 일이 순조로웠지만 멕시코 해안에 상륙한 이후로는 사정이 달라졌다. 500명의 원정대 중에는 벨라스케스를 추종하는 이들이 적지 않았다. 그들은 500명으로 아즈텍을 정복하는 것은 불가능한 일이라고 주장하며 원정대를 선동했다. 대원들의 사기는 바닥에 떨어졌다. 대원들에게 쿠바는 가까이 있는 낙원이었고, 아즈텍은 멀리 있는 미지의 땅과 두려움의 대상에 지나지 않았다. 코르테스는 소문의 주모자들을 잡아 처형했지만, 사태는 수습되지 않았다.

코르테스는 대원들이 쿠바로 돌아갈 수 있다는 희망을 버리지 않는 한 아즈텍 정복은 불가능하다고 판단했다. 그래서 코르테스는 선원들에게 뇌물을 주고 배를 침몰시켰다. 불가피한 재난이라 설명했지만 코르테스의 고의적 행동임을 알아챈 대원들이 거칠게 나오자 코르테스는 준비된 연설을 했다.

"재난에 대한 책임은 나에게 있다. 원한다면 내 목숨을 가져갈 수 있지만 그것이 무사귀환을 보장하지 못한다는 사실을 직시해야 한다. 유일한 대안은 바로 나를 따르는 것이다. 우리의 숫자는 적다. 그것은 정복에 실패할 확률이 높다는 게 아니라 각자에게 돌아갈 영광과 부귀가 그만큼 크다는 것을 의미한다."

코르테스의 연설이 끝나자 대원들은 온전하게 남아 있던 단 한 척의 배를 스스로 수장시켰다. 그럼으로써 그들은 불확실한 미래에 자신들의 모든 것을 걸었고, 배수진을 친 대원들의 투지는 불타올랐다. 500명의 대원이었지만, 그들은 정복을 위해 목숨을 건 사람들이었다. 남미의 거대제국 아즈텍은 불과 500명에 의해 무너졌다.

아틸라_ 황금과 봉건제도로 훈족을 다스리다

4, 5세기 유럽은 훈족이라는 악몽에 시달렸다. 대재앙처럼 갑자기 출현한 훈족의 공격으로 게르만은 거주지를 잃고 로마로 밀려들어 왔고, 혼란에 빠진 로마는 몰락이 가속화되었다.

유럽인들은 훈족을 신의 재앙이라고 불렀다. 훈족 왕 아틸라 또한 자신을 '신의 채찍'이라 명명함으로써 유럽인들의 불안감을 가중시켰다. 그러나 훈족은 훗날 칭기즈칸의 예에서 보듯 유목민족의 장점을 극대화한 타고난 전투집단이었다. 훈족의 최대 장점은 뛰어난 기마술과 궁술이었다. 어릴 때부터 말과 함께 살아온 훈족 남자들은 말에 관한 한 달인의 경지에 올라 있었다. 전투가 벌어지면 전사들은 6~7마리의 말을 교대로 타면서 기동력을 극대화했다. 또한 나무 안장과 등자를 활용한 덕분에 말에서 떨어지는 법이 없었다. 말과 혼연일체가 되어 엄청난 스피드로 근접전을 펼치는 훈족 전사들에게 유럽의 둔중한 기마병들은 적수가 되지 못했다. 특히 훈족은 일반인들이 들기에도 버거운 활을 2초마다 한 번씩 쏠 수 있는 능력을 지녔다. 최고의 궁수 한 명이 1,000대의 화살을 쏠 수 있었다고 하니 훈족이 쏘아대는 화살의 화력은 현대 기관총의 화력보다도 우세했던 것이다.

이처럼 무적의 공격력을 자랑하던 훈족은 5세기 이후 역사의 무대에서 완전히 사라진다. 불과 100년을 넘기지 못한 훈족의 운명은 탁월한 군주 아틸라의 생사와 함께했다. 군사적으로 강력했으나 정치적 통합을 이루지 못했던 훈족은 아틸라가 사망하자 사분오열되면서 소멸되고 말았다.

440년 아틸라는 훈족의 왕이 되었다. 아틸라는 야만인 훈족 중에는 드물게 지적인 인물이었다. 훈족은 유목민족의 특성상 소규모로 움직였다. 부족단위는 5,000명 내외였는데 이동시에는 더 작은 단위로 나뉘어서 실제로 함께 움직이는 인력은 50명 정도였다. 큰 전투가 있을 때에도 필요에 따라 연합했지만, 전체가 하나가 되어 움직인다는 사고 자체가 훈족에게는 존재하지 않았다.

아틸라는 냉정하게 자신이 처한 현실을 돌아보았다. 훈족의 모든 부족들이 자신을 왕으로 추대하기는 했지만 언제까지나 자신의 편에 서리라는 보장은 없었다. 더 나은 조건을 로마나 이민족이 제시한다면 눈 깜짝 않고 자신을 배반할 사람들이었다. 훈족을 하나로 묶어두기 위해 필요한 것은 황금과 땅이었다. 충분한 대가가 안정적으로 제공된다면 훈족들이 굳이 자신을 두고 이민족에게 협력할 가능성은 거의 없었다.

아틸라는 일단 황금을 얻기 위해 동로마를 공격하기로 한다. 아틸라 이전 훈족은 이민족의 용병으로 일하면서 대가를 받아왔다. 아틸라는 그런 수동적인 방법을 버리고 적극적인 공세를 통해 대량의 황금을 확보하기로 방향을 전환한 것이다. 441년 아틸라는 전쟁 승리시 얻을 수 있는 이익으로 훈족세력들을 규합하고 전쟁에 나섰다. 발칸 반도의 중요한 요새 중의 하나인 나이수스마저 함락되자 동로마의 사정은 긴박해졌다. 동로마는 일단 아틸라와 화친을 맺고 해마다 1,400파운드의 황금을 지급하기로 약속했다. 그러나 위급한 상황을 넘긴 동로마가 약속이행을 거부하자 아틸라는 다시 동로마제국을 공격했다. 이후의 전쟁에서 아틸라는 100여 개의 도시를 점령해 발칸 반도를 초토화시키면서, 콘스탄티노플 외곽까지 진군했다. 448년 동로마는 전쟁을 끝내고 협상에 돌입했다. 아틸라는 이전보다 더 늘어난 2,100파운드의 황금을 바치라고 요구했다.

동로마 공략이 끝나자 아틸라는 훈족을 봉건국가로 만드는 작업에 들어갔다. 참모들에게 영토를 배급해준 뒤 참모들을 각 지역 총독으로 삼았다. 그는 이 과정에서 전쟁의 공과를 철저하게 따져 영토를 배급하는 방법을 취했다. 활약 정도에 따라 황금을 분배해주었기 때문에 훈족 전사들은 충성을 다했다. 아틸라는 또한 각 영토에서 생산되는 공물이나 곡식의 양을 평가해 황금을 분배함으로써 자신을 향한 충성 경쟁이 일어나도록 시스템을 정비해갔다. 아틸라는 황금을 훈족 공동체를 통제하는 인센티브로 사용했던 것이다. 아틸라는 실생활에서 절제를 추구했고, 술이나 여자를 탐닉하지도 않았다. 훈족 통치에만 전력을 기울임으로써 아틸라는 그 누구도 이룩하지 못한 최고의 권위를 만들어냈다.

아틸라 통치 당시 훈족의 영토는 동으로는 카스피 해에서 서로는 라인 강에 이르렀다. 그의 이름 아래 훈족은 일사불란하게 하나가 되어 움직였고, 훈족은 강력한 세력을 구축했다.

회사의 실적과
종업원의 혜택을 연동시켜라

베르너 폰 지멘스_ 사회복지제도를 도입해 직원들의 신뢰를 확보하다

지멘스의 창업자인 베르너 폰 지멘스는 직업군인 출신이다. 1847년 10월 베를린에서 요한 게오르크 할스케와 함께 창업한 '지멘스 운트 할스케(지멘스와 할트케)' 전신건설 회사가 오늘날 지멘스의 모태이다. 회사를 설립할 당시에도 직업군인으로 일하던 지멘스는 회사가 독일 의회와 프로이센 정부 청사를 연결하는 전신가설 사업 수주에 성공하자 직업군인의 안정된 자리를 그만두고 회사 경영에 전념했고, 회사는 확장일로에 들어섰다.

1868년 공장을 시찰한 지멘스는 직원들의 불만을 생생하게 접한다. 그는 장인들에게 관리직원들보다 더 높은 월급을 지급하는 등 나름대로 복지에 신경을 써왔다고 생각했지만 직원들의 말은 그의 기대와는 달랐다.

"우리 일은 해마다 늘어나기만 한다. 보조금을 받기는 하나 일이 점점 힘들어지니 얻는 것은 별로 없다."

지멘스의 꿈은 세계적인 기업을 일구는 것이었다. 직원들을 만족시키지 못하고서 세계적인 기업을 일구는 것은 불가능했다. 직원들이 회사를 자기 것으로 여겨 최선을 다하지 않는다면 회사는 더 크게 성장할 수 없다고 판단했다. 지멘스는 당시에 파격적인 사회보장제도를 회사에 도입했다. 1854년 고위관리직들에게 성과에 따른

이익배당금을 주기로 계약한 데 이어 하위직 직원들은 문서로 보장되지는 않았지만 보조금을 받았다. 1872년에는 자신의 사재를 털어 퇴직금 예탁제도를 시행했다. 직원들은 회사의 실적이 자신의 수입과 직결된다는 사실을 깨달았고, 업무태도는 적극적으로 변해갔다. 독일 전역에서 최고의 기술자들이 지멘스에서 일하기 위해 몰려들었다. 1880년 AEG가 지멘스의 최대 경쟁자로 성장해 타격을 입었지만, 종업원들의 신뢰를 확보한 지멘스는 곧 실적을 회복했다. 1890년 지멘스가 사망한 뒤로도 그의 철학은 후계자들에게 계승되었다. 한때 파산의 위기를 겪기도 했지만 오늘날 지멘스는 세계 200개국 이상에서 사업을 벌이고 있는 다국적 기업으로 성장했다.

라인하르트 몬_ 회사와 직원들이 이익을 공유하는 제도를 만들다

라인하르트 몬의 베텔스만은 이른바 북클럽을 통해 회사를 키워나갔다. 저가의 가입비를 받고 전국적으로 회원을 모집한 뒤 그들에게 싼 가격으로 책을 판매하는 정책이 북클럽 운영의 핵심이었다. 기존 출판사들은 베텔스만을 경멸하고 무시했지만 몬은 그런 비난 따위는 조금도 개의치 않았다. 그에게는 회사의 성장이 비난보다 훨씬 중요했기 때문이다.

회사의 매출은 빠르게 늘어갔으나 1951년 베텔스만은 위기를 맞았다. 지나치게 빠른 사업 확대로 인해 회사에 돈줄이 말라버린 것이다. 은행들은 베텔스만방식의 경영에 대한 위험성을 경고하며 대출을 꺼렸고, 1년 수익의 90퍼센트를 세금으로 추징당해 유동성 위기에 몰렸다. 몬은 고민 끝에 직원들을 경영에 참여시키는 방식을 구상했다. 회사가 이익을 내면 정부에게 세금을 많이 내야 했다. 그럴 바에는 이익금을 미리 직원들에게 분배해 법인세를 절감하고, 직원들에게 그 돈을 투자금으로 받아 회사를 운영하는 방법이었다. 직원들 입장에서는 퇴직시 회사가 투자금을 다시 돌려준다고 약속했으므로 전혀 손해 볼 것 없는 장사였다. 공산주의방식이라면서 비난이 들끓었지만 몬은 비난하는 이들은 사업을 제대로 못 하는 사람들일 뿐이라는 말로 세간의 악평을 일축했다.

  몬은 회사는 종업원 스스로 일해야 성장한다고 믿었다. 그래서 몬은 직원들에게 더 많은 기회를 부여하기로 했다. 1959년 회사는 수많은 센터들로 나누어졌다. 센터장들은 독립적으로 센터를 운영했고 센터 수익의 일정 몫을 분배받았다. 물론 실패시에는 책임을 져야 했지만 성공시 얻는 이득이 컸기 때문에 모두들 적극적으로 센터를 운영해나갔다. 회사 입장에서도 손해 볼 것이 없었다. 회사는 투자자본에 대한 이자를 받을 수 있고, 이익이 발생하면 이익을 공유할 수 있었다. 몬이 이런 식으로 회사를 운영한 이유는 몬의 경영철학을 설명하는 다음의 말에서 잘 드러난다.

  "과제는 단기간에 이익을 극대화하는 것이 아니라 유용한 제품을 팔고 지속적인 일자리를 창출하는 것이다."

  몬의 이러한 경영철학은 훌륭한 결실을 맺었다. 베텔스만은 세계

곳곳에 북클럽을 만들어 운영하고 있으며, 영화사와 신문사, 음반사를 매입해 거대 미디어그룹으로 성장했다. 직원들과 이익을 공유하는 제도를 만들어 회사와 직원이 모두 승리하는 윈윈구조를 만들었기 때문이다.

헨리 포드_ 노동자가 자동차를 구입할 수 있는 선순환 구조를 만들다

헨리 포드는 결코 인간적인 경영자는 아니었다. 그는 냉정한 경영자에 가까웠고, 시스템과 원칙을 경영의 신조로 삼았다. 그가 개발한 이동식 조립라인은 찰리 채플린의 영화들 속에서 지독하게 풍자되었고, 그는 성공밖에 모르는 냉혈한으로 낙인찍혔다. 노동자들의 이직률은 높아졌고, 그가 그토록 원하던 효율성은 점차 떨어져만 갔다. 포드의 위대함은 이러한 위기상황에서 빛을 발한다. 그는 노동자의 임금을 올리고, 자동차 가격을 내려, 노동자 계급이 자동차를 사게 해 매출을 늘리는 선순환 구조를 만들었고, 미국의 중산층이 형성되는 데 일등공신이 되었다.

1913년 하일랜드 파크 공장의 이직률은 무려 380퍼센트에 달했다. 사업의 근간이 흔들리는 위기상황에서 그가 주목한 것은 노동자의 마음이었다. 포드 또한 노동계급 출신이었다. 그는 사업의 성공은 노동자의 마음을 잡는 데 있다는 사실을 상기하고 혁신적 조치들을 시행했다. 그는 노동자들의 임금을 당시 산업평균 임금의 두 배인 5달러로 인상했고, 노동 시간은 9시간에서 8시간으로 줄였다. 그런 뒤 자동차 값을 인하해 하층계급도 자동차를 살 수 있도록 했다. 수익 저하를 우려한 포드 사의 소액주주들은 즉각 반발했지만 포드는 자신의 방침을 고수했다.

포드를 신뢰할 수 있다는 판단이 들자 노동자들은 반응을 보였다. 이직률은 크게 줄어들었고 구직자들로 공장 앞은 인산인해를 이루었다. 그러나 여전히 여론은 그의 편이 아니었다. 「월스트리트 저널」은 포드가 경제 범죄를 저질렀다며 강력한 비판에 나섰다. 포드는 이에 대응해 다음과 같이 의견을 피력했다.

"우리의 방침은 가격을 내리고 사업을 확장한 뒤에 제품의 품질을 개선하는 것이다."

포드의 생각은 옳았고, 포드 사의 장기수익은 개선되었다. 포드는 '경영자는 노동자의 삶을 고려해야 한다'는 기본 원칙을 준수한 것이었고, 이러한 생각은 미국 중산층의 확대로 이어져 미국 산업의 기반을 확대하는 결과로 나타났다.

이해관계를 넘어서는 동지적 관계를 형성하라

기업에는 다양한 이해관계자들이 있다. 주주, 종업원, 납품업체, 지역사회, 정부 등이 그들이고 기업경영이란 결국 이해관계자의 관리에 다름 아니다. 기업의 규모가 커지고 사회적 책임이 강화되면서 이해관계자의 범위도 넓어지고 있다.

　이해관계자의 핵심은 주주, 종업원, 납품업체이다. 평상시는 물론 위기시에는 이들의 협조가 더욱 중요하다. 이들과 함께 생존을 모색하는 공동체의식은 위기를 헤쳐 나가는 중요한 자산이다. 따라서 경영자는 '다 같이 죽고, 다 같이 산다'는 공감대를 이루어 단기적인 경제적 이해관계를 넘어서는 동지적 관계를 형성할 수 있어야 한다. 장기적 이익을 위해서 단기적 이익을 포기하는 것은 경제 주체로서도 합리적인 선택이기 때문이다.

　경제적 보상을 기본으로 하고, 경제 외적 보상을 병행하는 것도 효과가 크다. 의외로 사람들은 심리적 만족감, 조직에의 소속감을 높이 평가하는 경우가 많다.

14_
통합과 포용의
리더십을 확보하라

공동체 유지를 위한 총력 체제를 구축하라

개방성의 철학은 공동체 번영의 기본 조건이다

고인 물은 썩는다. 흐르는 물이 썩지 않는 것은 끊임없이 새로운 물결을 받아들이기 때문이다. 사람이나 조직도 마찬가지이다. 세상의 흐름을 받아들이고 변화해야 살아남는다. 개인이나 조직이나 과거의 성공에 안주하고 현재에 만족하는 순간 정체는 시작되고, 공동체는 화석화된다. 조직이란 다양한 인재가 충원되고 활동하면서 더 크게 성장하는 법이다. 특히 성장과정에 수반되는 위기를 맞아 인적, 물적 자원 동원의 범위를 넓혀나가는 개방성은 번영의 전제 조건이다.

기원전 7세기 이탈리아 반도 중부에서 양치기 무리로 출발한 로마는 개방성의 철학을 기반으로 세계제국으로 발전했다. 귀족과 평민의 연합형태로 건국된 로마는 점차 몸집이 커지면서 계층 간 갈등이 커졌고 사회불안이 폭발하는 위기를 맞았다. 로마의 지도자들은 통합과 포용의 정신으로 평민들에게 정치경제적 문호를 개방해서 갈등을 내부적으로 해소하고 도약의 계기로 삼았다. 나아가 로마가 이탈리아 반도를 벗어나 유럽 대륙과 아프리카로 진출하고 제국의 면모를 갖추었을 때에도 로마는 특유의 개방정책을 일관되게 추구했다.

로마에서 동포는 '뜻을 같이하는 자'였기에 인종, 출신 지역, 신분에 상관없이 누구나 로마 시민권을 얻을 수 있었고, 로마 제정 중기에 가면 속주(식민지) 출신이나 해방노예의 아들이 황제가 되는 경우도 있었다. 반면, 로마보다 앞서 찬란한 문명을 꽃피운 고대 그리스는 동포를 '피를 나눈 자'로 생각하는 혈연적 사고에서 벗어나지 못해 협소한 그리스 반도를 벗어나지 못하고 소멸되었다.

공동체의 개방성은 지도자의 개방과 포용 정신으로 구현된다. 지도자가 자신의 협소한 정치적 기반에 매몰되지 않고, 다양한 집단에게 문호를 개방하고 포용할 때 공동체는 장기적으로 발전할 수 있다.

특히 위기상황에서 위기극복을 위해 공동체 전체의 힘을 집중하는 총력 체제 구축의 핵심은 원칙에 입각한 개방과 포용 정책에 있다. 이는 공동체에 해악을 끼치는 막연한 대화와 타협과는 분명히 구분해야 한다.

원칙에 입각한 통합과 포용 정책이 핵심이다

에이브러햄 링컨_ 확고한 목표 아래 개방과 포용 정책을 실시하다

대통령이 된 링컨이 가장 먼저 취한 행동은 백악관을 개방하는 일이었다. 백악관 1층 전체와 2층 일부가 사람들에게 공개되었다. 몰려드는 사람들로 집무에 방해가 될 정도였지만 링컨은 개방정책을 유지했다. 백악관 개방은 다름 아닌 링컨의 원칙과 관련이 있었기 때문이다. 링컨은 취임사에서 남북이 갈리고, 주인과 노예로 나뉜 미국이 하나 되는 것을 목표로 제시했고, 백악관 개방은 링컨이 대통령으로 있는 한 결코 그 꿈을 포기하지 않을 것이라는 상징적 메시지였다.

개방과 포용을 중시하는 링컨의 정책은 내각 구성에서 분명하게 드러났다. 일반 투표에서 40퍼센트의 지지도 얻지 못했지만 민주당의 분열 덕에 대통령에 당선된 링컨은 국무장관에 윌리엄 시워드를, 재무장관에 샐먼 체이스를 임명했다. 샐먼 체이스는 급진적인 노예폐지론자로 링컨과는 정치철학이 상당히 달랐고, 윌리엄 시워드는 공화당 경선에서 링컨에게 패배한 인물이었다. 윌리엄 시워드는 링컨이 대통령 감으로 적합하지 않으며 능력도 없다고 생각했다. 링컨은 윌리엄 시워드의 집까지 직접 방문해 국무장관직 수락을 요청했다. 링컨의 설득으로 입각한 윌리엄 시워드는 미국 역사상 최고의 국무장관이라는 평가를 받았으며, 샐먼 체이스 또한 전

쟁의 와중에도 뛰어난 능력으로 국가 재정을 효과적으로 관리했다.

링컨의 포용력은 실수를 인정하는 측면에서도 찾아볼 수 있다. 남북 전쟁 초기 링컨의 고민거리는 적절한 총사령관의 부재였다. 조지 매클래런을 비롯해 후임 총사령관들의 능력은 기대에 미치지 못했다. 그때 그의 눈에 들어온 군인이 바로 율리시스 그랜트였다. 1863년 7월, 북군은 율리시스 그랜트의 지휘 아래 남군의 전략적 요충지인 빅스버그를 함락하는 데 성공한다. 그랜트는 이전에도 총사령관 물망에 오르기는 했지만 링컨은 그를 선택하는 데 주저했다. 1862년 4월에 치른 샤일로 전투에서 수많은 병력을 잃은 그랜트의 패전을 잊지 못했기 때문이다. 빅스버그 함락 후 링컨은 그랜트에게 편지를 보내 자신의 실수를 솔직히 인정한다.

"빅스버그 전투에 대해 사실 나는 아무런 희망도 갖지 않았습니다. 전투에서 질지도 모른다는 생각이 오히려 더 많았습니다. 지금 나는 내가 틀렸고, 장군이 옳았다는 것을 솔직히 인정하겠습니다."

1864년 3월, 링컨은 그랜트를 중장으로 승진시켜 총사령관으로 임명했고, 그랜트는 남북 전쟁을 승리로 이끈다.

링컨의 개방과 포용 정책에는 '미합중국의 수호'라는 확고한 목표와 원칙이 있었다. 링컨은 미합중국의 분열을 막는 것을 최우선으로 한 국가주의자로서 연방유지를 위해서라면 노예제를 인정할 수도 있다는 입장을 견지했다. 당시 미국은 정치적, 경제적, 종교적으로 남북이 분열되었고, 노예제가 가장 큰 쟁점이었다. 링컨은 국가 분열을 막기 위해 노예제를 인정하려고 했다. 그러나 북부 자유주(自由州)의 지지로 링컨이 대통령에 당선되자마자 남부 노예주가 연방탈퇴를 선언했고, 링컨은 '하나의 미국'을 수호하기 위해 남부와 전쟁을 불사했던 것이다. 링컨의 이런 원칙은 "노예를 해방시키지 않고 연방을 수호할 수 있다면 그렇게 하겠고, 노예를 해방시켜야만 연방을 수호할 수 있다면 그렇게 하겠으며, 또한 일부 노예만을 해방하고 나머지를 그대로 두어야 연방이 수호된다면 그렇게 하겠다"라고 한 연설에서도 드러난다.

링컨이 남부의 연방탈퇴 선언 후 이적행위자 즉시 구속, 남부 해상 봉쇄의 강경한 조치를 지시하고, 상황의 시급성을 이유로 의회 승인을 생략하고 신속하게 군사대응을 결정한 것도 분명한 원칙이 있었기 때문이다. 의회와 신문이 격렬하게 비판하고 수많은 항의집회가 개최되었지만 링컨은 전혀 개의치 않았고 '미합중국 수호'를 위한 전쟁에서 이기기 위해 당파에 관계없이 인재를 등용해 반발을 잠재웠다. 링컨은 '미합중국 수호'의 목적을 분명히 갖고 있었고, 반면 '미합중국 분열'에 대해서는 단호히 대처했다.

이런한 링컨의 관용정신은 전쟁 후 남부 처리과정에서 여실히 나타난다. 북부공화당의 급진파는 남부 반란주들을 강력하게 응징하기 위해 '웨이드-데이비스법안'(the Wade-Davis Bill)'을 제출했으나, 링컨은 거부권을 행사했다. 링컨은 연방에 반기를 든 과거의 과오를 처벌하기보다는 미합중국으로의 재통합을 우선했고, 남부연합에 협력했던 사람이라도 연방에 충성서약을 하면 모두 사면하도록 했다.

링컨은 영웅 스타일의 인물은 아니었다. 링컨의 부모는 문맹이었고, 그 또한 정규 교육을 거의 받지 못했다. 그러나 그는 피해의식에 찌들어 공동체의 분열을 획책해 정치적 이익을 얻는 정치꾼의 길이 아니라, '국민의, 국민에 의한, 국민을 위한 정부', '하나의 조국'을 건설하기 위해 개방과 포용 정책으로 공동체를 통합시키는 진정한 정치가의 길을 일관되게 걸었다.

데이비드 도널드 하버드대학교 교수는 다음과 같이 링컨을 평가했다.

"링컨은 다른 대통령들과는 달리 자신이 어디로 배를 몰아야 하는지를 아는 위대한 항해사였다"

살라딘_ 관용과 화해로 정의와 신념을 실행하다

살라딘은 유럽의 지식인들도 인정한 이슬람교도였다. 단테는 『신곡』을 통해 살라딘을 지옥이 아니라 연옥에 머무는 것으로 묘사함으로써 이교도에 대한 존경심을 드러냈고, 전쟁사가 존 풀러는 진정한 기사도 정신의 발현자는 십자군이 아니라 살라딘이라는 평가를 내리기도 했다.

영화 「킹덤 오브 헤븐(Kingdom of Heaven)」에서도 살라딘은 일반적 이미지의 이슬람교도와는 다른 사려 깊은 모습을 보여준다. 영화 속에서 살라딘은 정복한 예루살렘 성전에 들어가 십자가를 떼고 이슬람 상징물인 초승달을 붙인 뒤 바닥에 뒹굴던 기독교 성구들을 정리해 탁자에 올려놓는다. 살라딘이 왜 정복자가 아니라 관용과 화해의 영웅으로 불리는지를 상징하는 장면이다.

살라딘의 원래 이름은 '살라호 앗딘 유스프 이븐 아이유브'였다. 이 이름이 유럽인들에게는 살라딘으로 들린 까닭에 그렇게 불린 것이다. 살라딘은 아이유브 왕조의 창시자로 전성기 영토는 북아프리카에서 메소포타미아에 걸쳐 있었다. 수니파인 그는 예루살렘을 정복해 제국의 기반을 다지는 등 이슬람세력의 통일에 평생을 바친 인물이다. 그러나 살라딘이 유명세를 떨친 것은 정복군주였다는 사실보다는 역사상 귀감이 되는 진정한 관용을 지닌 인물이었기 때문이다.

1182년 살라딘은 레이날드 드 사티용의 근거지인 케락 정복전에 나섰다. 예루살렘의 공주가 결혼하던 날 살라딘은 기습공격을 시도했고, 그 결과 케락의 방어진은 상당 부분 붕괴되었다. 마지막 총공격을 감행하려는 순간 사티용이 보낸 케이크가 도착한다. 공주의 결혼식에 쓰인 케이크를 받은 살라딘은 신혼부부가 머무는 탑을 공격하지 말라고 지시를 내린다. 사실 사티용은 관용과는 거리가 먼 자였다. 일찍이 메카와 메디나를 공격하는 과정에서 사티용은 휴전조약을 어기고 공격하는 등 신뢰할 수 없는 행동을 했다. 기사도 정신은 이교도에는 적용되지 않는다는 것이 십자군의 관점이었다. 그러나 살라딘은 이교도에게도 관용정신을 잃지 않는 모습을 보였다. 1187년 예루살렘을 정복한 후 살라딘은 기독교인들에게 파격적인 관용조치를 내린다. 기독교인들을 처형하는 대신 금 열 냥을 지불하는 조건으로 도시를 떠나도록 한다. 몸값을 지불할 능력이 없는 사람들은 아무런 대가도 받지 않고 풀어주기까지 했다.

살라딘의 관용정신은 적장인 영국의 리처드 1세까지 감복시켰다. 동서양을 대표하는 두 맹장은 1191년 아르수프에서 맞섰다. 초반에는 사라센군이 십자군을 압도했다. 그러나 사라센군이 지치기를 기다렸다 지원군을 이끌고 나타난 리처드 1세의 활약 덕분에 전투는 십자군의 완승으로 끝났다. 살라딘은 7,000명 이상의 병사를 잃었지만 관용정신은 잃지 않았다. 그는 부상당한 리처드 1세에게 의사를 보내 상처를 치료하도록 해주었으며, 신선한 과일을 보내주는 호의도 베풀었다. 수차례에 걸쳐 격돌한 두 사람은 1192년 9월 평화협정을 맺는 데 동의한다. 살라딘은 물러나는 적장에게도 경의를 표하는 것을 잊지 않았다. 리처드 1세가 후에 다시 돌아와 사라센과의 싸움을 재개할 것이라고 하자 살라딘은 이렇게 응대한다.

"나는 그대의 명예와 위엄을 높이 평가한다. 그러니 영토를 잃는다면 다른 사람이 아니라 그대 같은 사람에게 잃는 것이 낫다."

그러나 살라딘이 그 후 5개월 만에 세상을 떠남으로써 두 사람은 다시 만나지 못했다.

살라딘의 명성은 사후에 더욱 빛났다. 그가 죽은 후 그의 재산상태를 점검한 이들은 그의 재산이 적음에 다시 한번 놀랐다. 정복군주임에도 개인적 부를 쌓지 않은 것이다. 살라흐 앗딘은 아랍어로 정의와 신념을 의미한다. 살라딘은 자신의 이름대로 평생을 산 진정한 관용과 화해의 지도자였다. 타리크 알리의 『술탄 살라딘』에서 상대에게 관용을 베풀면서 살라딘은 말한다.

"우리에겐 예언자 예수와 같이 죽은 자를 살릴 수 있는 힘은 없다. 그러나 포로로 잡혀 있는 기사들이 우리에게 무기를 들지 않겠다고 맹세만 하면 기꺼이 석방하겠다."

태종, 세종 _ 원칙과 통합 정책으로 500년 왕조의 기초를 닦다

우리나라 역사상 최고의 군주로 꼽히는 세종은 통합과 포용의 대가였다. 1422년(세종 4년) 세종은 황희를 의정부 참판에 임명한다. 황희는 태종 시절 양녕에서 세종으로의 세자 교체를 반대한 인물이었다. 자신에게 반기를 들었던 인물에게 세종은 의정부 참판의 자리를 내주었던 것이다. 후일 황희는 뇌물사건에 연루되는 등 적지 않은 문제를 일으켰지만 세종은 좀처럼 믿음을 버리지 않았다. 그런 우직함이 황희를 18년 동안이나 영의정 자리에 머물게 했고, 결국 최고의 성세를 만들어내는 결실을 이루었다.

우의정 맹사성, 청백리의 대명사 유관, 정인지 또한 태종시대의 인물이었으나 세종은 그들을 버리지 않고 자신이 발굴한 김종서, 신숙주 등과 더불어 정국 운영을 책임지게 만들었다. 국태민안(國泰民安)을 위해서는 신분의 벽도 뛰어넘었다. 관노 출신인 장영실을 파격적으로 발탁해 과학기기 제작을 맡기고, 종3품 대호군에 제수하기까지 했다. 세종 시절 유난히 인재가 많은 것도 권위보다는 통합과 포용을 중시하는 그의 스타일과 무관하지 않다. 세종의 이런

스타일은 백성들을 위한 정책들에서 분명히 드러난다.

1430년 세종은 공법(貢法)제도 시행을 앞두고 백성들에게 찬반을 묻는 여론조사를 실시했다. 공법은 공평과세를 목표로 풍흉(9등급)과 토지비옥도(6등급)에 따라 조세에 차등을 두는 법이었다. 이전에는 관리가 눈으로 수확량을 확인한 뒤 세금을 매겨 공평성에 문제가 있었다. 그러나 세종은 공법이 백성들에게 실제로 도움이 되는지를 확신하지 못했고, 급기야 여론조사까지 동원했던 것이다. 1430년 3월부터 8월까지 실시된 여론조사에는 무려 17만 명이 참여했고, 그중 9만 8천 명이 찬성 의사를 나타냈다. 반수는 넘었으나 반대 또한 상당히 많다는 것을 확인한 세종은 실시를 보류하고 관료들에게 현장조사를 명한다. 백성들이 반대하면 행하지 않는다는 세종의 뜻은 확고했다. 공법은 7년이 지난 1437년 8월 전라도와 경상도에서 시범적으로 실시되었고, 1441년 충청도를 추가한 후 1444년에 조선 전역으로 확대 실시된다.

세종의 가장 큰 업적은 훈민정음 창제이다. 훈민정음 창제는 한 건의 살인 사건과 긴밀한 연관을 맺고 있다. 1428년 형조에서 아버지를 죽인 김화라는 사람을 능지처참하도록 해달라는 안건이 올라왔다. 세종은 아비를 죽이는 자가 생겨난 것은 자신의 부덕함 때문이라며 자신에게 책임을 돌린 뒤 형조의 요청을 수용한다. 그 뒤 일주일 동안 세종은 김화 사건과 같이 인륜을 해치는 범죄가 일어나지 않도록 대책을 세우는 일에 몰두한다. 세종은『효행록』을 편찬해 민간에 배포하라고 한 뒤 이렇게 말한다.

"어리석은 백성들이 깨달을 수 있도록 『삼강행실도』를 배포하면 도움 됨이 조금이나마 없지 않을 것이다. 다만 백성들이 문자를 알지 못하니 비록 책을 나누어주더라도 남이 가르쳐주지 않으면 어찌 그 뜻을 알아서 감동하고 착한 마음을 일으킬 수 있겠는가."

세종은 문자를 몰라 백성들이 입는 피해를 함께 언급함으로써, 사회 전체의 통합과 안정을 위해 문자를 만들겠다는 사실을 조정 관료들에게 미리 알린 것이다. 세종의 이러한 생각은 『훈민정음』 서문에 다음과 같이 기술되어 있다.

"나라 말씀이 중국과 달라 어리석은 백성들이 말하고 싶은 것이 있어도 제 뜻을 펴지 못하는 경우가 많다. 내가 이것을 불쌍히 여겨 스물여덟 자를 만들었으니, 사람마다 쉽게 읽혀 생활에 편리하게 쓰도록 하라."

세종의 통합과 포용 정책은 아버지인 태종이 확립된 원칙과 안정된 권력기반을 물려주었기에 가능했다. 흔히 태종은 무자비하게 권력을 휘두른 철권 통치자로 알려져 있다. 그러나 태종의 일관된 원칙은 안정된 왕권을 후계자에게 물려주자는 것이었다. 이를 위해 태종은 개국공신과 외척세력들을 처단하는 작업을 일생 동안 벌였다. 이숙번, 민무구, 민무질 등이 이 과정에서 숙청되었고, 세종의 장인인 심온에게 사약을 내린 것도 같은 이유에서였다. 심지어 그는 후계자였던 양녕이 현명한 군주가 될 기미를 보이지 않자 과감하게 세자를 교체하는 결단을 내리기도 했다. 왜구들의 근거지인 대마도를 정벌해 분란의 씨앗을 제거한 것도 그의 작품이다. 태종이 신생왕조의 위협요인을 제거하고 권력기반을 정비한 바탕 위에서 세종은 통합과 포용 정책을 펴나갈 수 있었다.

상생의 철학으로 재도약의 발판을 마련하라

샤프_ 창업자와 노조가 상생의 원칙과 정신을 공유해 위기를 극복하다

1921년 창업한 샤프는 창조적인 기업으로 유명하다. 샤프펜슬을 만들어내고 텔레비전을 일본 최초로 만들었으며 전자계산기, 전자사전, 액정제품도 샤프가 처음 시작해 시장을 선도해가고 있다. "동쪽의 소니, 서쪽의 샤프"라고 말할 정도로 일본에서 샤프의 위상은 높다.

샤프의 창업자 하야카와 도쿠지는 원래 개발자 출신이다. 그는 1916년 샤프펜슬의 유래가 되는 제품을 만들어내면서 사업을 시작했고, 이후 컨베이어 시스템을 도입해 샤프펜슬의 대량생산에 성공해 회사의 기틀을 마련했다. 1923년 관동대지진을 통해 공장을 잃는 바람에 위기를 겪기도 했지만 라디오 개발로 위기를 타개했다. '남이 흉내 내는 상품을 개발하라'라는 샤프의 원칙은 이때부터 세워졌다.

샤프의 최대 위기는 1950년에 닥친다. 경기 악화에 라디오 방송 개방이라는 예상치 못한 변수까지 발생했다. 라디오 방송이 개방되면 기존의 라디오는 쓸 수 없었다. 문제는 새로운 방송이 시작되려면 어느 정도 시간이 필요한데 경기가 침체된 상황이라 구매자들이 당장 새 제품을 구매하지 않고 기다리게 되었다는 것이었다. 매출이 급감하자 샤프는 직원들에게 월급 대신 라디오를 지급하는 등 하루하루를 간신히 버텨나가는 상황에 처했다. 손실은 눈덩이처럼 불어났고 주가는 추락했다. 은행으로부터 급전을 빌려 부도는 면했지만, 은행은 샤프에게 대폭적인 인력 감축을 요구했다.

창업자인 하야카와 도쿠지는 인원 감축을 하느니 차라리 회사를 닫겠다는 신념을 고수했다. 회사의 노조 또한 다른 노조와는 달리 사장이 직접 나서서 만든 노조였을 정도로 종업원을 위하는 하야카와 도쿠지의 태도는 분명했다. 하야카와 도쿠지의 태도가 변하지 않는 이상 샤프의 파산은 불가피했다.

절체절명의 순간 노조 간부가 하야카와 도쿠지를 찾아왔다. 하야카와 도쿠지는 노조 간부에게 위기의 책임은 자신에게 있다고 사과하며 눈물을 흘렸다. 노조 간부도 하야카와 도쿠지의 눈물이 진심이라고 느꼈다. 하야카와 도쿠지는 판매점을 다닐 때에도 판매점을 위해 자신이 할 수 있는 모든 것을 다 쏟아 붓던 사람이었다. 단골을 소중하게 여기고 적을 만들지 말자는 것이 그의 경영철학이었다. 월급을 주지 못하는 위기상황에서도 찐 감자를 보내 자신의 마음을 표현했던 정직한 사람이 바로 하야카와 도쿠지였다.

사장의 진심을 이해한 노조는 자발적으로 구조조정에 나섰다. 은행이 요구하는 210명을 자발적 희망퇴직자로 모아 채우기로 한 것이었다. 회사도 노조의 노력에 협조하는 의미로 이사들의 주식을 담보로 은행에 맡기면서 긴급융자는 실행되었다. 마지막 절차는 은행에 약속한 대로 210명의 희망퇴직자를 채우는 문제였다. 마감일이 되자 희망퇴직 지원자는 210명을 훨씬 넘어섰다. 희망퇴직자 모집에 오히려 노조가 협조해 샤프는 회생의 계기를 마련할 수 있었다. 하야카와 도쿠지는 회사가 좋아지면 퇴직자를 우선해 뽑겠다는 말로 미안함을 대신 표현했다. 실제로 경기 회복이 진행되면서 퇴직자 중 원하는 사람은 샤프에 재취업할 수 있었다.

하야카와 도쿠지의 포용력은 회사가 위기에 처했을 때 더욱 돋보였다. 노조도 신뢰하는 경영자에게 힘을 실어주는 것으로 화답했다. 샤프는 CEO 하야카와 도쿠지와 노조가 상생협력의 원칙과 정신을 공유했기 때문에 위기를 극복하고 재도약의 발판을 마련할 수 있었다.

공동체 유지가 최고 목표가 되어야 한다

'개방성'과 '독자성'은 인류사회를 관통해온 화두이다. 사회나 국가에 개방성이 과하면 민족성과 자주성이 훼손되기 쉽고, 독자성이 과하면 배타적으로 변하기 쉽다. 외향성이 지나치면 사교적이지만 줏대가 없는 사람이 되기 쉽고, 내향성이 지나치면 개성은 있어도 고집불통인 사람이 되기 쉽다.

조직의 리더도 마찬가지이다. 지나친 개방과 포용은 노선이 불분명하고 소신도 부족한 리더를 만들고, 폐쇄적이고 배타적인 리더는 추종자의 충성심은 얻을지언정 조직 전체를 화석화시키고 기득권층을 볼모로 만든다. 개방과 관용도 절대적 가치가 아니라 합리적인 균형과 범위의 문제이다.

갈등해결 과정에서 대화와 타협의 정신은 존중되어야 하지만, 대화와 타협으로 모든 문제를 해결하겠다는 발상은 더욱 위험하다. 마찬가지로 리더가 개방과 포용 정신으로 공동체를 이끄는 것은 중요하지만, 개방과 포용 자체가 절대적 가치가 될 수는 없다. 공동체의 통합과 번영을 위한 기본 가치에 동의하는 범위에서의 개방과 포용이어야 한다. 공동체의 번영을 해치고 분열을 조장하며 공동체 존립의 기본 가치를 훼손하는 집단과 세력은 개방과 포용의 대상이 아니라 단호하게 대처해야 할 대상일 뿐이다.

개방성을 공동체의 기본 가치로 삼았던 로마에서도 '공동체가 지향하는 기본 가치'의 인정이 로마 시민권 부여의 전제 조건이었다. 관용정신의 상징으로 존경받는 링컨도 '미합중국의 수호'라는 목표 아래에서의 포용과 통합이었고, 분열세력은 강력히 응징했다. 세종의 관용과 통합도 태종이 확립한 원칙이 있었기에 가능했다.

개방과 포용이 지도자의 기본 덕목이 되어야 한다는 점에 문제를 제기할 사람은 없다. 그러나 원칙 없는 개방과 포용이 공동체에 큰 해악을 끼치는 것도 엄연한 사실이다. 막연하고 원칙도 없는 관용과 포용을 내세우며 대화와 타협을 주장하는 무책임한 세력은 오히려 리더가 가장 경계해야 할 대상이다. 리더는 공동체의 통합과 번영이라는 목표를 추구하기 위한 범위 내에서 관용과 포용으로 구성원 전체를 결집하고 조직에너지를 극대화해야 한다.

르네상스 시대의 사상가 마키아벨리는 『군주론』에서 다음과 같이 언급했다.

"군주는 자비롭고 신의가 있고 인정이 있으며, 신앙심이 깊고 공정하게 보여야 하는데 이런 자질을 모두 갖출 필요는 없지만 그것들을 모두 지닌 것처럼 보이는 것은 매우 중요하다."

리더가 개방적, 포용적으로 보이는 것은 중요하다. 그러나 그 이면에는 분명한 원칙과 목표가 자리 잡고 있어야 한다. 마키아벨리의 관점에서 군주의 목표는 '공동체를 안전하게 유지하고 번영시키는 것'이고, 개방과 포용을 비롯한 모든 덕목은 이 목표를 위한 범위에서만 인정되는 것이다.

위기를 지배하라

1판 1쇄 발행 2009년 2월 13일   1판 4쇄 발행 2010년 6월 30일
2판 1쇄 인쇄 2012년 2월 10일   2판 1쇄 발행 2012년 2월 15일

지은이 김경준   펴낸이 연준혁

기획 H2기획연대

출판4분사 편집장 이효선
제작 이재승

펴낸곳 (주)위즈덤하우스   출판등록 2000년 5월 23일 제13-1071호
주소 (410-380) 경기도 고양시 일산동구 장항동 846번지 센트럴프라자 6층
전화 031) 936-4000   팩스 031) 903-3891
전자우편 yedam1@wisdomhouse.co.kr   홈페이지 www.wisdomhouse.co.kr
출력 엔터   종이 화인페이퍼   인쇄 현문   제본 영신사

값 15,000원   ⓒ 김경준, 2012   ISBN 978-89-6086-507-5   03320

* 잘못된 책은 바꿔드립니다.
* 이 책의 전부 또는 일부 내용을 재사용하려면
  사전에 저작권자와 (주)위즈덤하우스의 동의를 받아야 합니다.

국립중앙도서관 출판시도서목록(CIP)

위기를 지배하라 / 김경준 지음. —— 고양 : 위즈덤하우스, 2012
p. ;   cm

ISBN 978-89-6086-507-5 03320 : ₩15000

리더십[leadership]
위기 극복[危機克服]

325.24-KDC5
658.4092-DDC21   CIP2011005675